suhrkamp taschenbuch
wissenschaft 275

D1929085

Dieter Claessens ist durch seine Mitautorschaft an der *Sozialkunde der Bundesrepublik Deutschland*, die 1978 ihre 8. Auflage erlebt hat, weithin bekannt geworden. Weitere Veröffentlichungen: *Nova natura. Anthropologische Grundlagen modernen Denkens,* 1970; *Familie und Wertsystem. Eine Studie zur »zweiten, soziokulturellen Geburt« des Menschen und der Belastbarkeit der »Kernfamilie«*, 3. Auflage 1972; *Rolle und Macht*, 2. Auflage 1970; *Instinkt, Psyche, Geltung. Zur Legitimation menschlichen Verhaltens. Eine soziologische Anthropologie*, 2. Auflage 1970; zusammen mit Petra Milhoffer (Hrsg.): *Familiensoziologie*, 1973; *Gruppe und Gruppenverbände*, 1977; zusammen mit Karin Claessens und Biruta Schaller, *Jugendlexikon Gesellschaft*, 1977.
Dieter und Karin Claessens haben ihr zuerst 1973 erschienenes Buch für die Neuauflage überarbeitet. Sie geben eine ebenso anschauliche wie fesselnde Darstellung der vom Kapitalismus geprägten bürgerlichen Kultur des 19. Jahrhunderts und arbeiten die Grundlinien der Entwicklung heraus, die aus dem Zeitalter des Feudalismus über die aufblühenden Städte zu einer wachsenden Ausbreitung eines ferne Räume erschließenden Handels führt. Der Bürger, von religiösen Bindungen und dem Druck der Adelsherrschaft befreit, wird zum Träger einer an Erfolg und Gewinn orientierten Wirtschaftsgesinnung. Der Kaufmann wandelt sich zum Unternehmer, der im Zeichen der Geldwirtschaft, des Marktes und der freien Konkurrenz eine ganz neue Machtstellung gewinnt. Arbeit wird zur Ware, die auf dem freien Markt billig eingekauft wird, alte Autoritäten werden zurückgedrängt, die materielle Produktivität steigt gewaltig, aber neues soziales Elend breitet sich aus. Bürgerlicher Lebensstil verdeckt die tiefgreifenden gesellschaftlichen Spannungen, hinter denen sich im Sozialismus eine Gegenbewegung vorbereitet.

Dieter und Karin Claessens
Kapitalismus als Kultur

Entstehung und Grundlagen der bürgerlichen Gesellschaft

Suhrkamp

suhrkamp taschenbuch wissenschaft 275
Erste Auflage 1979
© dieser Ausgabe Suhrkamp Verlag Frankfurt am Main 1979
Suhrkamp Taschenbuch Verlag
Alle Rechte vorbehalten, insbesondere das des öffentlichen Vortrags,
der Übertragung durch Rundfunk und Fernsehen und der Übersetzung,
auch einzelner Teile
Satz: Otto Gutfreund & Sohn, Darmstadt
Druck: Nomos Verlagsgesellschaft, Baden-Baden
Printed in Germany
Umschlag nach Entwürfen
von Willy Fleckhaus und Rolf Staudt

Inhalt

Vorwort

Über »Kapitalismus« ist viel geschrieben worden. Die Reihe berühmter und zu Recht oder zu Unrecht weniger bekannter Autoren zu diesem Thema ist fast unübersehbar.

Man könnte meinen, daß der Begriff nicht nur bekannt ist, sondern auch etwas sagt.

So wird »Kapitalismus« häufig als Reizwort gewertet und abgelehnt – wird er aber auch verstanden? Was ist Kapitalismus eigentlich? Sagt die vielleicht zur Verfügung stehende Definition »Privateigentum an Produktionsmitteln« alles? Man versuche ein Gespräch darüber. Zu oft wird das Ergebnis mager oder verwirrend sein. Die vorliegende Arbeit will Antworten geben. In großen Zügen sollen zuerst die Entstehungsbedingungen der »bürgerlichen Gesellschaft« skizziert werden. Danach wird das in dieser bürgerlichen Gesellschaft sich entwickelnde kapitalistische System, sein »Arbeiten« und seine Konsequenzen für den Menschen dargestellt werden. Kapitalismus soll als »Kultur« vorgestellt werden.

Passen diese Begriffe zueinander?

Wir alle haben eine Vorstellung von Kultur. Wir halten von Kultur viel, von »kultivierter« Kultur. Viele werden etwas Verschiedenes darunter verstehen, Anstand, Zuverlässigkeit, »Benehmen«, gehobenen Lebensstandard, Bildung. Daher sollen diese Begriffe noch einmal aufgerollt werden. Dann wird deutlich, daß es im 19. Jahrhundert, zwischen der Französischen Revolution (1789) und dem 1. Weltkrieg 1914, neben den alten, lebendigen oder verblassenden Kulturen der außereuropäischen Völker nur eine Kultur gab, die »Fortschritt« und Verbesserung der menschlichen Verhältnisse versprach. Das war nicht »industrielle«, sondern bürgerliche kapitalistisch-industrielle Kultur.

Industrialisierung, d. h. die Umsetzung technisch-maschinenmäßiger Verfahrensweisen in Massenproduktion von Gütern unter Beteiligung von Menschenmassen, hat es isoliert nie gegeben. Die in konkreter historischer Situation zwangsläufig entstehenden *kapitalistischen* Prinzipien und die kapitalistischen Grundsätze einer fortgeschrittenen bürgerlichen Gesellschaft haben zur Entwicklung der Industrialisierung geführt, nachdem sie ganze Generationen der führenden europäischen Nationen – wenn auch in unterschiedlichem Grade – durchtränkt hatten. Eine »kapitalistische Kultur« hat es also gegeben. Man kann, so meinen wir, einiges dazu sagen. Nur wenn man einige Jahrhunderte aufgerollt begreift, kann man darüber sprechen, ob es »kapitalistische Kultur« heute noch gibt oder welche Veränderungen überhaupt aufgetreten sind. Veränderungen kann man nur beurteilen, wenn genügend Vergleichsmöglichkeiten gegeben sind. Da man die Zukunft zu Vergleichen nicht heranziehen kann, bleibt uns die Vergangenheit. Die wollen wir versuchen in dieser Arbeit zu verdeutlichen.

Schwierig ist die Frage der Auswahl der Zeiten und Gebiete, auf die sich eine solche Schilderung beziehen soll. Hier ist Deutschland in einer besonderen Lage. Leichter täten wir uns mit Abhandlungen über England, die Niederlande oder Frankreich, teils auch die USA oder Australien, besonders typisch kapitalistische Länder im 19. Jahrhundert. Denn Deutschland hat nur mit Verzögerungen als »verspätete Nation« und mit viel Verzerrungen jenen Menschentyp hervorgebracht, der Kapitalismus getragen hat und vom Kapitalismus geformt wurde. Wir meinen hier eine besondere Art von Bürger: den kapitalistischen Bürger oder Bourgeois. Wir werden ihn in Deutschland mit Lupen und Sonden suchen müssen. Das Ergebnis wird vielleicht doch für unsere jetzige Situation interessant sein, auch wenn vieles nicht neu ist. Aber hoffentlich wird uns einiges klarer werden, ein Prozeß, an dem die Verfasser selbst teilnehmen.

Deutsche akademische Bücher sind meist unverständlich. Da dieses Buch ein verständliches deutsches akademisches Buch sein möchte, wurden die vielen Fremdwörter, auf die man sonst nicht verzichten zu können glaubt, kaum verwendet. Wo es notwendig erschien, wurden sie erklärt oder der deutschen Übertragung in Klammern beigefügt.

Über die Bücher, die die vorliegende Arbeit benutzt hat, und die weiterführende Literatur gibt das Literaturverzeichnis im Anhang Auskunft.

Einleitung

Eine ganze Epoche, d. h. einen großen Zeitraum der Geschichte zu beschreiben, ist ein schwieriges Unterfangen. Einmal täuscht sich der Laie meist darüber, was in einem Zeitraum von 100 Jahren, hier dem 19. Jahrhundert, in Deutschland (– Europa –) an wichtigen Ereignissen ablief. Aber bereits der Begriff »wichtig« ist ja umstreitbar: wichtig sind demjenigen, der hier und jetzt die Vorgänge *erlebt,* unter Umständen Ereignisse, die weder allgemein noch von den Nachfahren für wichtig gehalten werden. Sehen wir von ganz persönlichen Erlebnissen ab, wie dem Tod eines Bekannten, der für uns wichtig sein kann, so scheiden sich die Geister bereits auf der nächsten Stufe, z. B. bei kommunalen Veränderungen: War das Ziehen einer neuen Straße wichtig? Weiter: Waren den Menschen der letzten Jahre des vorigen Jahrhunderts die deutschen revolutionären Ereignisse von 1848 wichtig? Sind uns die sozialen Bewegungen 1953 in der DDR oder 1956 in Ungarn »wichtig« geblieben? Wir sehen, daß es besonderer Ruhe (oder »Engagiertheit«, d. h. eines interessierten Bewegtseins) bedarf, um die zu ihrer Zeit für viele Menschen ungeheuer wichtigen Ereignisse überhaupt wieder in den Blick zu bekommen, ja sogar diejenigen, die wir halbwegs unmittelbar selbst miterlebt haben. Bereits die nächste Generation – vielleicht trifft dieser Begriff heute schon Abstände der Menschen von 5 bis 10 Jahren? – hat kein Verhältnis mehr zu dem, was uns einmal wichtig *war.* Die Vergangenheit verschwimmt auch heute ähnlich wie bei früheren Völkern in wenige Daten, und diese Daten werden uns *vermittelt,* d. h., ihre Auswahl treffen wir nicht selbst. Politiker, berufsmäßige Lehrer und Schreiber wählen aus. In Wirklichkeit wissen wir in der Beschränktheit unseres täglichen Lebens bald nicht mehr, was wichtig war; viel weniger noch bringen wir eine der Wirklichkeit entsprechende Aufzählung der »wirklich« wichtigen Ereignisse einer vergangenen Epoche zusammen. Die beruflichen Geschichtsforscher, also die Historiker, schrecken sogar meist vor der Behandlung größerer Zeiträume zurück: Zuviel ist ihnen darin unübersichtlich und schlecht mit Zeugnissen (Dokumenten, Urkunden, Augenzeugenberichten) belegt.

Aber das Zurückschrecken der beruflichen Vergangenheitsforscher hat noch einen weiteren, leider genau so gewichtigen Grund: Häufig wird heute von der jungen Generation darüber gewitzelt, daß die moderne Gesellschaft als »komplex«, ja »hochkomplex«, d.h.: als sehr kompliziert bezeichnet wird. Nun *könnte* auch eine moderne Gesellschaft vielleicht etwas einfacher organisiert sein als unsere oder ähnliche, die sozialistischen eingeschlossen. Aber im großen und ganzen täuschen sich die Witzigen über das Ausmaß der Kompliziertheit großer und vergangenheitsbelasteter Gesellschaften: Sie *sind* kompliziert, sie *waren* kompliziert. Sie waren noch in ihren *Teil*systemen hochkompliziert. Sogar eine so exklusive und zahlenmäßig begrenzte Schicht wie der deutsche Adel stellte ein unheimlich verzwicktes System dar. Der Informierte mußte in den vergangenen Jahrhunderten die innere und äußere Verfassung von etwa 3–5000 Familien im Kopf haben, wenn er Bescheid wissen wollte – und die Adeligen hatten diese Daten im Kopf. Aber dieses Beispiel ist weder gut noch treffend: durch das Anwachsen der Bevölkerung und den wachsenden Ausstoß von Industriegütern, die damit zunehmende Verkehrsdichte und die Notwendigkeit neuer Organisation entstanden *Ereignismassen*, die wiederum gegenseitig sich behinderten und in nicht aufeinander abgestimmten Teillösungen bewältigt wurden, z.B. durch Gesetze. Nun weiß aber jeder Nichtjurist (vom Juristen wird selbstverständlich abgesehen), daß allein die Kenntnis eines einzigen Rechtssystems ein Studium erfordert. Das gesamte Rechtssystem einer entwickelten Gesellschaft auch im vorigen Jahrhundert war bereits kaum übersehbar. Die *Realisierung*, d.h. die praktische Umsetzung in die Wirklichkeit, noch viel weniger.

Also ist Gesellschaft kompliziert. In den alten Stammes-, Scheich-, Sultanatsverfassungen und den Reichen mit einer zahlenmäßig kleinen Oberschicht lag die Schwierigkeit in der Eigenmächtigkeit und Unberechenbarkeit und auch in der Unzuverlässigkeit einzelner. Hier waren Menschenkenntnis, Klugheit und – wegen der ständigen Versorgungsschwierigkeiten – Weitblick zur Erhaltung notwendig. Bei verhältnismäßig unveränderter Versorgungslage, die insgesamt selten befriedigend war, versuchte man dann fast alle Verhaltensbereiche in starre Rituale zu bannen, feste Verhaltensvorschriften, die sozusagen ein Rechtsersatz waren – oft äußerst komplizierte Verhaltensvorschriften aus unserer Sicht. Hier verlagerte sich die Kompliziertheit also in das tägliche Verhalten.

In »modernen« Gesellschaften, d.h. Gesellschaften mit großen Ereignismassen, hoher Produktivität, starkem Güterfluß und ständigen Veränderungen konnten Rituale, starre Verhaltensvorschriften nicht mehr helfen – im Gegenteil, sie wurden weggesprengt, damit sich die Gesellschaft überhaupt »dynamisieren«, d.h. neue Energien entfalten konnte. Mit diesem Wegarbeiten alter Organisationshilfen trat die neue Kompliziertheit der Gesellschaft nackt zu Tage. Neue Organisationsprinzipien wurden notwendig.

Solche neuen Organisationsprinzipien – wir werden uns mit diesem Begriff noch beschäftigen – wurden verständlicherweise zuerst nicht *bewußt* geschaffen oder erfunden, sie »entstanden« und mischten sich mit den alten Verhaltensvorstellungen und Verhaltensweisen. Dadurch wurden die Dinge nicht einfacher.

Knüpfen wir an unser Problem der Darstellung einer ganzen Epoche an: Wie kann man also eine große, von Ereignissen überquellende Zeitstrecke, das 19. Jahrhundert, so darstellen, daß ohne Verletzung der Wirklichkeit das sogenannte »Wesentliche« zur Geltung kommt?

Offenbar müssen wir uns erst einmal darüber einigen, was mit wesentlich eigentlich gemeint ist. Der Begriff »Wesen« reicht im deutschen Sprachraum so tief, daß wir hier nicht näher auf ihn eingehen können – wir tun das später. Hier ersetzen wir ihn durch »wichtig«. Was muß uns das Wichtige sein? Der ganzen Absicht des Buches nach können das nur Ereignisse, Vorgänge und Prozesse (länger sich hinziehende Vorgänge) sowie Veränderungen gewichtiger Art sein, *die auf uns hinzielen.*

Eine Aneinanderreihung von »historischen«, d.h. geschichtlichen Ereignissen, eine dem tatsächlichen Zeitablauf folgende Darstellung könnte hierzu als geeignet erscheinen. Aber nicht einmal die Geschichtswissenschaftler verfahren in ihrer sonstigen Vorsicht so! Vielmehr verwenden auch sie immer wieder zusammenfassende Begriffe, mit denen sie die Zusammengehörigkeit von – vielleicht ganz voneinander unabhängig erscheinenden – Ereignissen betonen möchten. Sie sprechen von »Perioden«, »Zeitalter der...« usw., d.h. sie geben ganzen Geschehnisreihen ein Etikett. Sie tun das meist nicht gern und niemals unbestritten: In der Tat hatte die betreffende Zeit damals ja auch nicht dies Etikett. Ganz selten geben Angehörige einer »Periode« dieser *unmittelbar,* d.h. vor ihrem Ende ihren dann weiterdauernden Namen; selbst das (west-)deutsche »Wirtschaftswunder« wurde in unserer zur schnellen Namensgebung viel bereiteren Zeit erst in seinem Ende so benannt.

Die *Soziologen,* d.h. Gesellschaftswissenschaftler, sind hier leichtfertiger. Das hängt damit zusammen, daß ihr Interesse weniger darin besteht, Gesellschaft-Kultur in allen Einzelheiten zu *beschreiben* (dies ist der Auftrag der Historiker), sondern vielmehr nach den *Grundsätzen* zu suchen, an denen sich die Menschen einer Zeit und einer abgrenzbaren Bevölkerung (Gesellschaft-Kultur) bewußt oder unbewußt *orientieren.* Die Soziologen analysieren, »zergliedern« also Gesellschaften: Sie versuchen, ihre oberflächlichen Erscheinungsformen (Geburt und Tod von Königen oder Staatsmännern, Gewinn und Verlust von Schlachten und Kriegen usw.) derart »aufzulösen«, daß die unter dieser Oberfläche liegenden bewegenden Kräfte oder Grundsätze oder Prinzipien sichtbar werden, die tieferen bewegenden Kräfte. Selbstverständlich gehen Historiker an dieser Aufgabe nicht völlig vorbei; das war oben schon angedeutet worden. Aber sie haben deshalb größere Skrupel, weil bei der intensiven Beschäftigung mit dem einzelnen geschichtlichen Dokument sich die damalige Gegenwart als so verzwickt und im Detail unterschiedlich erweist, daß der Mut zur Zusammenfassung vergeht. Und »Mut« ist keine Tugend der Geschichtswissenschaft. Von ihrem Interesse her müssen die Soziologen »mutiger« sein, d.h., sie müssen es – wollen sie nicht nur schlechte Historiker sein – wagen, vom Detail abzusehen. Damit geraten sie allerdings in eine Verlegenheit zwischen zwei Schwierigkeiten, ein Dilemma: Machen sie den Historikern den Vorwurf, diese betrieben nur kleinkarierte Forschung und erfaßten nicht das Wesentliche, so können diese auf ihre Genauigkeit und damit auf ihre wissenschaftliche Redlichkeit verweisen und den Soziologen »Spekulationen«, d.h. nicht genügend wirklichkeitsüberprüfte (empirische) Aussagen vorwerfen. Leider ist die Position der Historiker hier recht stark: Die vorher erwähnten, von der Soziologie aufzudeckenden »tiefer wirkenden Kräfte« sind meist weder zu sehen noch in ihrer Zeit so schön dokumentiert wie der Anfang einer Schlacht und womöglich die Beschaffenheit des Schlachtfeldes. So kann der Historiker leicht darüber spotten, wenn der Soziologe nach dem »Beginn des Kapitalismus« sucht. Aber auch er teilt in Altertum, Mittelalter und Neuzeit ein oder macht ähnliche Schnitte, die doch wohl begründet sein müssen.

Wir sehen also, daß die ganze Frage etwas »akademisches« an sich hat und dazu geeignet ist, in unfruchtbare Streitigkeiten zu münden. Hilfreich ist daher, nochmals danach zu fragen, was man eigentlich will. Da es nun offenbar unmöglich ist, pinselig genaue Zeitdarstellungen auf erträglichem Raum – hier etwa 200 Druckseiten – mit der großzügigeren Darstellung der *vermutlich* bewegenden Kräfte zu verbinden, bleibt nur die Wahl, diese letztere Darstellung zu versuchen. Eine solche Darstellung kann allerdings nicht auf gewisse Rückgriffe auf das tatsächliche Geschehen, auf »Bilder«, auf Beispiele verzichten; sie müssen eingearbeitet werden, um das Grundsätzliche anschaulich zu machen (Begriffe ohne Anschauung sind leer; Anschauungen ohne Begriffe sind blind, sagte Kant). Darüber hinaus müssen die Verfasser um Verständnis dafür werben, daß sie viele uns selbstverständlich *erscheinende* Begriffe einmal darauf abklopften, ob wir sie auch wirklich »verstehen«: d. h., ob wir mit ihnen Anschauungen verbinden, die uns zum Verstehen von Vergangenheit und Gegenwart hilfreich sind. So wird dieses Buch streckenweise etwas lehrhaft wirken – wie vermutlich bereits bis hierher. Aber wir sind in einer Zeit, in der wir aus dem Lernen nicht mehr herauskommen – die Verfasser erlebten das an sich selbst mit soviel Unbehagen, daß sie dies Unbehagen gern an ihre Leser weitergeben …

»Wissenschaft« und das unterschiedliche Verständnis von Texten

An sich müßte gleich zu Anfang die mehr oder minder deutliche Neugier des Lesers befriedigt werden, was denn eigentlich mit dem Titel »Kapitalismus als *Kultur*« gemeint ist. Dieser Text ist mit wissenschaftlichem Anspruch geschrieben worden. Daher erscheint es notwendig, erst einmal zu klären, was »Wissenschaft« und »wissenschaftlich« bedeuten kann. Und, da wissenschaftlich ja nicht nur geschrieben wird, sondern das Geschriebene auch gelesen und verstanden werden soll, muß auch etwas darüber gesagt werden, wie vermutlich – *soziologischer Theorie nach* – dieselben Texte von Lesern unterschiedlicher Herkunft aufgenommen, d. h. »interpretiert« werden.

Was ist nun diese »Theorie«? Sie ist das unbehinderte Entdecken von Gesetzmäßigkeiten, die sozusagen hinter den Dingen und Vorgängen die *Gesellschaft* steuern. Für den Laien fällt ein Apfel zu Boden. Für die Gravitationstheorie wird er von der großen Masse der Erde – gegen ein gewisses Sträuben seiner kleinen Masse – angezogen, ein übrigens auch heute noch nicht voll geklärter Vorgang. Es fehlt hier noch eine *erklärende* Theorie der Schwerkraft oder Gravitation. Theorie wird damit Lehre von den Gesetzmäßigkeiten, nach denen sich die Natur und die Dinge in ihr verhalten. Verständlicherweise richtete sich das Interesse der nun immer weiter suchenden Menschen bald auch auf den Menschen, *die* Menschen, d. h. die menschliche Gesellschaft. Welchen Gesetzen, d. h. welchen untergründigen Kräften gehorchten *sie*? Hier mußte erst die Sperrung des Glaubens überwunden werden, der das Geschick der Menschheit auf den Willen Gottes zurückführte. Da dieser Wille von geistlichen Vertretern (Papst, Kardinälen, Bischöfen) und weltlichen (Kaiser, König, Fürsten) verwirklicht erschien (mindestens wurde das behauptet und mit »Macht« durchgesetzt), ist es nicht verwunderlich, daß eine »Wissenschaft von der Gesellschaft« = Soziologie erst richtig nach der Französischen Revolution von 1789 entstand; genau in den dreißiger Jahren des 19. Jahrhunderts, ca. 1830. Diese »Gesellschaftswissenschaft« entwickelte sich zuerst *gegen* Revolution. Aber »Wissenschaft«

oder wissenschaftliches Arbeiten ist eine Art des Grabens, die ihrer ganzen Tendenz nach auf Entschleierung des Verdeckten, auf Enthüllung drängt. So wurde Soziologie als Verteidigungswissenschaft der Werte von Ordnung und Stabilität vom nicht abzuschüttelnden Impuls begleitet, auch Wissenschaft von der Notwendigkeit von *Veränderung* zu sein. Ihr bedeutendster Vertreter wurde Marx. Nach vielen Vorbereitern begann er, die »Geheimgeschichte der Menschheit« zu schreiben. Da die Naturwissenschaftler nichts anderes zu tun versucht hatten, als die »Geheimgeschichte der Natur« zu schreiben, war das nur konsequent, d.h. wissenschaftlich, forschend, ohne Rücksicht und Behinderung durch »Glauben« oder vorgefaßte, meist aus der Vergangenheit übertragene und überlieferte Vorstellungen (Ideologien).

Wissenschaft trat mit dem Wissen darum an, daß keine Einsicht des Menschen von absoluter Dauer sein *müßte*; die Hoffnung auf »absolute« Einsichten hat sie, d.h. haben ihre Vertreter sicher nie aufgegeben. Die Mischung von wissenschaftlicher Redlichkeit und Hoffnung auf endgültige Einsichten hat auch seit Marx (und noch mehr Engels) die Wissenschaftler nicht verlassen.

Der Sache entspricht nun, daß »Wissenschaft« von Leuten betrieben worden ist und betrieben wird, die in ihrer jeweiligen Gesellschaft eine besondere Stellung einnehmen oder eingenommen beziehungsweise sich erworben haben oder hatten. Meist hatten sie gute »Startchancen«, d.h. sie wurden und waren gebildet, informiert, mit Denkrüstzeug ausgestattet. Vielleicht waren die Bedeutendsten wirklich überdurchschnittlich intelligent und schöpferisch. Da wir aber bis heute nicht genau wissen, was »Intelligenz« eigentlich ist außer einer Fähigkeit zu denken und zu reagieren, die »überdurchschnittlich« erscheint; da wir insbesondere nicht wissen, wieweit »Intelligenz« und »Kreativität« (Fähigkeit, Neues zu finden) angeboren oder in der Erziehung vermittelt sind, bleibt es weitgehend Spekulation, darüber etwas zu sagen, das den Eindruck erweckt, es wäre »wissenschaftlich«. Wir können aber feststellen, daß »Gelehrte« und dann »Wissenschaftler« von dem Zeitpunkt an, in dem sie als solche anerkannt waren oder sind, *bevorzugt* waren und sind. Von schwerer körperlicher Arbeit waren und sind sie in der Regel völlig freigesetzt; meist überhaupt von körperlicher Arbeit, auch wenn sie »angestrengt« arbeiten. So sehr wir ihre Tätigkeit oder mehr noch ihre Absichten, ihre Verbissenheit und ihr Wissen ehren mögen, wir kommen nicht darum herum festzustellen, daß sie sich in einer besonderen Realität, einer von der übrigen Welt abgehobenen, oft sehr künstlichen Welt bewegten und bewegen, materiell zum wissenschaftlichen Arbeiten freigesetzt, d. h. versorgt und in Glashäusern wie Klöstern, Laboratorien oder Universitäten lebend oder wenigstens arbeitend. Das genügt zur Charakterisierung ihres »Sonderstatus« aber noch nicht; vielmehr gehört dazu auch die Feststellung, daß ein Wissenschaftler durch das ständige Training, hinter die realen Erscheinungen zu sehen, einen bestimmten Wirklichkeitverlust erleidet. Dieser Wirklichkeitsverlust kann analytisch mindestens auf zwei Nenner gebracht werden:

Erstens dokumentiert er sich in der *Sprache*, die logisch (d. h. denkerisch konsequent, folgerichtig) nicht die der »Normalmenschen« ist (und war). Es ist eine Sprache in Begriffen, d. h. Worten, die Zusammenhänge deutend fassen, von denen der Alltagsmensch bestenfalls gefühlsmäßige, aber keine klare, wortmäßig ausdrückbare Vorstellung hat. Diese »Sprachferne« einer Wissenschaft ist uns allen bei der Mathematik am deutlichsten. – Dadurch ist eine bestimmte Entfernung (der Begriff beinhaltet eine bleibende und eine wachsende Distanz!) von Wissenschaft zur »Lebenspraxis« gegeben.

Darüberhinaus ist aber der Wissenschaftler auch tatsächlich »entfernt«. Er ist nicht nur aus dem täglichen praktischen Leben entfernt worden (oder hat sich selbst daraus entfernt), er gehört auch (wenn nicht schon von »Kindesbeinen« an, dann doch jetzt) einer gesellschaftlichen Schicht an, der nur eine Minderheit des Volkes zugehört. Typischerweise ist es eine Schicht, die eher an der Spitze der sozialen Pyramide – wenn auch hier nicht »ganz oben« – liegt als in deren Mitte oder an ihrem Fuß. Dieser Umstand scheint nun für diejenigen Wissenschaftler weniger bedeutsam zu sein, die »hoch formale« Gegenstände behandeln und sich »hoch formal« äußern wie Mathematiker, viele Naturwissenschaftler, Physiker, Chemiker usw. Wir sagten: »scheint«. Man wird vermutlich entdecken, daß wir uns auch hier getäuscht haben, und daß die »enthobene« und gehobene Position dieser Wissenschaftler sogar tiefen Einfluß auf ihr Denken gehabt hat. Aber diese Annahme ist vorerst reine Spekulation und soll hier nicht weiter verfolgt werden. Glauben wir also vorerst weiter, daß diese »Formal-Wissenschaftler« objektiv seien, d. h. etwas Gültiges aussagen; an ihrer persönlichen (subjektiven) Redlichkeit zu zweifeln wäre sowieso sinnlos.

Trotzdem kann aber gerade für sie festgestellt werden, daß sie durch ihre Sprache, d.h. durch ihre ganze Mitteilungsweise die Masse des Volkes von einer Verständigung ausgeschlossen haben und ausschließen. Das ist immerhin ein bemerkenswerter Vorgang, der z.B. in einer demokratischen Gesellschaft sehr unangenehme Folgen haben muß: Wie soll man entscheiden, wenn wichtige Grundlagen nur unverständlich mitgeteilt werden können?

Schlechter noch sieht es bei denjenigen Wissenschaftlern aus, die sich entweder mit praktischen Erscheinungen in der Gesellschaft oder mit der Gesellschaft als solcher befassen, mit Technikern (als Wissenschaftlern), Volkswirtschaftlern, Psychologen, Juristen, Soziologen.

Warum? Diese Wissenschaftler arbeiten doch so sehr in einem Milieu, das sie kontrollieren können und das sie kontrolliert, daß ihre enthobene und gehobene Position und die daraus möglicherweise resultierenden Fehler ständig und mit nicht zu großem Zeitverzug ausgeglichen, kompensiert werden müßten!?

Hier muß nun soziologisches Denken selbst eingeschaltet werden.

Jede Gesellschaft entwickelt als ein System von *Herrschaft* soziale Räume besserer und schlechterer materieller und rechtlicher Versorgung. Selbstverständlich liegt die bessere materielle und rechtliche Versorgung bei den herrschenden Gruppen und denjenigen Schichten, die ihnen »anliegen«. Ihre herrschende oder mitherrschende oder doch an der Herrschaft profitierende Stellung führt ja in einem Doppelprozeß zu der Abschöpfung materieller Besserstellung *und* zu Recht-Setzung zu ihren Gunsten, wie diese Vorteile (oder »Privilegien«) andererseits auch eben diesen Prozeß ermöglichen und befestigen.

Aussagen nun, die sich *innerhalb dieses Rahmens* halten, werden den Angehörigen dieser Schichten als schlüssig, als überzeugend erscheinen. Noch mehr: Denen, die in solchen Schichten aufwachsen, werden nur stimmige Ansichten, Vorstellungen und Wahrnehmungsweisen nahegelegt, anerzogen werden. So wirkt auf die Kinder der Profitierenden in einer Gesellschaft diese Gesellschaft auch »richtig«. Sie selbst sind »richtig« und die Gesellschaft ist »richtig«. Vorgreifend können wir sagen: Sie »haben etwas zu sagen«, und sie können es sagen, es stimmt immer. Dieser Vorgang ergreift zur Bestätigung dessen, was ist, nicht nur die Kinder der profitierenden Schichten, sondern auch die Wenigen, die später zu ihnen dazukommen (dazustoßen würde man heute sagen). Wo sie auch hergekommen sein mögen, die bestechende (korrumpierende) Wirkung des profitablen Milieus wirkt sich mit ziemlicher Gesetzmäßigkeit aus: Auch sie sehen bald nur noch denjenigen Teilausschnitt der Wirklichkeit, der bestätigend wirkt, der sie und den Teil der Gesellschaft, die sie vertreten, bestätigt.

Forschen und schreiben nun Wissenschaftler aus einem solchen profitablen Milieu, dann ist Verschiedenes – zu Recht – anzunehmen:

Einmal werden sie als »Sozial«-Wissenschaftler – von ihnen reden wir ja nun insbesondere – ihre Anschauungen, ihre Vorstellungen, ihre Beispiele aus derjenigen Welt ziehen, die ihnen vertraut ist: der profitablen. Mit Selbstverständlichkeit sprechen sie vom »Elternhaus«, »Kinderzimmer«, dem Vater als anerkennenswerter Gestalt, der Mutter als Nur-Hausfrau und liebenswertem Mittelpunkt einer harmonischen Familie usw. Zusätzlich zu einer im großen und ganzen »entfernten« Sprache (nämlich der Wissenschaftssprache) geben sie also die Welt verzerrt wieder, d. h.: Aus *ihrer* Perspektive richtig. So wird ein Soziologe, wenn er von Berufen spricht, mit großer Harmlosigkeit vom Studienrat, Arzt, Direktor, Professor sprechen, d. h. von Tätigkeiten und Positionen aus seiner profitableren Welt, er wird womöglich noch »Dienstboten« oder moderner »Hausangestellte« zitieren und von Erziehung in der Schulklasse so reden, als ob hier Kinder einzeln von Hoflehrern erzogen würden. Spricht er von »Jugend«, so ist es eine Schicht von jungen Menschen, die auch noch mit 17 Jahren zur Schule gehen oder mit schöner Selbstverständlichkeit studieren. Es fallen also runde 60 bis 80 Prozent der Menschen der Gesellschaft, über die er spricht, aus seiner Betrachtung heraus. Sprechen er oder der Volkswirt oder der Jurist von »Technik«, dann merkt man ständig die tiefe Fremdheit (die sich oft gerade in der Faszination offenbart, mit der geredet wird) gegenüber solchem schon praxisnäheren Bereich, dem »unteren« Bereich.

Sobald »Wissenschaft« aus dem Bereich der Formelsprache »herabsteigt« in Bereiche, in denen Benennungen und Beispiele notwendig werden, neigt sie dazu, die Welt, zu der sie *nicht* gehört (d. h. ihre Vertreter nicht gehören), zu übersehen, aber den gesellschaftlichen Raum, dem sie zugehört, als den eigentlich nur existierenden anzusehen. Das »Übersehen« des nicht profitablen Raums von Arbeitsleid und wirtschaftlicher, von kultureller Misere, des

Elends, fällt ihnen um so leichter, als er ihnen meist gar nicht bekannt ist. Dem zwar häufig bis tief in die Nacht arbeitenden Wissenschaftler, der dann aber spät aufsteht, wird kaum jemals klar, daß die Straßen bereits um 6 Uhr belebt sind. Fabrikarbeit wie auch die anderen »Dinge« bleiben für ihn fremd, »abstrakt«. Er erwirbt sich überhaupt Techniken, die »häßliche« Welt zu übersehen.

Ist die Art von wissenschaftlicher und literarischer, d.h. schriftstellerischer Produktion und »Rezeption« (Aufnahme) auf *dieser* Seite der Gesellschaft eindeutig, nämlich bestätigend, so ist sie auf der anderen Seite auch eindeutig: Treffend sagt daher der Rentner: »Das Leben ist schön, aber teuer; es gibt es auch billiger, dann ist es aber nicht so schön...«

Aber die prinzipielle, grundsätzliche Eindeutigkeit auf der *anderen* Seite der Gesellschaft ist aus verschiedenen Gründen »gebrochen«. Einmal wird hier wegen mangelnder Zeit, Kraft, fehlenden Geldes und fehlender Erziehung und »Bildung«, d.h. auch wegen fehlenden anerzogenen »Willens zur Information« wenig gelesen. Es fehlt aber auch die bei der anderen Schicht stark ausgeprägte Tendenz, sich in literarischen Erzeugnissen *bestätigt* zu sehen. Eine solche Bestätigung könnte aber die aus der anderen, mehr profitierenden Schicht verbreitete Literatur, ob »schöngeistige« oder wissenschaftliche, gar nicht vermitteln. Man kann also sagen, daß andererseits selbst dann, wenn hier gelesen würde oder wird, man sich gar nicht »wiedererkennen« *kann*! Die geschilderte Welt ist nicht die eigene; die gebrauchten Begriffe und vermittelten Vorstellungen sind nicht die eigenen; die ganze vermittelte Welt kann gar nicht vermittelt werden: Sie ist fremd, sehr tief fremd. Ein tiefer Widerspruch zwischen der ganzen Erlebenswelt der weniger profitierenden Schicht zum Mitgeteilten, zur Erlebniswelt der »oberen« Schicht macht die Aufnahme von deren schriftlichen Erzeugnissen so unmöglich, wie die *reale* Aufnahme in diese Schicht erschwert ist.

Dieser gesellschaftliche Widerspruch, ein »gesellschaftlicher Antagonismus«, ist der Motor der kapitalistischen Entwicklung und gleichzeitig das durch sie nicht gelöste Problem – das sei hier vorausgeschickt. Er bestimmt den ganzen Charakter der »kapitalistischen Kultur«.

Die wissenschaftliche Produktion, um die es uns zu Anfang ging, erreicht aber durch die Kombination von »Fremdsprachigkeit« und »Fremdartigkeit« eine fast vollkommene Abschirmung gegen die Schicht, der die Wissenschaftler, Schriftsteller und Dichter *nicht* angehören.

Die vorliegende Arbeit tritt nun mit der Absicht an, diese Sperrung zu durchbrechen. Vielleicht wird das eine fromme Absicht bleiben: Guter Wille allein verändert noch nicht gesellschaftliche Verhältnisse. So bleibt höchstens die Hoffnung, daß der Leser unentwegt kritisch überprüft, wie weit die eben ausgesprochenen mehr oder minder deutlich gewordenen Vorwürfe den Leser selbst oder aber die Verfasser treffen.

»Kultur«

Früher fanden die Spanier die Franzosen wenig kultiviert, die Franzosen die Deutschen und die Deutschen die Russen. Dafür bemängelten in diesem Jahrhundert die Russen die Deutschen (»nix kultura«), die Deutschen zogen im ersten Weltkrieg für ihre (angebliche?) Kultur gegen die verächtliche französische »Zivilisation« ins Feld. Den heutigen Völkern der »Dritten Welt« wurde in den vergangenen Jahrhunderten die europäische (abendländische), insbesondere christliche Kultur wegen ihrer angeblich niederen eigenen Kultur aufgezwungen; mit der Beteiligung am ersten Weltkrieg bekamen sie den Auftrieb, den Europäern (zu Recht?) mangelnde Kultur vorzuwerfen. Was meint man mit diesem Wort?

»Kultur« oder »kultiviert« tritt, teils in anderen Begriffen verborgen, bei uns – mehr oder weniger bewußt – noch immer in mindestens fünf Bedeutungen auf:

Sieht man von derjenigen Anwendung des Begriffes »kultiviert« ab, die meint, daß ein Feld bestellt, d. h. bearbeitet sei (Agrikultur) und nimmt die gängigere Fassung in einem Zusammenhang wie: »Er ist ein kultivierter Mensch«, dann meint man, daß er den eigenen (Ideal-)Vorstellungen entspricht und sich danach benimmt und darstellen kann. Er tritt »kultiviert« auf. »Man« ist – als Beurteilender – meist ein Angehöriger einer oberen Schicht oder einer sich an einer oberen orientierenden, wie das sogenannte »Kleinbürgertum«, d. h. Menschen, die bei geringerem Besitz und mäßiger »Bildung« doch meinen, einen hochschätzen zu müssen, der den Eindruck der »gebildeten Zuverlässigkeit« macht. Dicht daran liegt in Deutschland der Begriff »vornehm«, dem kennzeichnenderweise der Gegenbegriff »gemein« (was früher »einfach« bedeutete) gegenübersteht. In beiden Fällen bestätigen die Begriffe Kultur oder Anstand nur die eigenen Vorstellungen.

Zweitens gibt es bei uns als Teilbegriff von »Kultur« den der »Zivilisation«. Das aus dem Französischen (und vorher dem Lateinischen) kommende Wort besagt zuerst nichts anderes als »Verbürgerlichung« und wäre *so* schwer verständlich. Man versteht diese Herkunft erst, wenn man daran denkt, daß sich damit der »Bürger« (Civis, lat. = der Bürger) Europas gegen die Kulturen der »Wilden« absetzte. Insbesondere nistete sich hier sehr früh die *technische* Überlegenheit der »Weißen« im Begriff mit ein. Daher hat er sich in zwei sehr voneinander abweichende Bedeutungen gespalten: Einmal Zivilisation als technisch fortgeschrittene Kultur, bei den Franzosen auch als überlegene Verhaltenskultur *insgesamt;* zum anderen Zivilisation als der verdächtigere technische Teil von »eigentlicher« (Gemüts-)Kultur in Deutschland. Hier ist also Abneigung sowohl gegen Technik als auch gegen die »höfische« Kultur (gleich: unecht, oberflächlich usw.) eingebaut. – Hoffentlich interessieren heute diese einmal bewegenden Unterschiede niemand mehr ernstlich!

Bedeutender ist nach der Auffassung von Kultur als »das Angenehme« und den beiden Begriffen von Zivilisation der aus der US-amerikanischen Forschung kommende »wertneutrale« Kulturbegriff. Er hat sich mit einer zuerst vorurteilsfreien Untersuchung vieler kleiner Stämme und Völker, besonders in der Südsee und im Nordwesten Nordamerikas (Insulaner und Indianer) entwickelt. Man sah endgültig ein, daß jede dieser Bevölkerungen ihre »eigene Kultur« hatte, und zwar die eine mit demselben Recht wie die andere; man entdeckte, daß es keine unkomplizierten Lebensweisen und keine in dieser Hinsicht »Primitiven« oder »Naturvölker« gibt und gab. Man gab es also auf, den Kulturbegriff nur für die Europäer oder ihre Abkömmlinge zu verwenden, »neutralisierte« ihn und gestand nun prinzipiell jedem menschlichen Verband, der in sich gleichmäßige und anerkannte Verhaltensweisen entwickelt, den Begriff »Kultur« zu. Seit dieser Zeit (etwa den 20er Jahren unseres Jahrhunderts) spricht der Sozialwissenschaftler oder Soziologe ebenso von der Kultur im England des 17. Jahrhunderts, wie der Kultur der Argentinier oder der einer Rockerbande oder der Nazizeit. Im Gegensatz zum Normalverbraucher *bewertet* er die gemeinten Verhaltensstile, Wertmuster usw. *nicht,* sondern identifiziert sie mit dem Wort »Kultur« nur als in sich relativ geschlossen. Diese neutrale oder neutralisierende Verwendung des Begriffes beansprucht für sich besondere »Objektivität«; man wirft sich nicht zum Richter über menschliche Gruppen auf, sondern untersucht sie interessiert als »Objekte«.

Ob eine solche »unvoreingenommene« Haltung wirklich »objektiv« (der Begriff soll dasselbe besagen) ist, wird uns noch beschäftigen, wenn wir in unseren Aussagen und Untersuchungen auf die *fünfte* Möglichkeit gedrängt werden, nämlich auf einen *neu wertenden* Kulturbegriff, der eine Kultur danach bemißt, was sie unter den heute *möglichen Umständen,* d. h. *bei unseren Möglichkeiten der Entfaltung und Organisation von Produktivkräften* für *alle* Menschen leisten können müßte oder leistet. »Kultur« wäre dann wieder ein Maßstab. Aber als Meßeinheit würde nicht das gelten, was uns gerade angenehm oder »von Kindesbeinen an« selbstverständlich ist, sondern was den eben skizzierten Vorstellungen entspräche. Diese Aussage muß solange dunkel bleiben, wie nicht deutlicher gesagt worden ist, was mit dem Wort »Kultur« *inhaltlich* gemeint wird oder gemeint werden kann.

Zuerst ist auch hier ein Rückgriff auf die Vorgeschichte des Begriffs, seine »Ethymologie« klärend. Kultur kommt als Wort vom lateinischen »colere«, d. h. »pflegen«, und zwar war besonders die Land- und Bodenpflege gemeint. Dieser Sinn hat sich noch im Begriff »Agrikultur« (vom lateinischen ager = Acker) erhalten. Wir dürfen dabei nicht vergessen, daß in den alten Kulturen eine glückliche Ackerbestellung nicht ohne die Hilfe der Götter gedacht werden konnte. In diese erste Bedeutung mischte sich also unmittelbar die uns gehobener klingende Bedeutung von »Kult« oder »Kultus«. Der »Kult« war und ist eine heilige, gleich »sakrale« Handlung, der Versuch, in streng regelmäßig vorgegebenen Handlungen mit dem wie auch immer gedachten Jenseits Verbindung aufzunehmen und *beizubehalten.* Kultische Handlungen garantierten den Erfolg einer Ackerkultur, so wie sie vorher den Erfolg von Jagd und Sammeln und später von Kriegen und entwickelteren Techniken und Lebenstechniken garantieren sollten. Mit »Kultur« meinte man also einerseits die Gesamtheit jener Verhaltensweisen, die die Verbindung zu den Göttern, später im Juden- und dann Christentum zu Gott erhalten sollten; da diese Verhaltensweisen das ganze Leben durchdrangen, war »Kultur« andererseits der gesamte Ausdruck der Lebensweisen eines »Volkes«, d. h. einer ihrem *Selbst*verständnis nach sich auch räumlich von Anderen abgrenzenden Bevölkerung. Die Lebensweise einer sich zusammengehörig empfindenden Bevölkerung, eines Volkes, hängt sehr wesentlich von den natürlichen und künstlichen Kräften ab, die es in seinen Dienst stellen kann, von der Art der Beherrschung der Natur oder den ihm auf Grund seines Entwicklungsstandes zur Verfügung stehenden (d. h. in Dienst genommenen und gestellten) Produktivkräften: Wind, Wasser, Tiere, Menschen-Sklaven-Knechte/Fronarbeiter, Lohnarbeiter, An-Gestellte, von der entwickelteren *Technik,* besonders von Energie »liefernden« Maschinen, von Energie und »Maschinerie plus Menschen«, d. h. menschlicher Arbeits*kraft*. Diese in unterschiedlicher Weise eingesetzten Arbeits*kräfte* müssen die *Arbeit* leisten, ohne die das betreffende Volk nicht *auskommt*, d. h. überlebt oder ohne die es nicht auszukommen *meint*. Bei materiell schlecht gestellten Völkern der Vergangenheit und Gegenwart gibt es hier logisch kaum eine Wahl: Es muß gearbeitet werden, damit man überlebt. Die Arbeit, ob Jagd, Sammeln, Ackerbau, Viehzucht, Handwerk, Handel, bestimmt das tägliche Leben von morgens bis abends. Da der Erfolg der Arbeit vom Wohlwollen der Götter abhängt und damit auch von der Einhaltung der religiösen Verhaltensweisen, vom Kult, ist Arbeit und Kult, sind Arbeit und Lebensrhythmus (der »Takt« des Lebens) untrennbar ineinander verschmolzen. »Kultur« ist hier also das gesamte »Instrumentarium« des Lebens. *Alle* Verhaltensweisen sind kultisch bedingt, sie re-produzieren Kultur.

Kulturen in der Kultur: Die Folgen der Arbeitsteilung

Zwei Faktoren (besser spricht man bei der Behandlung gesellschaftlicher Erscheinungen von »Faktoren*bündeln*«, denn nie ist hier nur ein Faktor allein beteiligt!) lösen nun diesen dichten Lebens-Zusammenhang auf:

das Nachlassen des Glaubens an die bis ins Detail hineinwirkende Macht der Götter und

die Notwendigkeit von Organisation der Arbeit und des Krieges bei wachsender Größe (Quantität) der Bevölkerung sowie Bedrohung durch andere Völker.

Ohne daß wir hier die »Geschichte der Völker und Kulturen« nachschreiben wollten und ohne näher auf die höchst unterschiedlichen Anfänge dieser beiden Prozesse in verschiedenen Zeiten und Bereichen eingehen zu können, müssen wir doch bereits hier wieder grundsätzliche Überlegungen anknüpfen. (Mit der »Geschichte« dieser beiden *Prozesse auf unsere Zeit zu* werden wir uns noch intensiv beschäftigen.) »Grundsätzlich« könnte in bezug auf Gesellschaft auch mit »soziologisch« ausgedrückt werden: es handelt sich um ruhige Überlegungen über die wahrscheinlichen Auswirkungen bestimmter gesellschaftlicher Umstände.

Es war gesagt worden, daß es sich mit Auflösung von Glauben und Notwendigkeit von Organisation um zwei Faktorenbündel handelt. Aber auch diese Unterscheidung ist bei näherem Hinsehen bereits eine »analytische«, d.h. Zusammenhänge denkerisch auflösende Unterscheidung. In Wirklichkeit treten auch diese Faktorenmengen ineinander verdreht auf, fast ununterscheidbar. Warum?

Größere Mengen von Menschen bedürfen der Anleitung zu vernünftiger Erledigung von (notwendiger) Arbeit. In dieser Anleitung mögen sich zuerst erfahrene Individuen *ablösen* – ein idealer Zustand: Jeder sammelt so die zusätzlichen Erfahrungen der Arbeitseinteilung und -beaufsichtigung. Die Regel war allerdings bisher, daß die mit der Einteilung und Anleitung von Arbeit *unmittelbar* verbundenen Vorteile ungern wieder losgelassen wurden. Es waren dies: Die *Entlastung* von der (meist schweren) körperlichen Arbeit; die Möglichkeit der *Übersicht;* die Sammlung von Kenntnissen über die einzelnen Arbeiter und Arbeiterinnen, ihre Reaktionsweisen, Fähigkeiten, ihre Verbindung untereinander, *»psychologische Kenntnisse«; Führungserfahrung* überhaupt. Der oben erwähnten idealen Ablösung von Arbeitseinteilern und Arbeitsbeaufsichtigern stand aber nicht nur das Widerstreben der einmal Eingesetzten im Wege – das hätte überwunden werden können; vielmehr ergibt die Situation, daß der, der einmal erfolgreich Arbeit eingeteilt und beaufsichtigt *hat,* auch gern wieder dazu gewählt wird: Man meint nun seine Fähigkeiten schätzen zu können; man vermeidet Streit um die Nachfolge, und es erscheint auf den ersten Blick wirtschaftlicher (ökonomischer), die gute Leitung nicht abreißen zu lassen und durch einen neuen Einsatz die bisherigen Erfolge in Frage zu stellen. Vieles spricht also von *beiden* Seiten dafür, die einmal gewählte Führung beizubehalten. Erst ein tiefes Bewußtsein von den gefährlichen langfristigen Folgen solcher »Bevollmächtigung auf Dauer« ist notwendig, um die möglichen hohen Kosten von dauernder Ablösung als Preis für mehr »Demokratie« zu wagen; dies Bewußtsein entsteht geschichtlich erst spät. Zuerst notwendig erscheinende und objektiv auch notwendige Organisation von Arbeit bewirkt also mit großer Wahrscheinlichkeit unmittelbar eine Trennung der Bevölkerung in zwei Gruppen: Führer und Geführte; daher hat es überall einen »Adel« gegeben.

Wie hängt dieser Prozeß mit dem anderen Faktorenbündel, dem Nachlassen des Glaubens zusammen?

Zuerst muß darauf hingewiesen werden, daß auch kultische Handlungen organisiert werden müssen. Was für Arbeit und Krieg gilt, gilt auch für die »religiöse Arbeit«. Die Gestalt des Priesters (»Schamanen«, »Medizinmannes« usw.) entspricht anderen mit Führungsaufgaben betrauten Gestalten, die sich in »Positionen« verfestigt haben. Damit ist auch hier eine »Distanz« gegeben, eine soziale gesellschaftliche Distanz. Man kann also sagen, daß eigenartigerweise mit der Einsetzung eines Angehörigen der Bevölkerung zur ausschließlichen Wahrnehmung religiöser Aufgaben (d.h. doch aber gerade zur *Bekräftigung* des Glaubens und der Kultur, zur *Bekräftigung des Verhältnisses zu den Göttern oder später Gott*) gleichzeitig eine *Distanzierung* erfolgt. Die *arbeitsteilige* Erledigung gesellschaftlicher Aufgaben, besonders in der Form von Führungsaufgaben (arbeitsmäßigen, kriegerischen, religiösen) *beinhaltet auch eine Trennung der Menschen untereinan-*

der. Hier ist es eine Trennung zwischen Arbeit und Leitung; dort ist es eine Trennung zwischen dem Kampf selbst und der Befugnis zu Angriffs- und Rückzugskommandos; im jetzt behandelten Fall eine Trennwand zwischen den Göttern und den Gläubigen. Wird dort die Unmittelbarkeit der Beziehung zur Wirklichkeit gebrochen (eindeutig bei der Arbeit, am wenigsten wohl in der direkten Kriegsaktion), so wird hier die Distanz des Gläubigen zum Jenseits vergrößert. Ein Riß entsteht.

In arbeitsteiligen menschlichen Gesellschaften ist also das scheinbar Widersinnige nicht vermeidbar, daß mit der vernünftigen Teilung der Arbeit auch eine weniger vernünftige Distanzierung von all dem entsteht, was man *nicht* macht. Diese logische Trennung ist überall folgenschwer; sie zielt darauf, die Menschen auf das, was sie dann immer gekonnter tun, auch festzulegen; »Rollen« entstehen: Man erwartet, daß einer das, was er kann, auch tut und daß er nichts anderes tut sowie, daß jeder Mensch in ein solches Arbeitsgebiet auch eingeführt wird: daß er als Kind in eine bestimmte »Rolle« hineinerzogen wird.

Im Falle der *Führungs*rollen sind die Folgen noch gewichtiger, wie wir schon sahen. Bei den Glaubens-Führungs-Rollen nistet sich eine »Trennung von den Göttern« ein. Gibt es nun »niedere« und »höhere« Priester, was bei größerer Bevölkerung der konsequente Prozeß ist, dann wird die Distanz immer größer. Gleichzeitig wird unwahrscheinlicher, daß der von den führenden Priestern verdolmetschte »Wille der Götter« auch dem entspricht, was die einfachen Menschen von diesen Göttern erwarten. Solche Prozesse können langsam vor sich gehen, sind aber unvermeidlich. Sie haben eine für unser jetziges Thema »Kultur« verhängnisvolle Folge: War »die Kultur« eines Volkes bei kleiner Zahl der Beteiligten und übersehbaren Lebensumständen noch ein *Ganzes,* ein übersichtlicher totaler Lebenszusammenhang, so spaltet sie sich in der Regel mit dem Anwachsen der Bevölkerung und einer sich verfestigenden Arbeitsteilung in Führer und Geführte – *zwei Kulturen entstehen in der einen.* Die eine ist der Übersicht über die Anfänge, über die Gründe der Teilung, ist den Möglichkeiten des Verstehens von Gott und der Welt *näher,* die andere *ferner.* Da die eine die »obere« ist, versammeln sich in ihr mehr Annehmlichkeiten, mehr Luxus, mehr »kultivierte Menschlichkeit«. Davon spürt die andere, die »niedere«, nicht viel. In ihr lebt es sich beschwerlicher, teils, weil hier vorrangig die körperliche *Arbeit geleistet wird,* teils, weil sie unter der Herrschaftsstellung der Oberen geleistet werden *muß:* Der Führende, der Anleitende und Beaufsichtigende, der Deuter (»Interpret«) des göttlichen Willens (was man darunter auch verstehen mag...) muß, da er selbst nicht direkt für seinen Lebensunterhalt sorgen kann, aus den Überschüssen der Arbeit der »niederen« Schicht unterhalten werden. Er lebt von der überschüssigen Arbeitskraft der anderen. Seine Rechnung sieht so aus: Dafür, daß er seine Arbeitskraft in erfolgreiche Anleitung und Leitung einsetzt, erhält er als »Unternehmerlohn« – um es etwas vorwegnehmend auszudrücken – einen Teil der Arbeitskraft der erfolgreich Geführten. Wenn »von unten« her dieselbe Auffassung entgegenkommt, ist die Rechnung aufgegangen. Es ist kein Geheimnis, daß das einerseits wohl selten über längere Zeit völlig der Fall war, daß andererseits alle Bemühungen der oberen Schicht darauf aus waren, diese Rechnung glaubwürdig zu machen. Dafür hatte sie auch die geeigneten Mittel: überlegene Übersicht, bessere Informationen, bessere »Bildung« und, von den Zeiten an, in denen ihre Positionen *vererblich* gemacht wurden, einen Nachwuchs, der von Anfang an dieselben Vorteile übernahm und damit in der Tat anderen Menschen auch überlegen *war.* Die obere Schicht konnte sich so überall als »Elite« (frz. = Auslese) empfinden und damit auch als überlegen. Sie war es auch in jeder Hinsicht. Da in ihr geschrieben und gelesen wurde, pflanzten sich in ihr alle wichtigsten Kenntnisse ihres Kulturzusammenhanges unendlich viel bewußter als in der Schicht fort, die davon immer nur durch den Mund der Privilegierten – der Bevorzugten – erfuhr. Die eine »Kultur in der Kultur« hatte sozusagen ein direktes Verhältnis zu sich selbst, sie war *die* Kultur; die andere Kultur in der Kultur war die niedere und hatte zu der »eigentlichen« nur ein indirektes, ein widersprüchliches, ein gebrochenes Verhältnis.

Daß Werturteile über die »niedere« Kultur als »schlechtere« damit nicht gesprochen sind, soll betont werden. Hier geht es nur um die Feststellung des Vorhandenseins von *zwei* Kulturen in jeder größeren Bevölkerung und um die Darstellung der Entwicklung zu einem solchen Zustand.

Diese Teilung zu begreifen ist deshalb so wichtig, weil auch die Behandlung der Kulturfrage, der Frage danach, was »Kultur« sei, davon abhängt. Wir haben mit dieser Frage den vorigen Abschnitt begonnen. Unsere bisherigen Ausführungen sollten dazu dienen, darauf aufmerksam zu machen, daß folgendes unvermeidlich ist und auch in der Tat geschah: Sobald über »Kultur« geredet wurde – in Europa begann das intensiver im 12. Jahrhundert, also vor 800 Jahren – erfolgte das selbstverständlich durch die »Gebildeten«. Wer sollte sonst über so abstrakte und schwierige Dinge reden? Die Gebildeten gehörten aber der oberen »Kultur in der Kultur« an. Da für sie die gesamte Kultur ein Ganzes war, sprachen und schrieben sie so über »Kultur«, als ob es sich immer und überall nur um eine ungeteilte handele. So entstand bei den Lesern – die ja wiederum eben derselben Schicht angehörten – der bestätigende Eindruck, *daß es auch nur eine Kultur gäbe – die ihre.* Daß diese nur ein Teil, *der verantwortlichere, aber auch profitablere* war, konnte damit ihrem Blick entgehen. Der ganze Vorgang kam auf der anderen Seite, sozusagen in der »unteren Kultur in der Kultur« nicht an; entweder konnte man gar nicht lesen oder man las mit Ehrfurcht und vielleicht Verwunderung, wie die »Oberen« diese Welt sahen. Meist fehlte es an Ausdrucksmöglichkeiten, der Einsicht »zu Worte zu verhelfen«, daß die Welt, diese »Kultur unten«, so anders, so viel erbärmlicher aussah; wurde dem doch Ausdruck gegeben, so besänftigte entweder die Kirche oder richtete das Schwert...

Das erscheint heute als Vergangenheit, unnützes Reden über untergegangene Zustände – schön wäre es! In der Tat hat sich dies Verhältnis zwischen den beiden »Kulturen in der Kultur« bis in die gegenwärtigen Wissenschaften hinein fortgesetzt, die sich mit Gesellschaft und Kultur beschäftigen, die »Geistes- oder Kulturwissenschaften«. Auch in ihnen wurde und wird noch heute von »Kultur« und von »Gesellschaft« so geredet, als ob es eine ungeteilte Kultur oder Gesellschaft in einer größeren, zusammenhängenden Bevölkerung je gegeben habe oder heute ohne weiteres gäbe. Sogar in der von Marx (und Engels) sich ableitenden Linie des Sprechens über »Kultur« und »Gesellschaft« ist trotz des klaren »Klassen«-Konzeptes erst in letzter Zeit konsequent in Richtung auf den Begriff mehrerer Kulturen oder »Gesellschaften« in *einer* weitergedacht worden. In der sogenannten bürgerlichen Linie, d. h. bei den Besitzenden oder vom Staat angestellten sowie bei den von der Gesellschaft praktisch unterhaltenen Darstellern der »gesellschaftlichen Realität«, den Schriftstellern, Wissenschaftlern und Lehrern, blieb es bei der – verfälschenden – Rede von »der« Kultur. Praktisch wurde damit das Diktat der Kultur der oberen Schicht über die untere verhängt; die »Wertmaßstäbe« der einen wurden für die andere verbindlich gemacht. Im praktischen Leben hat sich der Mensch *außerhalb* der »oberen Kultur« vermutlich wenig um sie gekümmert – so wenig, wie sie sich um ihn wirklich kümmerte. Wo es Bauern gab, hatten die sowieso ihre eigenen Traditionen und Verhaltensvorstellungen, ihre eigene Kultur; in der Arbeiterschaft entstanden aus den Zwängen der Fabrikarbeit und Wohnungsnot solidarische Beziehungen, die die Lebensauffassung und Weltanschauung prägten, also ebenfalls eine »Kultur«.

Mit dieser Aufteilung gelangen wir zu der Einsicht, daß die Rede von den »zwei Kulturen« in der einen die Sache nicht voll trifft. Z.B. wurde mindestens noch der Handwerker der Vergangenheit vergessen, der in Zünften und Innungen seine Sonderkultur entwickelte, der »Stadtbürger«. In der Tat hat sich wohl in allen sehr großen Gesellschaften der Vergangenheit, und das heißt auch Gesellschaften, in denen *Städte* entstanden, zwischen die Schicht der Einflußreichsten und Mächtigsten und die der »Ohnmächtigen« oder »Einfachen« eine weitere Schicht geschoben, die damit eine weitere Kulturschicht bildete, sozusagen die *»dritte Kultur in der Kultur«* (wenn wir die wohlhabenderen Bauern den Stadtbürgern und die Armen den Arbeitern zuschlagen). In dieser dritten, mittleren Schicht betrachtete man in der Regel die obere Schicht mit Mißtrauen, Furcht oder »Ehrfurcht«, die untere mit Ablehnung – während man sich vor dem Abstieg oder Sturz in sie fürchtete! Die Art, wie die Welt der handwerklichen Arbeit bei bescheidenem, aber nie voll gesichertem Wohlstand gesehen wurde, unterschied sich so sehr von der Sicht der Mächtigen einerseits und der der Gesellen und Stadtarbeiter, der späteren Lohnarbeiter andererseits, daß bei dieser mittleren Schicht von einer *»Zweifrontenkultur«* gesprochen werden kann.

Fragt man – vorerst abschließend –, wieso das Reden von *einer* Kultur in einer Gesellschaft überhaupt möglich war, so ist neben der Ausgangsfeststellung, daß die Stimmen aus der »oberen« Kultur »den Ton angaben«, noch auszuführen, daß die christliche Kirche auch noch in jüngster Zeit diese Auffassung energisch vertrat, wobei sie einerseits auf »die Christen überhaupt« zielte, andererseits verschwieg, daß sie selbst praktisch zwei Kulturen vertrat: Die Katholische und die Protestantische. Jedenfalls bestärkte sie überall die Auffassung von einer Einheitlichkeit der Kultur in einem Volk. Das eindrucksvollste Mittel zur Behauptung einer einheitlichen Kultur in einem Volk war aber vermutlich überall die

Sprache. Soweit sich die Menschen in einer Bevölkerung miteinander verständigen konnten, konnte auch gesagt werden, daß sie *einer* Kultur angehörten. In Wirklichkeit bestanden überall, den genannten Schichten oder Klassen entsprechend, mehrere Sprachen, also z. B. die der Oberschicht, die der Unterschicht und die der »Zweifrontenschicht«, mit ihren eigenen Ausdrücken, ihrer eigenen Art der Mitteilung; *nicht*-sprachliche Elemente spielten dabei eine hervorragende Rolle: Gesichtsausdruck (Mimik), Handbewegungen (Gestik), Bewegungsart überhaupt, Tonfall, Sprechgeschwindigkeit; kurz, es handelte sich um drei meist ziemlich deutlich voneinander abgesetzte Verhaltenskulturen mit nur bedingter Verständigungsmöglichkeit untereinander.

Wirkliche Gemeinsamkeiten gab es daher nur wenige, eigentlich nur zwei: »Höchste Werte« und »der Feind«. Hatten alle Kulturen in der Kultur ein und dieselbe Religion, so gab es sicher unbestrittene Vorstellungen vom richtigen Verhalten (Wertvorstellungen), die also von allen geteilt wurden; bei der *Ausführung* der daraus abzuleitenden *Verhaltensvorschriften* (Normen) dürfte sich die Praxis in den unterschiedlichen Schichten allerdings auch sehr unterschiedlich ausgenommen haben. Einheitliches *Verhalten* garantierten die »höchsten Werte« daher nur, wenn ein gemeinsames Symbol (z. B. Christuskreuz) gefährdet schien.

Damit sind wir beim *»Feind«.* Sehen wir von sehr glücklichen materiellen Verhältnissen ab, dann gab und gibt es in einer Bevölkerung für die Unterschicht eigentlich nur einen Feind: die Oberschicht. Demgemäß haben in der ganzen uns übersehbaren Geschichte gerade in den entwickelteren Gesellschaften (oder Kulturen), wie z. B. Athen, die heftigsten Kämpfe zwischen Unter- und Oberschicht getobt (die unser Geschichtsunterricht meist verschweigt). Daß diese Kulturen nicht alle sofort auseinandergebrochen sind, ist nur dem Umstand zuzuschreiben, daß sie *auch von außen* bedroht waren. Da auch der Mensch der früheren Kulturen sehr schnell war mit dem Urteil, daß der Angehörige einer anderen Kultur eigentlich kein Mensch sei, also eine Art Tier, konnte sich der innere gegenseitige Haß ungehemmt gegen den äußeren Feind entladen. Und gerade dann, wenn dieser Gegner insofern als Mensch auftrat, als er auch Symbole seiner Kultur vertrat – nur eben andere Symbole! –, konnte sich die innere Aggression besonders deutlich gegen ihn wenden: Sie konnte sich nun mit der Tendenz zur Verteidigung der eigenen »höchsten Werte« verbinden, der hochgeschätzten Symbole der eigenen Kultur. Auf beiden Seiten heizte also die Spannung der aneinandergeratenen inneren Kulturen den Willen zur »Behauptung« der jeweils eigenen Werte kräftig an mit dem Erfolg, daß beide in dieser Auseinandersetzung viel mehr »zusammenbackten«, als es ihrer eigenen wirklichen Verfassung entsprach. Daher benötigten die Herrschenden bei stärker werdenden inneren Auseinandersetzungen stets den »äußeren Feind«; dadurch entstand gerade in der Auseinandersetzung mit einem äußeren Feind der Eindruck, es gäbe überhaupt einheitliche Kulturen. In Wirklichkeit hat es sie nie gegeben; aus der Vergangenheit vermitteln uns die Bauten der Oberschicht diesen Eindruck; die Lebensweisen der anderen Schichten vergingen mit ihnen. Erst heute beginnen die Historiker den »unteren« Kulturen in den Kulturen mehr Interesse zuzuwenden. In der Gegenwart beginnt die »Arbeiterliteratur« von sich reden zu machen. Die Kultur einer ehemaligen Mittel- oder »Zweifrontenschicht«, die dann führend wurde, die des kapitalistischen Bürgertums, ist unser Thema.

Das Erbe, das die bürgerliche Gesellschaft antrat

»... die sogenannte historische Entwicklung beruht ... darauf, daß die letzte Form die vergangenen als Stufen zu sich selbst betrachtet« (Karl Marx in der Einleitung zur Kritik der Politischen Ökonomie). Bei der bisher verwendeten Betrachtungsweise wanderte der Blick von der Gegenwart zu älteren Kulturen hin und zurück, ohne sich an bestimmten Zeiten festzuhalten. Wird nun von der »kapitalistischen Kultur« als einer besonderen Form der »bürgerlichen Gesellschaft« gesprochen, d. h. einer »Kultur« in einem abgrenzbaren und festliegenden Zeitraum, nämlich von Beginn des 17. Jahrhunderts (1620 etwa) bis zu unserer Zeit mit besonderem Interesse für das 19. Jahrhundert, die Zeit von 1800 bis 1900, dann muß die Stufenfolge der Entwicklungen, die dahin führten, etwas genauer bestimmt werden. »Feudalismus« und »bürgerliche Gesellschaft« müssen in ihren inneren Gesetzmäßigkeiten erfaßt werden. Hierbei stoßen wir auf Widerstände, die der Leser schon bis hierher gefühlt haben wird. Es handelt sich um die Schwierigkeit, sich vergangene Zeiten vorzustellen. Besonders schwer ist es wohl, die Bedeutung von Ereignissen, von Vorstellungen und Personen von damals heute nachzufühlen. Aber die früheren Ereignisse waren die Vorläufer, die Basis der heutigen; man kann die letzteren nicht verstehen, wenn man nicht etwas über die ersten weiß oder verstanden hat. Will man die Gegenwart verstehen und nicht nur – etwas kindlich – »das Paradies jetzt« fordern, dann ist man einfach gezwungen, sich mit der Vergangenheit zu beschäftigen. Diese Vergangenheit mutet uns heute verstaubt, teils liebenswert, teils abstoßend und grausam, teils einfach komisch an. »Könige«, »Herzöge«, »Fürsten«, »Ritter« – das sind für die junge Generation farbig angemalte Holzpuppen mit Walt-Disney-Charakter, keine Begriffe für einstmals lebendige und *mächtige* Wirklichkeit. Aber die Wirklichkeit der Vergangenheit war nicht weniger wirklich als die unsrige heute, vielleicht war sie wegen der größeren Kargheit der Mittel, die auch ohne Not Sparsamkeit erzwang, und wegen der noch deutlicheren Machtunterschiede kräftiger und insofern wirklicher als die heutige Wirklichkeit der hochindustrialisierten Staaten, so, wie die Wirklichkeit für den Vietnamesen heute härter spürbar ist als für den Münchener.

Die Vergangenheit und die Gestalten in ihr als weniger wirklich anzusehen als unsere Gegenwart, verrät in sich schon eine Art von »Wirklichkeitsverlust«. Verständlicherweise verdrängen wir gerne das, was uns nicht mehr anzugehen scheint oder uns unangenehm ist. Jeder Mensch ist imstande, großartige Techniken des unabsichtlich/absichtlichen Vergessens von ihm unangenehmen Zuständen und Geschehnissen zu entwickeln. Hierin wird er noch durch die Gesellschaft, in der er lebt (und die er zusammen mit den anderen auch *ist*), unterstützt: Man kann sagen, daß ganze Völker versuchen, Blamagen »zu vergessen«, d. h. zu verdrängen oder positiv umzufärben. Wir werden aber noch darauf kommen, daß die »Kapitalismus« genannte Bewegung in besonderem Maße Vergeßlichkeit fördert, und zwar nicht nur Vergeßlichkeit gegenüber unerfreulichen Ereignissen, gegenüber Versagen, sondern Vergeßlichkeit überhaupt. Neben die Schönfärbung der Vergangenheit gehört im Kapitalismus noch als besondere (vermittelte und von den Menschen übernommene und geförderte) Technik auch die der Entwertung der Vergangenheit. Mit einer solchen Entwertung tut man aber nicht nur den Menschen der Vergangenheit bitter Unrecht, man nimmt sich selbst die Chance, sich daran zu erinnern, wie die *Herrschaftsverhältnisse* einmal wirklich waren, daß sie »wirklich« waren. Ohne eine solche Erinnerung wird man aber ihre Spuren heute nicht so leicht entdecken. Und diese Spuren haben uns zu interessieren entsprechend der Aussage: Wenn Du dich nicht um die Politik kümmerst, wird sich die Politik um Dich kümmern. »Politik« ist jedoch nichts anderes als das Bewältigen der Gegenwart auf der Basis und mit den Mitteln der *Vergangenheit.*

Die Ritter, Fürsten, Könige und Kaiser *waren* also Wirklichkeit. Für das »einfache Volk« waren sie meist sehr harte Wirklichkeit, füreinander ebenfalls äußerst real, wirklich. Die um die Stadt Rom herum organisierte römische Gesellschaft war Wirklichkeit, das Christentum in ihr wurde vor knapp 2000 Jahren ebenfalls eine Wirklichkeit, mit der die römischen Staatsmänner zu rechnen anfangen mußten.

Was interessiert uns nun in unserem Zusammenhang Rom und das damalige Christentum? Sie können und müssen uns hier nur aus zwei Gründen interessieren: Erstens übernahmen die sich entwickelnden europäischen Staaten später römisches Recht und damit Auffassungen von den Beziehungen zwischen Menschen und

Dingen sowie Menschen untereinander, die eigenartig »abstrakt« waren. Zweitens entwickelte sich im Christentum auf Grund der Verfolgungen durch den Römischen Staat im Katholizismus eine Abneigung gegen den »Staat« überhaupt, die sich bis in unsere Zeit hineingezogen hat, während die protestantische Kirche sich – als Gegengewicht gegen die päpstliche Macht – an die Landesfürsten klammerte, die ihrerseits zu ihr übertraten und damit aus dem Bannkreis des Papstes herauskamen. Die protestantische Kirche wurde damit in einer Gegenbewegung zur »staatstragenden« Kirche. Wir müssen uns nun allmählich klarmachen, daß die soeben erwähnte Bildung von Staaten in Europa nach heftigen Völkerbewegungen und -kämpfen erfolgte, nach einer Zeit (von ca. 400 bis 800), in der zwar ständig viel geschah, die aber keine so deutlichen Umrisse für uns hat wie die Zeit davor (die »Antike«) und die danach (das »Mittelalter«). Es handelte sich also in der Tat um *Neubildungen* von Staaten und Kulturen, und zwar um Neubildungen aus teilweise recht geringer »kultureller Substanz«: Gemessen an den vorhergehenden, nun fast erloschenen antiken und den orientalischen Kulturen war das Niveau der neuen Anfänge in Europa recht bescheiden. Erst das Übernehmen der in der alten Welt aufgespeicherten Erfahrungen, Denkansätze und Techniken, soweit sie schriftlich niedergelegt waren, gab der neuen Entwicklung einen Schub – ähnlich der Beeinflussung der groben Ritterkultur durch den Kontakt mit der weit entwickelteren Kultur der Araber während der Zeit der Kreuzzüge, d.h. der christlichen Expansionskämpfe vom 11. bis zum 13. Jahrhundert.

Führende Kulturmacht war die Katholische Kirche in zunehmender Konkurrenz zu Kaiser, Königen und Fürsten. Während sich Bevölkerung langsam in Städten und um Burgen herum sammelt, Verkehrswege – unendlich zögernd – ausgebaut werden, entwickelt sich das, was wir Technik nennen, ebenso kärglich. So wird z. B. die Einführung einer besseren Anschirrart für Zugpferde (durch das »Joch«) zu Beginn unseres Jahrtausends als gewaltiger Fortschritt empfunden: Es können nun schwerere Lasten über größere Entfernungen länger befördert werden. Die Könige dieser Zeiten oder besser: deren Hofstaat (etwa von 800 bis ins 12. Jahrhundert, also etwa 1150) haben mit ständigen Versorgungsschwierigkeiten zu kämpfen. So zieht z.B. Karl der Große mit seinem Gefolge von einer »Pfalz« seiner Lehensleute zur anderen, um das sonst unlösbare Versorgungs- und damit ja auch Transportproblem von Versorgungsgütern für den Hofstaat zu lösen.

Mit dem 12. Jahrhundert trennen sich dann verschiedene Entwicklungen mit sich steigernder Geschwindigkeit und sehr unterschiedlichen Resultaten, deren Auswirkungen uns noch heute beschäftigen: In England beginnt schon früh ein Machtkampf zwischen dem König und dem weite Strecken entlang mit dem Adel verbündeten Bürgertum (Handelsbürgertum aus den Erfolgen von Handels- und Raubschiffahrt). Die englische Kirche entfernt sich zunehmend von Rom, d. h. der zentralen katholischen Autorität in der Gestalt des Papstes und wird dann die »anglikanische«, eine volksnahe Mischform. In Frankreich beginnt der »Königsmechanismus«: Der Kampf der mächtigen Herzöge untereinander führt zur Auslese und zuletzt zur ständig steigenden Stärkung nur *eines* Hauses, das dann Königshaus wird. Die »absolute Monarchie« wird vorbereitet. Der Katholizismus bleibt Volksreligion. »Deutschland« bleibt mehr oder minder ein Gebilde auf dem Papier. Das »Deutsche Reich« ist ein unterschiedlich zusammengesetztes Völkergemisch und – bei wechselnder Herrschaft unterhalb der Ebenen des Kaisers – ein Kleinstaaten-Sammelsurium.

Die Macht der katholischen Kirche wird hier nicht erst im 16. Jahrhundert durch Luther (1515) gebrochen; schon vorher büßt die Kirche Unterstützung bei der Bevölkerung ein. Die Beibehaltung des fremden Lateins und kirchlich-adelsunterstützte Versuche der »Hochkultivierung« des geistlichen Lebens führen zu ständigen Verlusten der an sich schon kärglichen kulturellen Substanz: Die Verbindung zum »Volk« ist ungleich dünner als in den »romanischen«, d. h. vom Römisch-Lateinischen her sich verstehenden Ländern; aber der Bildungsstand in diesem Volk ist auch niedriger – nicht, was handwerkliche Fähigkeiten und Fertigkeiten anbetrifft, sondern die »kulturelle Tradition«, auch die Bräuche und Sitten. Das Deutsche Reich ist ein Bauern- und Kleinstädter-Land, zerrissen, durchsetzt von einem unheimlich feinen Geflecht von Sitzen des hohen, mittleren und niederen, ja armen Adels.

In den Städten hatten zuerst die Zünfte oder Innungen die Macht; später wurde sie ihnen durch die neuere Schicht der »Handelsherren« streitig gemacht mit dem Endergebnis der Übermacht dieses »Handelskapitals«. Doch vorerst ist die gesamte Organisation des Lebens eine sehr direkte: Das, was unbedingt zur Erhaltung des Lebens sowie zur Vermehrung der Macht getan werden muß, wird getan. Das in Geschichtsbüchern häufig angeführte Gründen von

Städten, d. h. »blühender Handel« usw. müssen wir uns im allerbescheidensten Rahmen vorstellen. Immer war alles »direkt«, und Machtausübung war ebenfalls »direkt«.

Macht. Dieses Wort ist geeignet, unsere Darstellung, die ja doch keine befriedigend historische sein kann, die nicht »Geschichte« wiedergeben will, sondern Vorgeschichte der kapitalistischen Kultur, analytisch aufzuhellen. »Analytisch«, das heißt: auflösend, und zwar in der Weise, daß hinter den Oberflächenerscheinungen (Phänomenen) die wirklich bewegenden Kräfte sichtbar werden. Die »Kapitalistische Kultur« basierte auf einem eigenen Machtsystem. Da wir hier die *Ausgangsposition* des Kapitalismus schildern wollen, für diese aber die vorhergehenden »Machtkonstellationen«, d. h. die Verteilung von Macht, grundlegend waren, müssen wir nun klären, was mit »Macht« überhaupt gemeint sein kann.

Machtmechanismen, Recht, Götter/Gott

Macht-verwandte Begriffe sind auf der einen Seite »Gewalt« und auf der anderen Seite »Herrschaft«. Meint Gewalt vorwiegend das körperliche Einwirken auf jemand anderen, so bezeichnet Herrschaft dem gängigen Gebrauch nach eine Art der Machtausübung, die von unterstützenden Gruppen getragen ist und damit gerechtfertigt erscheint (= legitimiert). Der Machtbegriff steckt also in dem der Gewalt insofern, als Gewaltandrohung auf Machtausübung zielt und Machtausübung nur durch Anerkennung dauern kann, d. h. zur Herrschaft wird. Der Machtbegriff bleibt zentral. Obwohl er nun mehrere Male gebraucht und abgegrenzt wurde, wäre es doch leichtfertig, zu behaupten, man habe ihn auch »definiert«. Für eine »Definition«, d. h. eben Abgrenzung »nach unten« (zum Unterbegriff) und »nach oben« (zum Oberbegriff) genügt eine rein formale Bestimmung nicht; eine inhaltliche muß folgen. Was meint man also mit »Macht«? Besonders der deutsche Sprachgebrauch legt nahe, an etwas zu denken, das man in der Tasche trägt; ein Ding, das »Macht« *ist.* Aber sowenig eine Drohung Macht ist, wenn die Bedrohten den Tod nicht fürchten, sowenig gibt es das Ding »Macht«. Macht ist vielmehr immer eine *Konstellation,* ein Zusammenhang von Kräften, ein Ort in einem Kraftfeld. Macht kann ein Schwacher haben, wenn es ihm gelingt, andere so zu beeinflussen, daß sie sich ihm »freiwillig« fügen: Es gehören immer mehrere dazu; mehrere, die sozusagen den Hintergrund der Macht eines dann Mächtigen bilden – oder die selbst die Macht darstellen; und mehrere, die die Macht auch akzeptieren, bewußt oder unbewußt. Sogar im hier nicht interessierenden Grenzfall der Zweierbeziehung – und gerade da – hat der eine nur Macht über den anderen, wenn dieser sie akzeptiert. Mit gewalttätiger Überlegenheit kann zwar auch hier kurzfristig ein Machtverhältnis hergestellt werden; es kann aber so auf die Dauer nicht erhalten bleiben: Keine Regierung kann auf Bajonetten sitzen. Damit ist Macht noch nicht in Herrschaft umgeformt. Sie ist nur als ein »Sanktionsvorteil« charakterisiert, als die Überlegenheit einer Gruppe, einer anderen mehr Nachteil zufügen zu können und mehr Vorteile bringen zu können, als diese vermöchte.

Überlegt man nun in Ruhe, was hinter der größeren Menge auf der einen Seite stehen könnte, das man mit Macht meint; oder was hinter einer kleineren Menge steht, die »Macht ausübt«, dann wird ziemlich bald klar, daß es nicht die körperliche Kraft der »Mächtigen« sein kann, die allein ihren Einfluß garantiert. Sicher ist immer wieder die drohende oder eingesetzte körperliche Überlegenheit ein wirksames Mittel zur Durchsetzung des eigenen Willens oder des Willens einer Gruppe gegen andere – auch gegen deren Willen –. Aber die ständige Aufrechterhaltung der Macht bedarf weiterer Unterstützungen. Geht man nun die Reihe möglicher Unterstützungen durch: Waffen, Geräte, Nahrungsmittel im weitesten Sinne, »Geld« (also Anrechts-Symbole auf Güter oder Leistungen), Land (bestelltes oder bestellbares), Gebäude (Burg, Mauern, Häuser, »Befestigungen«), Lebensmittel im weitesten Sinne (tierische und technische Mittel eingeschlossen); überlegt man weiter, woher diese Mittel kommen können, denn sie fallen ja nicht vom Himmel: Dann wird man zu der Einsicht geführt, ja gezwungen, daß es sich immer und überall um *Arbeitskraft* handelt. Arbeitskraft, die Land gewinnt (erobert, rodet, bepflanzt), Arbeitskraft, die sät und erntet, Arbeitskraft, die trägt, transportiert, veredelt, handwerkt, baut, schmiedet, mauert, reitet, kämpft. »Macht« ist also – als Fähigkeit, andere zu etwas zwingen zu können – in ihrer Substanz, d.h. »wirklich«, nichts anderes als überlegene Möglichkeit des Rückgriffs auf Arbeitskraft. Da nun ein Teil der Arbeitskraft, über die jeder Mensch verfügt, dazu dienen muß, aus dem Ergebnis das eigene Leben zu fristen, kann »Macht« nur den *überschüssigen* Teil der Arbeitskraft oder den überschüssigen Teil ihrer Ergebnisse betreffen, d. h. sich aus ihnen ableiten und »ernähren«. Das bedeutet selbstverständlich auch, daß »Macht« überhaupt nur dort möglich ist, wo die Verhältnisse insgesamt eine derartige »Abschöpfung« von Arbeitskraft oder von deren Ergebnissen *erlauben.* Wo nichts ist, hat der Kaiser sein Recht verloren, d. h.: Es kann sich an nichts festmachen. Wo die Menschen sich bereits quälen müssen, um ihren eigenen Lebensunterhalt zu erwerben, kann man nur »abschöpfen«, indem man sie tötet; zusätzlich bekommt man von ihnen nichts. Die Machtmöglichkeit reduziert sich gewaltig. Umgekehrt wächst die Machtmöglichkeit bei steigender Produktivität einer Bevölkerung: Bei z. B. gleichbleibendem notwendigen Aufwand für Essen steigt mit der anwachsenden Produktivität auch die mögliche Abschöpfungsrate.

Diese Aussage, daß Macht Verfügung über irgendwie abgeschöpfte Arbeitskraft ist, muß genau verfolgt werden. Die Definition dahinter, daß Macht die Möglichkeit ist, Gehorsam zu erzwingen, darf dabei nicht vergessen werden. Beide Feststellungen behindern sich auch nicht, sondern bestätigen sich sogar. Unsere unanschaulichen Begriffe und unser unanschauliches Denken behindern uns allerdings dabei. Würde man statt »er hat Macht« sagen, »die Bedingungen sind so, daß er strafen (und belohnen) kann«, wäre der Sachverhalt schon deutlicher. Die »Bedingungen« sind dann die »Konstellation« (d. h. Stellung im gesellschaftlichen Kräftefeld), die ihn mächtig *macht.* Damit wiederholen wir uns also. »Mächtig« wird nun eine Ableitung von »Kräftefeld«. Die Kräfte sind aber nichts als Menschen und deren Produkte. Natürlich können es auch Naturkräfte sein; diese können aber wiederum nur durch Menschen erschlossen sein. Und »Produkte« (Geräte, Maschinen) sind sozusagen »Konserven von Arbeitskraft«, und zwar – gemäß unserer vorherigen Überlegungen – von überschüssig gewesener Arbeitskraft (sonst wären sie zum eigenen Gebrauch, zur Lebenserhaltung von den Herstellern verbraucht worden).

Wie man sich auch dreht und wendet: Ist »Macht« nicht nur das eigene körperliche Vermögen (und das muß ja auch überschüssig sein), dann ist sie Verfügungsgewalt über konkrete oder abstrakte (besser: abstrakt wirkende) Arbeitskraft, und zwar *überlegene* Verfügungsgewalt, sprich: überlegene Gesamt-Arbeitskraft. Gibt ein Mächtiger seinen Schergen Anweisung, jemand zu überwältigen oder zu bestrafen, dann treten Arbeitskräfte gegeneinander auf. Vielleicht stellt sich heraus, daß der andere auf mehr »Kräfte« zurückgreifen kann als der Angreifer. Dann war *er* in diesem Fall vielleicht der Gewinner und insofern der Mächtigere. Setzt sich der Angreifer durch, ist er der Mächtigere. In jedem Fall aber bedeutet seine – befolgte! – Anweisung an die »Schergen«, daß der Anweisende Macht *hat,* d. h., daß er über die überschüssige Kraft seiner Helfer verfügen kann. Zu dieser überschüssigen Kraft gehört dann auch – wie schon angedeutet – die in der Herstellung von deren Ernährung, Kleidung, Wohn- und Schlafstätten und deren Waffen vorher oder ständig wieder investierte Arbeitskraft.

Das Thema »Macht« ist mit diesen Feststellungen noch bei weitem nicht erschöpft; der Kern der Sache ist aber getroffen, und es erscheint uns von ganz außerordentlicher Wichtigkeit, daß der, der Geschichte und Gegenwart verstehen will, es lernt, in allem, was er in die Hand nimmt, verbraucht, erlebt, auch miterlebt, zu sehen, *daß und wieviel* Arbeitskraft – gegenwärtige oder vergangene (»tote«) – mit im Spiel ist. Dazu gehört natürlich auch »Bildung« und »gute Erziehung«. Im Gebildeten und gut Erzogenen sind diejenigen Arbeitseinheiten investiert, die die Eltern zur Bezahlung von Unterricht oder Schule und zur Erhaltung der zu Erziehenden (Kinder, Jugendliche) haben aufbringen können. Unabhängig von vielleicht angeborenen Möglichkeiten des Individuums handelt es sich also doch wieder um überschüssige, allein aufgebrachte oder »abgeschöpfte« Arbeitskraft, die zum Ausdruck kommt. Daher war Bildung auch immer ein mehrseitiger Machtfaktor: Sie leitete sich in der Regel von Macht ab und verlieh Macht, allerdings erst einmal persönliche Macht gegenüber den weniger Gebildeten und vorerst nur auf dem Gebiet des Wissens. Erst eine bestimmte gesellschaftliche Konstellation gehört noch dazu, damit entschieden werden kann, ob Bildung dann auch konkrete gesellschaftliche Macht, d. h. Verfügung über andere – sei es durch hohe Einkünfte oder direkt als Anweisungsgewalt – bedeuten wird. Der gebildete Emigrant konnte daher im fremden Land, d. h. unter für ihn ungünstiger Konstellation, äußerst ohn-mächtig sein. Die in ihn investierte Arbeitskraft stellte sich in seiner akuten, der damals gegenwärtigen Situation als eine Fehlinvestition dar.

Dieses Beispiel greift weit über den hier zuerst notwendigen Ansatz hinaus. Damit wir den Begriff »Macht« in die zu behandelnde geschichtliche Situation einbringen können, müssen unsere Beispiele auf ein niedrigeres Niveau heruntergedrückt werden. Wir müssen – so schwer es auch fallen mag, aber man denke an einen Menschen in Afrika, der nichts kann als Land bestellen – ganz von unten anfangen und erst dann zu komplizierteren Machtformen und -problemen aufsteigen.

Das Beispiel des Afrika-Bauern ist absichtlich gewählt. Was macht ein Mensch, der bescheidene Kenntnisse in der Landbestellung hat, was konnte ein Bauer zu Anfang dieses Jahrtausends in Europa tun? Was für »Macht« hatte er?

Wir sind uns alle im klaren darüber, daß er sehr wenig tun konnte; weniger klar ist meist, daß ein solcher Mensch nur eine minimale *Macht* hatte. Zum ersten kann man nur unterstreichen, daß er vermutlich sein ganzes Leben mit meist selbstgefertigten Werkzeugen schwer arbeiten mußte, um sich überhaupt nur am Leben zu erhalten. Das heißt, daß von ihm weder Arbeitskraft in der Form seiner Körperkraft noch in der Form der von ihm erarbeiteten Lebensmittel abzuschöpfen war: Er brauchte sie selbst dringend. Zum zweiten bedeutet das aber auch, daß er selbst nichts »erübrigen« konnte, um andere Arbeitskraft zu erwerben, z. B. im Austausch gegen Erarbeitetes, Überflüssiges, andere Arbeit oder andere vergegenständlichte Arbeitskraft in der Form von Gebrauchsgegenständen oder Lebensmitteln. Er hatte ja sogar seine notwendigen Werkzeuge selbst machen müssen, d. h. sie unter dem Streß der Notwendigkeit ihres Einsatzes aus »abgezwackter« eigener Arbeitskraft herstellen müssen. Er ist zwar ein »Mensch«, aber eine ohn-mächtige Gestalt.

Robinsonaden oder das Herausziehen von Weisheiten aus der Darstellung einzelner künstlich isolierter Menschen sind nicht Gegenstand unserer Überlegungen. In Wirklichkeit tritt auch der Menschentyp »Bauer«, d. h. diese uralte Berufsrolle, nicht völlig isoliert auf. Wir haben es in der Regel mit Bauer*n* zu tun, mit Bauern, Bäuerinnen und deren Kindern in unterschiedlichem Alter. In Wirklichkeit tritt also das Phänomen (die Erscheinung) der *»Arbeitsteilung«* mit dem Menschen zusammen auf; zuerst die der »Arbeitsteilung« unter den Geschlechtern, dann die im engeren Bereich der Arbeit selbst, erst der lebenserhaltenden im eigentlichen Sinn, dann der religiösen Zwecken dienenden Arbeitsteilung. Arbeitsteilung ist also ein grundlegendes *Organisationsprinzip* des Menschlichen; in unserer Sicht hier bedeutet sie gegenseitige Übernahme eines Teils der Arbeit des anderen im Austausch gegen Abgabe einer Arbeitsaufgabe an den anderen. Jeder arbeitet also einseitiger, gibt an den anderen von seinem Arbeitsergebnis ab und erhält einen entsprechenden Teil der Arbeitsergebnisse des anderen – oder aber einen Anspruch darauf. Damit wird einerseits die Arbeit vereinfacht, oft erst möglich gemacht – später werden die Arbeitserträge dadurch sogar größer. Andererseits entsteht unmittelbar ein gegenseitiges Abhängigkeitsverhältnis: In gewisser Weise sorgt jeder wechselseitig für den anderen; der eine arbeitet für den anderen. Nach unseren bisherigen Definitionen haben also beide Macht übereinander, allerdings eben in derartiger Wechselseitigkeit, daß sie als Macht nach außen nicht in Erscheinung tritt. Aber sie ist da, »produziert« (hervorgeführt) durch gegenseitige Produktionsabhängigkeit.

Hat nun eine Bauernfamilie, haben diese Bauern mehr Macht als ein einzelner? Bei Einsetzen unserer Machtdefinition (Verfügung über überschüssige Arbeitskraft, um andere zu bestechen oder zu zwingen) kann die Antwort nur eine »zirkuläre«, eine kreisförmige sein, sie beißt sich in den Schwanz: Sind die Verhältnisse so, daß überschüssige Arbeitskraft, sei es durch gute Ernten, erfolgreiche Arbeitsteilung, verbesserte Arbeitsgeräte (= Technik) oder ähnliches entsteht, dann ist auch mögliche Macht da. »Reichtum« oder »geringer Arbeitsdruck bei ausreichendem Lebensunterhalt« sind eben nur Synonyme oder sinngleiche Begriffe für »mögliche Macht«.

Hier wird die Sache nun eine Stufe komplizierter: In Machtauseinandersetzungen – und der Kapitalismus hatte sich gegen Macht durchzusetzen – begibt sich keiner gern, wenn er etwas zu verlieren hat und keine Garantie für Gewinn. Höchstens zur Erhaltung, d.h. Verteidigung dessen, von dem man lebt, läßt man sich zu einer solchen Auseinandersetzung zwingen; aber eben doch nur zwingen. Daher erliegt der Schwache leicht dem *Eindruck* von Macht. Die *wirkliche* Macht, die jemand hat, von seiner Körperkraft (überschüssiger!) bis zu seinen »Ressourcen« (den »Quellen«, aus denen er Macht bezieht), kann leider nur eindeutig erprobend herausbekommen, sozusagen herausgelockt werden. Das heißt, daß das wirkliche Machtverhältnis sich erst *in* der Auseinandersetzung herausstellt. Ein solches Risiko kann bäuerliche Bevölkerung kaum auf sich nehmen: Felder, Quellen, Holzgeräte und Holzhäuser sind derart anfällig gegen Zerstörung, die bäuerliche Bevölkerung ist meist derart breit verteilt, daß bereits die Androhung von Machtausübung von anderer Seite *praktisch die Macht selbst ist.*

Auch und gerade reiche Bauernschaften waren daher anfällig gegen Machtandrohung, da bereits die bloße brutale Gewaltanwendung gegen Land und Gehöfte existenzgefährdend erscheinen mußte. Da diese empfindlichen Produktionsstätten zum Zweck einer Auseinandersetzung relativ schutzlos verlassen werden mußten, war die Bereitschaft zu kämpferischer Machtauseinandersetzung denkbar gering. Die Not und der Haß gegen bedrohliche oder bereits ausbeutende (d. h. Arbeitserträge unerträglich abschöpfende) Gegner mußten eine beachtliche Größe erreichen, damit die skizzierten, gut begründeten Bedenken in die eigene Schwäche überwunden werden konnten.

Damit sind wir zwar nicht am Ende der Machtdiskussion, aber wieder auf der Schwelle zur Darstellung der geschichtlichen Lage im frühen Mittelalter, vor der Erfindung der Feuerwaffe.

Wir können zusammenfassend sagen, daß der Bauer wegen seiner Armut und den zu großen Entfernungen von Gehöft zu Gehöft auch noch im Dorf nur in geringem Maße konfliktfähig war; seine praktische Macht war klein, sogar, wenn er verhältnismäßig wohlhabend war.

Stellen wir uns dagegen einen rüstungsgeschützten, eisenbewaffneten Reiter vor. Er (d. h. einer, der von des Bauern Arbeitsproduktion »abschöpfen« will oder in diesem Verdacht steht) stellt als Gegner des Bauern nicht nur »personifizierte«, d. h. drohende körperliche Gewalt dar, sondern an ihm hängen Arbeitsprodukte, er hat Ergebnisse fremder Arbeit in der Hand, die ihn bereits »mächtig« machen oder als mächtig ausweisen. Er ist konkret, d. h. »wirklich«, schwer angreif- oder verletzbar; die auf ihm versammelten Arbeitsergebnisse (Rüstungen waren sehr teuer!) weisen ihn als jemand aus, der überschüssige Arbeitskräfte hinter sich hat; sein Risikobewußtsein weicht völlig von dem des Bauern ab, da er nicht direkt von leicht zerstörbaren Arbeitsgrundlagen und -einrichtungen abhängt. Er kann es sich leisten, aggressiver, d. h. angriffslustiger zu sein als der Bauer. Er ist rundum überlegen. Schon als einzelner tritt er dem Bauern als jemand gegenüber, dem der Bauer Macht als Möglichkeit zubilligen muß. Dadurch hat dieser bewaffnete Reiter bereits vorweg Macht über den Bauern. Schon die – vielleicht völlig unausgesprochene – Möglichkeit, sich gegen den Willen des Bauern durchzusetzen, schon dieser Anschein von Macht gibt ihm eine neue Möglichkeit: Er kann vom Bauern ohne Gegenleistung etwas verlangen.

In der Praxis standen sich nun wieder nicht Einzelbauern und Einzelreiter oder -ritter gegenüber, sondern Bauernschaften und Rittergruppen, hier Bauern, da Adel. So wenig sich einzelne Bewaffnete ständig gegen mehrere Bauern hätten durchsetzen können, so wenig hatten ganze Adelsgruppen, Ritter und ihr Gefolge oder adlige Zusammenschlüsse in der Praxis nötig, sich ständig neu durchzusetzen. Sie *hatten* die Macht aus Zeiten, die oft weit zurücklagen, sie verfügten wegen dieser überkommenen Macht über Bauern, Bauernschaften, Dörfer und Gebiete. Diese erhielten sie und damit auch ihre Macht. Da man die Kuh, die man melken will, nicht schlachten darf, schützten sie diese beherrschten Gebiete auch; vorrangig war jedoch deren Ausbeutung im Sinne der Abschöpfung möglichst vieler Arbeitskräfte und Güter, d.h. wieder: ins Produkt eingegangener Arbeitskraft. Eine »Burg« war daher in der Regel die angehäufte abgeschöpfte Arbeitskraft der Bauern, und ihre Insassen lebten von weiterhin abgeschöpfter Arbeitskraft, kleideten sich von ihr, führten Waffen aus ihr mit sich.

Wir wären noch weit von einer vollständigen Abgrenzung von »Macht« entfernt, wenn wir nicht noch ein weiteres System benennen würden, das zur Entwicklung und Erhaltung von Macht diente: das sogenannte »Rechtssystem«.

»Recht« ist eine Regelung zwischen Menschen, die die Entscheidungen von einzelnen oder Gruppen im Hinblick auf die *Folgen* übersichtlich macht. Insofern ist Recht auch Planung auf längere Zeit: Geltendes (d.h. in Geltung gesetztes) Recht ist eine Art bindender Vertrag zwischen Menschen oder Menschengruppen, der allseitig anerkannt wird und Verhalten abgrenzt: Jenseits bestimmter Grenzen erfolgt Bestrafung. Recht schafft damit Verhaltenssicherheit. Damit bindet es nach außen hin allerdings auch *alle*, die sich ihm unterworfen haben. Ein besonderes Machtmittel kann daher Rechts*un*sicherheit sein. Läßt ein »Mächtiger« (d.h. ein durch Macht Bevorrechtigter) die Frage offen, wie ein Unterworfener in einer bestimmten Situation handeln soll, dann hat dieser Mächtige jederzeit die Möglichkeit, dies Handeln entweder als richtig, äußerst wertvoll oder aber abgrundtief schlecht zu bezeichnen. Legt ein Mächtiger Verhaltensweisen und ihre möglichen Folgen in Rechtssätzen fest, dann kann sich jeder auf diese Rechtssätze berufen – die Macht des Mächtigen, nach Belieben zu sanktionieren ist geschwächt. Andererseits kann gerade der Mächtige eine Art von Recht »schöpfen«, das zu seinen eigenen Gunsten wirkt. Dieser Versuchung ist wohl noch keine Gruppe Mächtiger entgangen, denn »den« Mächtigen hat es nie gegeben, immer standen mindestens Gruppen hinter ihm, die seine Macht erst garantierten! »Recht« war daher das meist formalisierte, nach außen sich gerecht gebende, aber doch immerhin anrufbare Recht der Stärkeren.

Daher hatten Adelsgruppen in jeder Kultur auch Rechtsvorteile auf ihrer Seite, sogenannte Privilegien (Vorzugsrechte), die ihre Macht erhielten und möglichst vermehrten.

Macht bedeutet hier auch: Rechtlicher Vorteil. Damit war derjenige Machttyp abgewertet, der sich *nur* auf die Verfügung über angesammelte Güter oder »Geld« berufen konnte: Der Nicht-Adelige. Ihm fehlten die Rechtsvorteile oder Privilegien, die seine Macht abgerundet beziehungsweise erst wirksam gemacht hätten.

Neben den Bestandteilen »Verfügung über Arbeitskraft, so daß Sanktionen angedroht werden können« und »Rechtsvorteilen« ist noch ein dritter zu nennen: die Möglichkeit, sich in seinen Handlungen auf jenseitige Kräfte berufen zu können, auf Götter oder Gott. In gewisser, allerdings wahrscheinlich besonders fremd anmutender Weise hat diese Berufung doch wieder mit der Verfügung über fremde Arbeitskraft, die zum Schaden des Ungehorsamen eingesetzt werden kann, zu tun: Die Götter oder »Gott« sind, wenn von den Menschen an sie geglaubt wird, nicht nur abstrakte unsichtbare und ferne Mächte, sondern höchst reale, eingreifende und zu fürchtende. Die von ihnen (oder ihm) möglicherweise ausgehenden Kräfte sind sogar um vieles gewaltiger anzusetzen als irdische, menschliche. Die sogenannte Natur ist doch z. B. nur ein Werkzeug der Götter oder Gottes; in ihrer unter Umständen verheerenden Gewalt stellt sie nur ein *Mittel* des Zurschaustellens göttlicher Gewalt dar. Die Götter oder Gott verfügen über unbegrenzte und freie Kräfte, die jederzeit überallhin von ihnen eingesetzt werden können. Kann sich daher jemand so auf die Götter oder Gott berufen, daß man glaubt, die Götter oder Gott seien seine Bundesgenossen, dann ist der Betreffende praktisch in der Lage eines irdischen Mächtigen, der mit dem Einsatz irdischer Kräfte drohen kann. Ironisch könnte man sagen, die Berufung auf Gott sei billiger.

Jenseits solcher Feststellungen oder Überlegungen kann aber mit Sicherheit festgestellt werden, daß sich in allen Kulturen der

Menschheit neben die Machtfaktoren »Verfügung über Arbeitskraft« und »Rechtsvorteil« noch der der »möglichen Berufung auf die Unterstützung jenseitiger Kräfte« gesellte. Adel *und* Geistlichkeit waren daher die Machtträger im frühen Mittelalter (entsprechende Verhältnisse herrschten früher und gleichzeitig in anderen außereuropäischen Kulturen). Entwickelte sich Widerstand gegen ihre Macht, so mußte er sich gegen alle drei Faktoren richten. Und dieser Logik folgte auch die geschichtliche Entwicklung.

Organisationsprinzipien

Wir haben versucht, den Begriff »Macht« so aufzulösen, daß man nicht mehr in Versuchung gerät, ihn als schwarzes Kästchen zu sehen, das jemand in der Tasche trägt (»hat Macht«) oder als Charaktereigenschaft (»ist mächtig«). Macht stellte sich dar als die – oft geschickte – Ausnützung einer günstigen Konstellation. Aus ihr ergibt sich geschichtlich, d. h. ergab sich in der Vergangenheit, die Chance für wenige, ihre vielleicht zuerst nur körperliche Überlegenheit so einzusetzen, daß sie Gehorsam bei anderen fanden. Damit hatten sie die Macht, sie waren im Besitz, sie hatten Verfügungsgewalt über überschüssige Arbeitskraft. Sollte aber diese Macht nun in »Herrschaft«, d. h. relativ anerkannte »Macht auf Dauer« umgesetzt werden, dann war eine Organisation der Macht notwendig.

Eine derartige Begriffsbildung sollte allerdings unterdessen auf den Widerstand des Lesers stoßen: »Organisation der Macht« wirkt wieder so, als ob angehäufte Möglichkeiten sinnvoll verteilt werden sollten. In Wirklichkeit handelt es sich darum, einmal gewonnene Macht durch passende, d. h. der gesamten Situation angemessene Verfahrensweisen zu *stabilisieren.* Das kann nur in einer irgendwie konsequenten, d. h. folgerichtigen Weise geschehen, nach einem Schema, nach einem vorgefaßten Plan. Die Natur »organisiert« z. B. Tiere durch vorgefaßte, in der Erbstruktur festgelegte Pläne, die dann durch Lernen ergänzt werden. Der Mensch muß seine Tätigkeiten auf ein Ziel hin *selbst* organisieren. Soweit Organisation auf Dauerhaftigkeit oder Verhaltenssicherheit hinzielt, müssen ihr »Prinzipien« unterliegen, Grundsätze, die das Funktionieren eines Arrangements, eines eingerichteten Verhältnisses zwischen Menschen garantieren.

Wir werden uns daher in einem weiteren Schritt mit den »Prinzipien des Kapitalismus« zu befassen haben, d. h. mit der Art und Weise, in der Kapitalismus organisiert war. Da zuerst einmal seine geschichtlichen Vorläufer zur Debatte stehen, gilt es, die *vorher* wirksamen Prinzipien zu klären.

Das heißt also, es muß die Organisation der vorweglaufenden und dann vom Kapitalismus abgelösten Machtstrukturen durchsichtig gemacht werden.

War bisher von Macht die Rede, dann wurden Beispiele benutzt, in denen Bauern und Ritter oder andere Adelige eine Rolle spielten. Diese Adeligen, von denen Fürsten, Könige und Kaiser die Mächtigsten waren, »beherrschten« die Bauern. Einige Einsichten in solche Machtverhältnisse haben wir schon gewonnen. Aber wie war dieses ganze Gesellschaftssystem wirklich durchorganisiert? Welchen Prinzipien folgte es?

Überlegen wir kurz, welche Organisationsprinzipien Menschen untereinander überhaupt entwickeln können – es gibt nicht allzuviele.

Das erste und bedeutendste Organisationsprinzip gemeinsamer menschlicher Handlung heißt »Konsensus« oder Übereinstimmung im Hinblick auf ein Ziel oder eine Kombination von Zielen. Hängt jemand über einem Abgrund und ein anderer versucht, ihn zu retten, so bedarf es keiner übergeordneten Organisation, die beiden sagt, was sie tun müssen: Jeder von beiden weiß, worum es geht; ihre Zusammenarbeit klappt mit nur wenigen Zurufen zur Verständigung im Detail; wollen mehrere Menschen einen schweren Stein von einer Stelle wegwälzen, dann bedarf es ebenfalls nur weniger oft unartikulierter, also nicht einmal sprachlicher Zurufe, um eine Verständigung über Chancen und Gefahren herbeizuführen: Die grundlegende Verständigung ist bereits vorher erfolgt und hält durch, man will ein und dasselbe – Konsensus besteht. Auch noch in einer Situation, in der z. B. viele Menschen einen Wald durchkämmen, um einen Vermißten zu suchen, genügen wenige Zurufe zur Organisation des sozusagen Selbstverständlichen. Darüber hinaus besteht Konsensus, also Übereinstimmung für viele oder sogar alle Lebenslagen und -entscheidungen besonders dann, wenn Menschen in gleicher Lebenssituation und gleicher materieller Lage aufeinander angewiesen sind. Der englische Club (von »gentlemen«) brauchte z. B. bei unter Umständen beträchtlicher Anzahl seiner Mitglieder kaum weitere organisatorische Hilfen als eben einen umfassenden »Konsensus«: eine anerzogene Haltung, die für jedes Mitglied sicherstellte, wie sich das andere in bestimmten Situationen verhalten würde; nämlich im Sinne des Clubs und das heißt auch im Sinne Englands, im Sinne der in England herrschenden Schicht. Man konnte sogar sicher sein, daß jedes Mitglied sich überhaupt nur in Situationen hineinbegeben würde, die den Vorstellungen des Clubs (und eines Gentleman) entsprachen – »würdige« Situationen. Andernfalls hätte es sich »unmöglich« gemacht. Anderes als voraussehbares Verhalten war also unmöglich. Das ist die ideale, da kräftesparende und weitere Mittel erübrigende »Organisation«: *Konsensus.* Wo er herrscht, sind die Dinge übersichtlich.

Mit einer anderen Organisationsform, einem anderen Organisationsprinzip, dem der *Arbeitsteilung*, haben wir uns schon befaßt. Als Geschlechterteilung ist sie den Menschen in erheblichem Umfang vorgegeben gewesen. Ohne Arbeitsteilung macht jeder alles – ein höchst unzweckmäßiger und wenig ergiebiger Zustand, ein »unökonomischer« (unwirtschaftlicher). Man könnte sagen, daß »Arbeit« überhaupt nur auf Grund von Arbeitsteilung möglich wird. Völliges Alleinarbeiten bleibt unter Menschen Herumwursteln. Vielmehr sollte »Arbeit« definiert werden als »etwas tun, was man will, aber allein nicht kann«, d. h.: gemeinsames Schaffen auf ein Ziel zu. Gemeinsames Schaffen, Arbeit, bedingt aber auf längere Sicht immer auch ein gewisses Maß an Arbeitsteilung. Beide Prinzipien, Konsensus und Arbeitsteilung, haben sich in früheren Verhältnissen sicher sehr häufig verbunden; vielleicht hat diese Kombination von Organisationsprinzipien dem Menschen erst seine Überlegenheit gegenüber der Tierwelt geschaffen. Alle weiteren Organisationsprinzipien sind, an diesen beiden gemessen, abstrakter, d. h. schwieriger einzusehen, sie sind der Wirklichkeit des einfachen Menschen ferner. »Herrschaft« und »Markt« sind solche weiteren Prinzipien. Mit dem »Markt« als einem wichtigen, da tragenden Organisationsprinzip des Kapitalismus werden wir uns noch ausführlich beschäftigen. An das Prinzip »Herrschaft« waren wir schon herangekommen: die einmal gewonnene Macht so zu stabilisieren, daß sich eine Macht auf Dauer entwickelt, die erst »Herrschaft« möglich macht. Nun fehlen noch – über die bisherigen Andeutungen hinaus – weitere Informationen darüber, wie die Dauerhaftigkeit der Macht praktisch hergestellt wird. Erst dann hat man über die abstrakte Feststellung hinaus, daß es Herrschaft gäbe (und wie der Machtmechanismus grundsätzlich zu verstehen sei), eine konkrete Vorstellung von einem Herrschaftsmechanismus.

Damit sind wir wieder bei der Frage nach den Organisationsprinzipien von Herrschaft *vor* dem Kapitalismus angelangt. Und zwar haben wir es im Mittelalter mit zwei großen Typen von Organisation zu tun. Die eine ist in der »Stadt« vertreten, wo im großen und ganzen die Zünfte (arbeitsteilig und besonders in der Gestalt der »Meister« praktisch arbeitend) einen Konsensus über die Erhaltung der Stadt und sich selbst erbringen und bewahren. Je nach dem Umfang, in dem eine Stadt über Gesellen, Hilfskräfte, Lehrlinge und – durch ihre Stellung als Abnehmerin von Feldfrüchten – umliegende Bauernschaften verfügte, war sie in geringerem oder größerem Umfang ein Herrschaftssystem. Es gab schon damals einige »mächtige« Städte. Im Laufe der Zeit wurden aber immer mehr Städte immer mächtiger. Der »Organisationsfaktor Geld« fing stärker an mitzuspielen, das Organisationsprinzip »Markt« schob sich vor. Dieser Typ »Stadt« wird ein nächstes Thema werden. Vorerst wenden wir uns dem zu Anfang (vom 10. bis 13. Jahrhundert) bedeutenderen Machtsystem und seiner Organisationsstruktur zu: dem Feudaladel.

Feudalismus, das System der Vergangenheit

In der gängigen marxistischen Literatur wird häufig der Begriff »Feudalismus« gebraucht. Es wird behauptet, daß der Kapitalismus den Feudalismus abgelöst habe. Darüber kann man geteilter Meinung sein. Für Deutschland, das damalige Deutsche Reich, gilt sicher, daß das städtische Bürgertum ebenso zu den Vorstufen der kapitalistischen Entwicklung gehörte.

Was war »Feudalismus«? Zuerst bedeutet der Begriff nichts anderes als »Vorherrschaft eines Feudalsystems«. Worauf zielt der Begriff »feudal«? Spricht man von einer »feudalen« Wohnungseinrichtung, dann meint man wohl eine üppige Ausstattung. Das ist gar nicht so weit weg vom ursprünglichen Sinn. Feudal stammt nämlich vom lateinischen foedum, zu deutsch »Lehen« (eigentlich »Bund« oder »Vertrag«). Feudalherren waren Lehensherren. Ein Lehen war vorzugsweise ein leihweise vertragsmäßig vergebenes Stück Land. Als Entgelt hatte der »Belehnte«, der Lehensmann, Abgaben zu leisten und in kriegerischen Auseinandersetzungen seinem »Lehnsherrn« persönlich oder durch Gestellung von Leuten, Pferden oder Waffen Hilfe zu leisten. Oder ein Lehen war das, was wir heute eine »Anstellung bei Hofe« nennen würden: Der Betreffende bekam Nahrung, Kleidung, Waffen usw. und eventuell ein gewisses weiteres Entgelt für Dienste am Hofe, auf der Burg. (Der Begriff »Hof« verweist deutlich auf die bäuerliche Abkunft der »Ritter«.) Es gab also zwei Typen von Lehnsleuten, sehr unterschiedliche Typen mit sehr unterschiedlichen Chancen, wie sich erweisen soll.

Das Machtsystem dieser Zeit, soweit es Feudalsystem zu nennen war, beruhte also auf einem eigentlich auch »arbeitsteiligen« Organisationsprinzip; allerdings einer etwas eigenartigen »Teilung«: Dafür, daß jemand Land bekam, mußte er einen erheblichen Teil seiner Arbeitskraft zur Verfügung stellen. Das vergebene oder besser vergebbare *Land* oder eben die bereits vorhandene Burg (der Hof) mit ihren (relativen) Annehmlichkeiten waren es, auf die der Lehnsherr zurückgriff. »Zurück«! Denn – unseren Anfangsausführungen getreu: Ohne wiederum *vorher* investierte Arbeitskraft konnte auch der Lehnsherr nicht über Land und Burg verfügen. Lehnsherrschaft kann also erst nach einer Periode entstehen, in der

Schwächere überwältigt wurden und ihr Land an den Sieger, den Lehnsherrn, abtreten mußten. Damit wurde Abschöpfung von bereits investierter Arbeitskraft möglich: Das Land war häufig bereits bearbeitet. Darüber hinaus standen nun auch weitere Menschen zur Verfügung. Damit war ein Fundus, eine Art »Vorrat an Macht« vorhanden, der weitere, allerdings andersartige Verteilung erst gestattete: Vergabe von Lehen. – Das Lehensverhältnis wurde durch Vertrag festgelegt; in der Regel zuerst auf Lebenszeit. Es bedarf keiner großen Fähigkeit zur Voraussicht, um zu ahnen, daß die darin steckende Absicht des Lehnsherrn, sein Lehen nicht endgültig zu verlieren, alsbald durch menschliche Zähigkeit und List durchlöchert wurde: Der Lehnsherr war ja auf die Unterstützung seiner Lehnsleute angewiesen. Während der am Hofe dienende Lehnsmann, als ständig kontrollierbar, in der mißlichen Lage war, nicht viel zur Verbesserung seiner Lebensumstände tun zu können, außer sich gut zu führen, konnte der oft weit weg siedelnde Lehnsmann längere Hebel ansetzen. In Notzeiten, wenn die Herrschaft seines Lehnsherrn bedroht war, konnte er sich so rar machen, daß ihm weitere Zugeständnisse gemacht wurden. So erreichten allmählich fast alle Lehnsleute, die Land erhalten hatten, nicht nur noch mehr Land, sondern auch mehr Rechte; und unter den erstrebenswertesten – und dann auch erreichten – war die *Erblichkeit des Lehens.* Und damit standen bald neben dem ursprünglichen Lehnsherrn als eigentlichem Herrscher Teilherrscher, seine ehemaligen Lehnsleute.

Oben war gesagt worden, daß diese dem Lehnsherrn auch indirekte Hilfe leisten konnten: Auch die Lehnsleute, besonders, wenn sie allmählich viel Land gesammelt hatten (zu Beginn des Jahrtausends konnten sie auch noch unbesetztes Land in Besitz nehmen; im Jahre 1100 war die Erde in Europa verteilt), konnten sich wiederum eigene Lehensleute schaffen: Wieder durch Vergabe des ihnen überlassenen oder eroberten Landes. Sie selbst und ihre eigenen Lehnsleute konnten sich weiterhin der »Fronarbeit«, d.h. erzwungener Arbeit von unterworfenen Bauern vergewissern. Damit entstanden überall »Feudalpyramiden«, d.h. Feudalsysteme mit höheren und niederen Lehnsherren, an deren Pyramidenfuß die machtlosen Bauern standen. So sehr die »Feudalherren« nun gegeneinander kämpften, um ihren Besitz »abzurunden«, so sehr waren sie sich untereinander als »Stand« einig. Sie waren eine abgeschlossene Schicht, nicht ganz eine »Kaste« (d.h. eine Schicht, in die nicht hineingeheiratet werden kann und in die man hineingeboren sein muß); das Lehenssystem basierte sogar zu Anfang auf dem Prinzip, tüchtige Kämpfer an ein Herrscherhaus, eine Burg, eine Adelsfamilie zu binden. Von der Erschöpfung greifbarer Bodenflächen an schloß sich der nun bestehende Feudalkreis aber fester gegen Nichtadelige ab. Das Feudalsystem verfestigte sich in einem »Konsensus«, d.h. der mehr oder minder stillschweigenden Übereinkunft, die Interessen des Adels gegen den Nichtadel prinzipiell zu verteidigen – eine Tradition, die sogar in Europa bis heute durchgehalten hat, wenn auch heute ohne politischen Erfolg.

Eine übereinstimmende Minderheit hatte sich auf diese Weise einen Mechanismus geschaffen, der Macht über längere Zeit hinweg sicherte. Das Schlüsselwort für ihn hieß »Ehre«; ein unter Adeligen ziemlich zuverlässiger Begriff: Er verbürgte »standesgemäßes Verhalten«, eben das des Feudalherrn.

Im Raum der »Kirche« lagen die Dinge teils sehr ähnlich: Auch deren Macht beruhte mehr, als wir heute denken mögen, auf Besitz an Boden. Teils war er wirklich von Mönchen urbar gemacht worden, teils mit Waffengewalt erobert – die Kirche verfügte damals über nicht unbeachtliche bewaffnete Streitkräfte. Je nach ihren Grundauffassungen und der daraus folgenden Organisation bewirtschafteten Klöster ihre Güter selbst oder ließen sie in einer dem Feudalsystem ähnlichen Weise bewirtschaften. Zu der dafür notwendigen Grundeinstellung verhalf die adelige, beziehungsweise »hochadelige« Herkunft der hohen, d.h. einflußreichen, an der Spitze der geistlichen Pyramide stehenden Geistlichkeit: Dieser »hohe Klerus« stammte aus alten Adelsgeschlechtern. Andererseits flossen der Kirche ständig Stiftungen auch in Form von »Grund und Boden«, von ganzen Gemeinden, Sachwerten, Wertgegenständen und Geld zu. Wallfahrtsorte entwickelten sich so zu wahren Besitzmagneten, d.h. Anziehungspunkten für anderswo abgeschöpfte Arbeitskraft. Diese stammte zwar auch von der gläubigen, arbeitenden Bevölkerung; im wesentlichen kam sie aber über den oben skizzierten Mechanismus des »weltlichen« Feudalsystems in die »Kassen« die Kirche. Die enorme Festigkeit dieses in der Arbeits- und Herrschaftswelt fest verwurzelten kirchlichen Systems war und ist daher auf mehrere Hauptgründe zurückzuführen: erstens auf den praktischen Machtzufluß durch den Glauben der Menschen, die – ob »hoch« oder »niedrig« – die Kirche unterhielten und stärkten. Weiter auf eine hier nicht näher zu behandelnde klare und entschiedene kirchliche Führung (Papst) mit Fortfall aller derjenigen beim Adel vorhandenen Probleme, die sich durch Heirat, Verwandtschaft und andere wenig vorausberechenbare Abhängigkeiten ergaben. Die Priester waren Junggesellen (das sogenannte »Zölibat«)! Die besondere Stärke der Kirche war eine schwer zu bestreitende »Legitimation«: Gott. Die Geltung der Kirche war durch ihren – anerkannten! – Anspruch gesichert, daß sie Vertreterin Gottes auf Erden war. Dies war der innere Konsensus der Geistlichkeit unter sich *und* der »Gläubigen« dazu – ein günstigeres Verhältnis als im Feudalsystem. Denn dort bestand zu den Bauern, die das gesamte Lebens- und Herrschaftsprodukt effektiv lieferte, eine ständige und nicht ungefährliche Spannung entgegen idealisierender Darstellung in unseren Geschichtsbüchern. Diese Spannung allein, die sich in Bauernaufständen und sogar -kriegen äußerte, war aber nicht der einzige Grund für eine Schwächung des Feudalsystems. In diesem System lauerten noch mindestens zwei weitere Feinde: Einmal die scharfe Konkurrenz unter den adeligen Feudalherren selbst (es war schon erwähnt worden, daß sie in Frankreich zu Machtkämpfen führte, die die Auslese eines einzigen »Gesamtmächtigen«, des französischen Königs als »absoluten Monarchen« als Ergebnis hatten). Mitwirkend war auch die im Mechanismus angelegte, die Konkurrenz unterstützende Schwäche der Lehnsherren gegenüber ihren Lehnsleuten. Sowie die Lehnsleute die Erblichkeit der lehensweise überlassenen Güter erreicht hatten, gerieten sie praktisch in eine völlige Unabhängigkeit. Sie bewarben sich nun bei *verschiedenen anderen* Lehnsherren um Lehen, die sie, wenn sie in Notlagen ihre Hilfe anboten, auch bekamen. So hatte es in Frankreich ein derart wendiger Adliger auf sage und schreibe 22 Lehns-»Abhängigkeiten« gebracht und eine dementsprechende Güteransammlung. Ein solcher »Lehnsmann« war dann weder zuverlässig noch abhängig; er war praktisch *unabhängig* geworden. Er konnte in den Konkurrenzkampf mit seinen Lehnsherren voll eintreten. Ein weiterer »Feind« kam von außen: In den ersten Jahrhunderten dieses Jahrtausends entwickelte sich durch ein Mißverhältnis zwischen schneller Herausgabe von Münzen und nachhinkender Produktion von Gütern eine schleichende Inflation, eine Entwertung des Geldes, die besonders für die Feudalherren verhängnisvoll wurde. Sie waren ja in besonderem Maße von den Bodenerträgen der von ihnen abhängigen Lehnsgebiete, d.h. den Bauern (mit dazwischengeschalteten Lehnsleuten) abhängig. Wollten die Feudalherren über die »im eigenen Haus« verfertigbaren Güter hinaus andere, anspruchsvollere haben, mußten sie sie kaufen; d.h., daß sie Felderträge auf dem Markt, in der Regel dem städtischen, anbieten mußten. Mit der erwähnten Inflation bekamen sie (oder ihre Bauern) immer weniger Gegenwert dafür: Die Preise der Bodenerträge sanken *relativ,* d.h. im Verhältnis zu denen der erwünschten Güter (Stoffe, Waren, Schmucksachen, Ausstattung allgemein). Gleichzeitig erhöhte sich überall – wenn auch langsam – das Anspruchsniveau an die »Feinheit« von Stoffen, Geräten, Ausstattung. Die Geldbewegung schuf also einen sich insgesamt ziemlich schnell öffnenden Abgrund zwischen den Bedürfnissen der Feudalschicht und den Möglichkeiten der Befriedigung. Das dadurch zunehmende »Ausquetschen« der Bauern schuf zusätzliche Spannungen, half aber der Grundmisere nicht ab. Getroffen wurden von dem ganzen Prozeß verständlicherweise zuerst die weniger mächtigen, d.h. die über weniger abschöpfbare Arbeitskräfte verfügenden Feudalherren; dadurch wurde der Konkurrenzkampf für die Mächtigeren noch erfolgreicher und vielversprechender. Aus der Unfähigkeit, sich den veränderten Verhältnissen anzupassen, entstand die schäbige Notlösung: das Raubrittertum.

Die in den verschiedenen Völkern Europas unterschiedlich entwickelten Feudalsysteme gingen auf diese Weise nicht unter. Da aber der Hauptgewinner in der ganzen geschichtlichen Entwicklung die *Stadt* war, hob sich langsam und sicher ein vorher mißachteter Gegner über den Horizont: *der Bürger.*

Diese Aussage bedarf allerdings einer erheblichen Einschränkung: Es war bereits darauf hingewiesen worden, daß es noch einen Gewinner durch die Schwächung des Feudalsystems aus inneren und äußeren Gründen gab, den Typ des sich im Konkurrenzkampf am wirkungsvollsten durchsetzenden Fürsten, *den »König«.* Da die Kirche die Klugheit besaß, sich stets mit den Mächtigsten zu verbünden – was große geschichtliche Epochen anbetrifft –, so war von hier aus auf eine Unterstützung der Feudalherren als System selbst nicht zu rechnen. Die Feudalherren gerieten zwischen zwei Fronten: zwischen *König und Bürgertum.* Damit war die Stunde des Kapitalismus nähergerückt.

Alte, das heißt auch urtümliche Zustände schildernde Sprachen haben die verständliche Eigentümlichkeit, daß sie große »Schlüsselworte« entwickelt haben. Diese Worte treten dann in verschiedenen Zusammenhängen auf, oft durchaus gegensätzlichen. Außerdem werden aus ihnen sehr unterschiedliche Zusammensetzungen gebildet. Oft sind sie mit entsprechenden »großen« Worten aus naheliegenden Kulturen verwandt. »Fürst« ist so ein Begriff. Er ist das »first« (zuerst) des Englischen, das »primus« (der Erste) des Lateinischen, das »principe« (der erste, der Prinz, der Fürst) des Italienischen, der »Prinzipal« der deutschen Bürgersprache (der alte Begriff für Geschäftseigentümer, den »patron« im Französischen). Der Fürst wird auch das »Cáput«, das »Haupt« genannt wie das »Kapitél« das Haupt der Säule ist, die Capitále die Hauptstadt, der Sitz der Herrschaft, des mächtigsten Fürsten, der »Capitän« ist der Hauptmann. Entsprechend ist das »Capital« das Haupt- oder Grundgeld.

Aus einem Capital oder später Kapital zieht der »Rentner«, im Französischen der »capitaliste«, ein Besitzer eines Capitals oder von Capitalien oder von »Grund und Boden« seine »Rente« – damals kein Wohlfahrts- oder Arbeitsanrechts-Begriff.

Capitalis hieß im Lateinischen »den Kopf, das Leben betreffend, bedeutend, hervorragend«; schon im Lateinischen hatte »Cáput« (das Haupt) auch die Nebenbedeutung von »Hauptgeld«. Das »Kapital« ist also in sehr tiefer sprachlicher Verwurzelung ein Begriff, der in seiner Bedeutung mit dem des Lebens konkurriert. – Warum verfolgen wir die Herkunft dieses Wortes, stellen es dem Begriff »Fürst« gegenüber und vermischen beide?

Beide Begriffe bezeichnen gänzlich unterschiedliche Beziehungen der Menschen untereinander und zu Welt, Leben und Tod. Sie betreffen einerseits »Ehrgeiz« und andererseits »Lebensangst«. Diese Begriffe scheinen auf persönliche Einstellungen zu verweisen, auf »Charakterstrukturen«. Unsere ganzen bisherigen Ausführungen müßten aber bereits gezeigt haben, daß hier tiefere und allgemeinere Gründe gemeint sind, nicht zufällige Persönlichkeitsmerkmale. Wir müssen also fragen, auf Grund welcher Gesamtumstände »Ehrgeiz« oder »Lebensangst« zu »Haltungen« oder Grundhaltungen werden können. Die Frage lautet also nun: Inwiefern spiegeln Begriffe wie »Fürst« und »Kapital« Zustände wider, durch die

Menschen zu Ehrgeizhaltungen oder lebensängstlicher Haltung gebracht werden?

Zugrunde liegen wieder – wie wir behaupten, so sehr man sich dagegen sträuben mag – die fremden Arbeitskräfte, über die jemand verfügen kann. Hatte sich jemand oder hatten sich kleine Gruppen an die Spitze einer Gruppe von Menschen oder größerer Gruppen im wahrsten Sinne des Wortes »emporgekämpft«, so daß er (oder die Gruppe) Macht über die anderen besaß, d. h. mit deren Gehorsam rechnen konnte und damit doch auch darauf, daß ihm (oder der Gruppe) überschüssige Arbeitskraft zufloß, dann war das eine *Leistung*, die weder er (oder die Gruppe) noch die anderen irgendwie Unterworfenen übersehen konnten. Das Ergebnis war bei den Führenden der »Stolz« und bei den Unterworfenen eine Mischung von Haß und Anerkennung. Leistungsstolz, in diesem Falle Führungsstolz, beinhaltet verständlicherweise die Tendenz, nicht »unter« die erworbene Position zu sinken, die Führung zu behalten. Zu führen wird nun eine Ehrensache. Ehrgeiz wird zu einer Haltung, lieber das Leben als die Position zu verlieren. Die Führungsposition schließt die Verfügung über Menschen ein. Es wird zu einer Haltungsgewohnheit, mit Selbstverständlichkeit über Menschen verfügen zu können. »Bedient werden« wird Selbstverständlichkeit. Da der Dienende prinzipiell unterlegen ist, mischt sich in Stolz und Ehrgeizhaltung ein großer Teil Menschenverachtung. Weiter wird die Verfügung über Menschenkraft nicht als Mittel zu »wirtschaftlichem Wachstum« oder ähnlichem eingesetzt, sondern in erster Linie zur Erhaltung und Vermehrung der Macht verstanden. Gehört dazu die »Repräsentation«, d. h. die aufwendige Darstellung nach außen, dann fließen diese Mittel in einem für uns unverständlichen Ausmaß in diese Repräsentation ein und werden dort verbraucht. Der Bürger nannte das Verschwendung, diese Bezeichnung geht aber am Selbstverständnis des »Fürsten« völlig vorbei! – Lebensangst hat in dieser Lebenshaltung keinen Platz. Der Adel (»Fürst« bezeichnet ja nur Spitze und Vorbild) konnte sich im Laufe der Geschichte sowohl auf lange Erbfolge berufen als auch mit Hilfe der Kirche (früher des Götterglaubens) auf die jeweils wichtigste jenseitige Macht, in der behandelten Zeit auf »Gott« (»Gottesgnadentum«). Der für den Stolz auf die direkte Abstammung über Jahrhunderte stehende Begriff ist der des »Blutes«. War jemand von »ritterlichem Geblüt«, dann war er zum Ritter geboren und konnte nur Ritter als Nachkommen haben. Es handelt sich um eine Erbtheorie. Zum Ritter konnte man nur geboren sein. Dieses Prinzip wurde später durchbrochen, Geld und ruhmreiche Taten konnten zu Adel verhelfen, aber die Grundeinstellung blieb bestehen. Daher konnte Adel eigentlich auch nur von Adel übertragen werden, wie eine Art Bluttransfusion. So verstehen wir, welch unerschütterliches Selbstbewußtsein sich hier entwickeln konnte. Praktisch gab es für diesen Menschen*typ* nur einen *Menschen*typ: den Adeligen (adel = edel!). Nichtadelige waren im eigentlichen Sinne keine Menschen; höchstens waren sie ihrer Persönlichkeit und/oder Macht nach beachtenswert.

Die Lage des Nichtadels war also immer – auch in der »Antike«, dem uns geschichtlich übersehbaren Altertum – sehr viel weniger beneidenswert. Über die Stellung der Sklaven (meist Kriegsgefangene) und der einfachen Bauern ist daher kein Wort zu verlieren; sie waren Material. Die Stadtbürger des Mittelalters und hier insbesondere die zahlenmäßig starke Schicht der Händler waren dagegen zwar auch noch keine ernstzunehmenden Gegner mächtiger Fürsten, aber durchaus praktische Konkurrenten des »mittleren« und »niederen« Adels, der Ritter. Ihre weniger beneidenswerte Lage betrifft hier nicht ihre täglichen materiellen Lebensumstände, sondern ihre *grundsätzliche* Lage. Welche Sicherungsmöglichkeiten und Geltungs-(Ansehen-)Chancen hatten *sie?*

Vergegenwärtigen wir uns die Lage eines in einer Stadt lebenden Handwerkers oder Händlers (Kaufmanns). Beide waren insofern »auf sich« gestellt, als sie von ihrer eigenen Arbeit oder Geschicklichkeit abhingen. Das galt besonders für den Handwerker. Auch wenn er Gesellen und Lehrlinge hatte, können wir seine Schwachstellen sofort registrieren: Sein Wohlergehen war von seiner eigenen Person abhängig, von seiner Gesundheit und von seinem Können. War er nicht »auf dem Posten«, dann war auch bald nichts mehr an »fremder Arbeitskraft« abzuschöpfen. Seine eigene Arbeitskraft hatte sozusagen Leitqualität. Natürlich hatte auch er einen Leistungsstolz. Aber dieser wurde ebenso wie sein handwerklicher Ehrgeiz durch kein ähnlich wirksames System unterstützt wie die entsprechenden Haltungen des Feudaladels. Über nennenswerte Mengen an Gütern (Sachen) und Geld verfügte er auch nicht. Ihm blieb der enge Anschluß an seine Zunft oder Innung. Das war der gesellschaftliche Verband, der ihm praktisch Abstützung bedeuten konnte. Ein Verband, der eine kämpferische Auseinandersetzung mit Feinden erst ermöglichte, der bei Krankheit unterstützte und eine gewisse Geltungs-Absicherung nach außen hin bedeutete.

Als die eigentliche gesellschaftliche Stärke des Handwerkers bleibt sein persönliches Können und der Stolz darauf. Beides hängt von Gesundheit und »Konjunktur« ab. Nie weiß er *ganz* genau, wie lange er noch »gebraucht« wird, denn Konkurrenz gibt es hier in immer stärkerem Ausmaß (die Gesellen wollen Meister werden), und die Bedarfslage der Abnehmer seiner Leistungen und Produkte kann sich ohne Voranzeichen ändern.

Ähnlich und doch anders ist die Lage des Händlers. Auch bei ihm hängt zuerst alles von seinem Können, nämlich von seinem Geschick beim Ankauf und Verkauf ab. Aber das ist eine Art von Können, die überall weniger Ansehen hatte als das handwerkliche. Zwar hat es überall »angesehene Kaufleute« gegeben. Dies Ansehen mochte auch auf einer relativen Zuverlässigkeit und Redlichkeit beruhen. Entscheidend war das Ansehen aber auf das »hinter dem Kaufmann« stehende »Kapital« zurückzuführen: Seine unmittelbare Verfügung über Geld. Vorerst genügt uns der Hinweis, daß Geld niemals ein sehr geachteter und jedenfalls recht gefährdeter, ja gefährdender Garant des Überlebens war. Entwertung und und mehr noch Raub oder Verlust von Schiffen durch Stürme konnten den Händler von einem Tag auf den anderen sozusagen nackt dastehen lassen. Sein Lebensgefühl kann mit Recht das einer ständigen Bedrohung sein. An Geldbesitz direkt sind nicht sehr viele positiv zu bewertende Charaktereigenschaften festzumachen. Nur indirekt, durch Erziehung zum »Bewahren des Besitzes«, zu »Sparsamkeit« und »Fleiß« kann dem Gelderwerb Ansehen abgerungen werden. Und diese Begriffe sind bei Licht betrachtet doch wieder nur Deckworte für Wendigkeit, Aufmerksamkeit in Gelddingen, Gerissenheit (»Gewiefthheit«).

Ähnlich dem Fürsten verfügt der einigermaßen erfolgreiche Kaufmann auch über »abgeschöpfte Arbeitskraft«, aber in der Form des gefährdenden Geldes. Ähnlich dem Handwerker hängt viel von seiner eigenen Arbeitskraft ab. Seine Situation scheint hier besser zu sein: Sein Geld kann »allein weiter arbeiten«, würden wir heute denken. In der Praxis des Mittelalters war das noch nicht so; die Anwesenheit des »Prinzipals« war notwendig, die tägliche Überwachung der Geschäfte war notwendig, um das auf sein Kapital zurückzuführende Ansehen zu erhalten. – So mußte die Grundhaltung des Händlers, ja des »Bürgers«, Lebensangst sein.

Lebensangst wegen der konkreten Bedrohtheit des Lebens, wegen des gefährdeten Besitzes, des gefährdeten Könnens, der Unsicherheit, wieweit man der Unterstützung anderer gewiß sein konnte.

Daß hiermit eine gewichtige Grundlage für die Entstehung eines »festen Glaubens« an die jenseitige Hilfe oder zumindest doch den jenseitigen Ausgleich vorhanden war, kann wohl behauptet werden.

Sind nun der Händler oder der Kaufmann und der vielleicht zu Besitz gekommene Handwerker »Kapitalisten«? Ja und nein zugleich. Sofern sie Kapital, d.h. eine beachtliche Menge von Geld, Boden, Häusern als Eigentum haben, sind sie dem alten Sprachgebrauch nach »Capitalisten«. Soweit man jedoch »Kapitalist« jemand nennen will, der in einem »kapitalistischen Gesellschaftssystem« lebt und hier eine Schlüsselrolle spielt, sind sie es nicht: In der Macht-Rang-Ordnung stehen vor diesen »Vätern der eigentlichen Kapitalisten« immer noch die Feudalfürsten. Das Feudalsystem ist noch das entscheidende, den großen Lebensstil der Gesellschaft bestimmende, auch die Stadt überziehende – es ist das mächtigere System. Daher sind Überlegungen, ob es nicht schon immer Kapitalismus gegeben habe, wenig sinnvoll. Wie entsprechende – zum Teil sehr aufschlußreiche – Veröffentlichungen zeigen, kommt man bei solchen Überlegungen dazu, die Vorbedingungen »kapitalistischen Geistes« *zu tief anzusetzen,* so, als ob Adam und Eva bereits kapitalistisch orientiert gewesen seien. Oder man setzt immer noch zu früh an, z.B. bei der – genau nicht mehr nachweisbaren – »Emanzipation der Männer« von einer für Frühzeiten unterstellten »Mutterherrschaft« (Matriarchat). Das »Patriarchat« (pater = Vater) soll dann mit dem einsetzenden Konkurrenzkampf zu jenem Leistungsstreben geführt haben, das der Grund allen Übels sei. – Aber auch jene Rückführungsversuche, die die Anfänge eines »Kapitalismus« bei den Griechen, d.h. vor ca. 2400 Jahren ansetzen und mit der Prägung von Geldmünzen verbinden, sind wenig hilfreich. Sicher reichen Einflüsse aus jener Zeit in unsere neuere Vorgeschichte hinein. Vielleicht waren Stadtstaaten wie Athen wirklich ziemlich »kapitalistisch« orientiert. Geld spielte damals im Rahmen kolonisatorischer Ausplünderung nicht nur mit Gewalt, sondern auch mit sehr bekannt wirkender händlerischer List eine überragende Rolle. Dennoch kann dieses System nicht als voll entwickeltes kapitalistisches bezeichnet werden.

Auch die das System ständig erschütternden Klassenkämpfe, z. B. im alten Rom, verhelfen nicht zu einer derartigen Einordnung. Es fehlte mindestens die ständige Wiederhineingabe des gewonnenen Profites in die neue – vergrößerte/verbesserte – Produktion (Re-Investition). Und: Es fehlten selbstverständlich die Konsequenzen daraus. Es handelt sich auch hier immer noch um allererste Ansätze von Massenproduktion für den Austausch, um frühe Formen der einfachen Warenproduktion.

Das derart tiefe Ansetzen der kapitalistischen Entwicklung bringt also eher Unklarheit als Klarheit. Dennoch gibt es eine Vermutung über Kräfte, die den Kapitalismus gerade in Europa haben entstehen lassen, die geschichtlich sehr tief zurückgreift: die Vermutung, daß gewisse Beziehungen zwischen der Übernahme eines »monotheistischen« Glaubens und der Art der Aktivität, der ganzen Lebenshaltung des Europäers, die zum Kapitalismus hinführte, bestehen. »Monos« heißt: allein, einzeln, »Theos« ist der Gott. »Monotheismus« ist der Glaube an einen einzigen Gott, der Gegensatz zur »Vielgötterei«.

»Monotheismus« und »Individualismus« – Privateigentum

Was für Beziehungen zwischen dem Glauben an einen einzigen Gott und der ganzen Lebenshaltung von Menschen, ihren Lebensgrundlagen, kann es geben, welche sind hier gemeint?

Um diese Frage beantworten zu können, sollten wir uns kurz vergegenwärtigen, welche Vorteile und Begründungen eine Welt hat, die von mehreren oder sogar vielen Göttern beherrscht erscheint. Uns mag ein solcher Gedanke »abgeschmackt« vorkommen; je nach konfessioneller Neigung oder Bindung verweist er auf »heidnische« oder eigenartige, vielleicht kindliche Einstellungen. Aber für die Menschen der Vergangenheit und vieler Kulturen bis auf die heutigen Tage war die Annahme mehrerer oder vieler Götter eine Selbstverständlichkeit. Eine solche Konstruktion entspricht einfachen Wirtschaftsverhältnissen. Die Annahme eines einzigen Gottes dagegen verweist auf problematischere Umstände. Die Menschen – als Endresultate einer langen Entwicklungsreihe (Evolution) aus dem von uns »Tierreich« benannten Lebensfeld – haben eine besondere »Konstruktionsschwäche« (neben mehreren anderen, hier nicht zu diskutierenden): Da sie nicht durch einen eingebauten Plan gesteuert werden, müssen sie sich ihre Pläne selbst machen. Von wem bekommen sie die Autorität dazu? Teils kann das der unmittelbare Erfolg ihres Tuns sein. Das Bewährte hat Geltung, ganz gleich, mit welchem Preis es gefunden wurde. Weiter können Menschen sich gegenseitig anerkennen und sozusagen »selbst autorisieren«. Dieser Weg ist wohl ihr eigentlicher. Aber er ist, wie die menschliche Geschichte zeigt, mit Dornen gespickt. Vielleicht ist er erst heute, auf unserer Entwicklungsstufe, recht gangbar geworden. Bürgerliche Demokratie war ein Anfang dazu.

Aber für die Vergangenheit (und letztendlich doch noch für uns heute) blieben so nicht recht lösbare Probleme: Der Tod, das Leid, Schmerzen, Unberechenbares in der Natur, Unverständliches im eigenen Schicksal. Es war daher eine höchst »rationale«, d. h. hier: vernünftige und entscheidende Wendung in der Geschichte des Anfangs menschlicher Kultur, als im Kampf um die Lebenserhaltung, die tägliche Reproduktion, eine Welt des »Jenseits« entdeckt wurde, und zwar eine mit verschiedenen Gottheiten bevölkerte. Auf diese Weise konnten die verschiedenen Ungereimtheiten der irdischen Welt entweder unterschiedlichen Göttern zugerechnet oder aber dem Streit dieser Götter untereinander angelastet werden. Religion wurde die Anerkennung der menschlichen Produktivität und ihrer Folgen auf einem Umweg, eben über die Götter. Die Entlastung für die Menschen war damit eine vollkommene: Sie konnten nicht nur Beistand bei speziellen Göttern für spezielle Situationen finden, und zwar höchst alltägliche und doch wirksame Situationen: So brachte z. B. eine Kraft im Reis diese Kraft auch in den menschlichen Körper.

War dieser Beistand ungenügend oder gerieten die Menschen dennoch in Not, so konnte ein eventuelles Versagen des eigentlich verantwortlich zu machenden Geistes darauf zurückzuführen sein, daß ein anderer Geist diesem in die Quere gekommen war. Die Übertragung der menschlichen Verhältnisse und Bedrängnisse in das Jenseits bewahrte die Menschen vor einem »existentiellen«, d. h. zum Zweifel an der ganzen Welt verleitenden Schmerz, vor dem Zweifel an sich selbst und »ihrer« Welt. Die Welt der Götter war eben auch unvollkommen. Unvollkommenheit der Menschen und der Götter ergänzten sich. Einer Welt der Götter stand eine Welt der Menschen gegenüber; und so, wie ausgewogene Beziehungen unter den Göttern herrschen mußten oder durch Beschwörungen, Opfer, Wohlverhalten herzustellen oder zu beeinflussen waren, mußten entsprechend die Beziehungen unter den *Menschen* behandelt werden. So wenig man an nur *einen* Gott dachte oder zu denken wagte, so wenig kam man auf den Gedanken, daß *ein* Mensch allein den Göttern die »Stirn« bieten könnte. Einem Götterkollektiv entsprach das Menschenkollektiv. Einer Herrschaft der Götter über die Menschen konnte zudem eine Herrschaft von Menschen über Menschen entsprechen.

Die Idee, der wir folgen, ist nun die, daß Entwicklung zu nur *einem* Gott zwar geschichtlich dort, wo sie entstand, im »Nahen Osten«, konsequent war; daß sie aber gleichzeitig ein ungeheures Wagnis darstellte, dessen Folgen uns hier und heute noch beschäftigen, mehr noch: daß sie uns »existentiell« (unsere ganze Existenz, unser ganzes Dasein betreffend) beunruhigen. Wie es konkretgeschichtlich zum Glauben an nur einen Gott gekommen ist, kann von uns nicht behandelt werden – soweit die Frage überhaupt zu klären ist. Jedenfalls beginnen die Menschen bald nach der Entstehung des Privateigentums in der antiken Welt ihre ganze religiöse Befangenheit Christus aufzubürden, und hinter ihm dem einen und einzigen Gott. Das war eine der Idee des Privateigentums entsprechende Bewegung, die der Tendenz nach auch zur Individualisierung, zur Vereinzelung des Menschen führen mußte. Denn die Überlassung des Jenseits an nur einen Gott bedeutet folgerichtig auch, daß er und nur er allein für das Diesseits, die irdischen Geschehnisse, verantwortlich gemacht werden kann und muß. Dem von ihm abgefallenen, abtrünnig gewordenen »Teufel« können nun zwar noch gewisse Mängel dieser Welt zugeschrieben werden; ist ER aber der eigentlich Mächtige, dann nützt auch die kluge Einrichtung eines negativen Nebengottes, des Teufels, eines »Versagers« nicht viel: Die Hauptverantwortung bleibt bei dem *einen Gott.* Was sind die zwangsläufigen Folgen?

Zuerst einmal: Es gibt nun nur noch *einen* Gesprächspartner für den Menschen im Jenseits, einen großen allmächtigen Vater. Ist er aber allmächtig, dann kann man ihn auch für *alles* verantwortlich machen, was auf dieser Erde geschieht. Auf der Erde geschieht viel Unerfreuliches, Ungereimtes, eben jene verwirrende und sich widersprechende Fülle der den einzelnen Menschen betreffenden Ereignisse, für die früher mehrere zerstrittene Götter verantwortlich zu machen waren. Ist Gott dann in sich selbst widersprüchlich? Das hieße doch wieder die praktische Trennung in zwei Götter.

Wie ist dieses Problem zu lösen? Die katholische, also christliche Ursprungs-Kirche – die kollektivorientiert und lebensklüger war – hat hier nicht nur über die historische Gestalt von Jesus die Gestalt Gottes verbreitert, sondern auch über den weniger gut historisch belegten »Heiligen Geist« und zuletzt, wohl etwas widerwillig, aber sehr vernünftig, auch die »Mutter Gottes«. Zudem stellte die katholische Kirche zwischen Gott und den einzelnen Menschen Gemeinde und Priesterschaft, letztere zum Dolmetschen des Willens Gottes. Damit waren weitere Übertragungs- und Abmilderungsmechanismen geschaffen: Man konnte nun mit Hilfe des Priesters versuchen, das Wort Gottes, sein Wirken hier auf der Erde, zu verstehen. Trotzdem mußte das Zwiegespräch, das die Menschen vorher mit den einzelnen kleinen oder mächtigeren Gottheiten geführt hatten, auch jetzt weiter zugelassen werden, z. B. in der Form des Gebetes. Es ist kein Geheimnis, daß in dieses Gebet – auch außerhalb und vor der Abspaltung der Protestantischen Kirche oder christlichen Zweitreligion – trotz der genauen Vorgabe des Gebetstextes doch auch sehr persönliche Ängste und Bitten an den einen Gott mit einflossen. Gott, ein alleinstehender Gott, war damit zum Gesprächspartner des einzelnen Menschen geworden, *ein* überirdisches Wesen an Stelle der vielen, die man in der Not hatte gegeneinander ausspielen können.

Selbstverständlich gehört zu jeder religiösen Beziehung ein zweiseitiges Verantwortungsverhältnis: Einmal können die Götter verantwortlich gemacht werden; zum anderen lastet aber auch auf jedem Gläubigen Verantwortung. Er kann nicht ohne Gott leben, und ein Gott verliert seine Existenzberechtigung ohne den Glauben an ihn. Gott hilft aber nur, wenn man seine Vorschriften beachtet. Diese Vorschriften müssen verinnerlicht sein. Im Gebet, auch wenn es an Gott gerichtet ist, diktiert man sie nochmals sich selbst.

Gibt es nun nur noch einen Gott, dann bedeutet dies, daß die Menschen nur die durch diesen Gott entstandenen Gebote verinnerlichen. Sie äußern sich zu ihm zwar noch kollektiv – darauf beruhte und beruht ja der katholische Gottesdienst – und der »Laie« sollte hier eigentlich nur die formal vorgegebenen Gespräche mit Gott führen. Gerade die Gebote z. B. verführen aber dazu, mit Gott darüber zu sprechen, warum er Übertretungen nebenan nicht ahndet. Sie verführen dazu, gerade wenn man fromm ist, gegen Gottes irdisch inkonsequentes Verhalten oder Wirken zu protestieren. Gott wird so, wie er sich durch die Kirche darstellt, anzweifelbar. Gerade ein wichtiger Teil der Gläubigen wird folgerichtig in eine Protesthaltung gegen die Kirche als den Machtapparat getrieben, der die konkreten Ungereimtheiten des göttlichen Wirkens auf Erden deckt. In Wirklichkeit handelt es sich um einen Protest gegen den inkonsequenten Gott als Mittler einer widersprüchlichen Wirklichkeit.

Dieser tiefere Protest wird in der Abspaltung der protestantischen Bewegung nochmals verdeckt. Die entstehende zweite christliche Kirche anerkennt nun einen Menschentyp, der ohne priesterliche Vermittlung mit Gott spricht, mit ihm sprechen *darf,* das Individuum, das der sich nun entfaltenden Dynamik des Privateigentums als Persönlichkeitstyp entspricht. Die im einen und einzigen Gott angelegte Zweierbeziehung zwischen Mensch und Gott schlägt um in eine täuschende, weil nirgendwo verwirklichte Gleichheitsbeziehung; die »Emanzipation« des Menschen, die in der Konstruktion bereits angelegt war, tendiert auf Verwirklichung. Der Mensch beginnt, sich gegen Gott zu behaupten, wird selbständiger (oder scheint es zu werden). Auf Kosten der zu Anfang angeführten Lebensklugheit des kollektiven Gesprächs mit einem Götterkollektiv tritt die »Rationalität« der Argumentation und Gegenargumentation zwischen Partnern, und das heißt auch irgendwann dann: gleichberechtigten Partnern. Da das Gespräch konkret *im Menschen selbst* geführt wird mit einem verinnerlichten Gott, kann er ihn nun sozusagen »mit sich fort« tragen. Der Mensch hat sich in bezug auf sein Verhältnis zu jenseitigen Kräften isoliert, vereinzelt. Diese Vereinzelung entspricht so genau den Erfordernissen einer sich entwickelnden Produktivität der Gesellschaft, paßt so sehr zur Entwicklung einer kapitalistischen Kultur, daß der Zusammenhang unübersehbar ist.

Der Idee nach tritt der Kapitalismus daher auch als die Verwirklichung des Gleichheitsanspruches der Menschen auf, gleicher Einzelner.

Unsere Behauptung ist also, daß »Monotheismus« und »Individualismus« mit der wirtschaftlichen Entwicklung zusammenhängen; sie gehen nicht unmittelbar auseinander hervor; aber trotz geschichtlich viel späterem Auftreten ist die im »Individualismus« des 17. und 18. bis besonders des 19. Jahrhunderts auftretende Tendenz bereits im Glauben an den einen und einzigen Gott und in der Idee des Privateigentums angelegt, durch den Protestantismus dann herausgearbeitet. Einem »kapitalistischen« System wird der Weg bereitet. In ihm, als einem Staatssystem noch immer religiöser Begründung, geht die Mittlerrolle der Religion an den Staat über, der – wie wir sehen werden – in der bürgerlichen Gesellschaft als *politischem* Gemeinwesen demokratische, d.h. doch eigentlich auch christlich-religiöse Grundsätze verkündet, aber als Praxis des Lebens den »Privatmann« zuläßt, der »die anderen Menschen als Mittel betrachtet, sich selbst zum Mittel herabwürdigt und zum Spielball fremder Mächte wird« (Karl Marx, in: Zur Judenfrage). Die kapitalistisch,bürgerliche Gesellschaft wird in ihren Verfassungen die menschlich akzeptabelste aller vorhergehenden Gesellschaften sein, in ihrer Lebenspraxis aber in besonders eigentümlicher Weise »irdisch« werden.

Der Stadt-Bürger und die kapitalistischen Prinzipien

»Prinzipien« sind die ersten oder Hauptgrundsätze. Das Wort Kapitalismus ist nun bereits häufig gefallen und wie das Wort Kapital verwendet worden. Es war auch weitläufig von dem Erbe die Rede, das der Kapitalismus antrat. Was kann man nun wirklich als »Kapitalismus« bezeichnen? Welches waren die Grundsätze, die ähnlich dem Mechanismus des Feudalsystems, ein ganzes gesellschaftliches System entwickelten und durch die der Feudalismus als Lebens- und Wirtschafts-, als Herrschaftshaltung, als »Macht« überwunden wurde?

Vielleicht ist ein Beginn am einfachsten mit der Aufnahme der Feststellung, daß der Feudaladel allmählich zwischen zwei Lager geriet, die sich gegenseitig zwar nicht freundlich gesonnen waren, aber zumindest verbündet sehr gefährlich sein konnten: Zwischen die Stadtbürgerschaft und den König. In den Städten sammelte sich durch erfolgreichen Handel das so sehr erstrebte Geld; beim König floß es durch immer entwickeltere Steuertechniken in eine zentrale Kasse. Der König war durch überlegene Strategie zum mächtigsten Adeligen geworden; als »absoluter« Herrscher hatte er z.B. in Frankreich das Machtmonopol: Nur königliche Waffen konnten ungefragt im Inneren eingesetzt werden. Für England traf diese Entwicklung nicht zu, auch nicht für das Deutsche Reich; aber überall mußte sich der König an das Bürgertum anlehnen, wenn er sich mit dem Adel überworfen hatte. Das (Stadt-)Bürgertum wurde daher zunehmend eine Macht, die konkurrenzfähig sein konnte.

Was für eine Gestalt war nun dieser »Bürger«? Obwohl bereits eine ganze Menge über Stadtbürger, Bürgerschaft usw. im Zusammenhang mit »Capital« und Lebensart gesagt wurde, muß diese Gestalt doch noch etwas ausführlicher skizziert werden, damit deutlich wird, wie sich aus ihr der »Kapitalist« entwickelt. Dazu muß allerdings eine Warnung ausgesprochen werden: Bisher ist mit der geschichtlichen Entwicklung auf den Kapitalismus zu recht großzügig verfahren worden – für Historiker sicher unbegreiflich leichtfertig. Aber den Autoren lag weniger daran, Historiker zufrieden zu stellen, als Verhältnisse und »Verflechtungszusammenhänge« aufzuzeigen, Modelle an die Hand zu geben und auf Mechanismen der Macht hinzuweisen. Die Geschichte selbst wurde mit einer Art Verkleinerungsglas betrachtet, das den Übersichts-Ausschnitt vergrößert, das Detail aber reduziert, verkleinert. Nun nähern wir uns allmählich dem Zeitpunkt, von dem ab eher mit der Lupe gearbeitet werden muß. Das zwingt bereits bei der Behandlung des »Bürgers« als Vorläufers des »Bourgeois« (franz. = Bürger im Gegensatz zum in der Revolution zu beseitigenden Adel) und des »bourgeoisen« Kapitalisten zur Einschränkung: Welchen der europäischen Bürgertypen meinen wir ab jetzt?

In England hat in einem fabelhaften geschichtlichen Vorsprung das Besitzbürgertum sich gegen Königshaus und in gewisser Weise auch bereits gegen den Adel durchgesetzt; im 17. Jahrhundert, als auf dem Kontinent und besonders in Deutschland der 30-jährige Krieg (1618–1648) tobte, gab es in England bereits das Problem bürgerlicher Langeweile. In Frankreich ist das wohlhabende Bürgertum durch den Geldbedarf und die Geldgier der Könige (die sich teils des Adels erwehren, ihn aber später wieder durch aufwendige Veranstaltungen am Hofe von Versailles fesseln mußten) schon früh in den Genuß hoher Ämter (»Adel der Robe«) gekommen; als vom Bürgertum die Revolution in Gang gesetzt wird, ist es bereits mächtig. Daher setzt es sich in der Revolution von 1789 auch durch und kann die Ansprüche eines relativ entwickelten Proletariats unterdrücken. Im Deutschen Reich hat das Besitzbürgertum dagegen zwar eine stolze Tradition aus der Zeit der Hansestädte und ähnlicher Städtebünde, aber die damals – im 12. bis zum 15. Jahrhundert – entwickelte Macht ist gerade zu der Zeit, in der sich das Bürgertum in England und Frankreich (auch in den Niederlanden) kräftig zu einer politischen Macht entwickelt, im Niedergang begriffen. Das deutsche Bürgertum erholt sich eigentlich erst wieder von der Mitte des 18. Jahrhunderts (1750) ab. Dafür entwickelt es ganz besondere Merkmale, die hier mit den (ungenügenden) Stichworten »Bildung« und »Staatstreue« gekennzeichnet werden sollen. Es steht an Originalität dem anderen europäischen Bürgertum nicht nach; nur ist diese Originalität eine spezifische; diese deutsche Originalität wird uns besonders beschäftigen. Nicht nur, weil wir uns über einen großen Abschnitt dieser Arbeit mit deutschen Verhältnissen beschäftigen wollen, sondern weil die deutsche Fassung des Kapitalismus ohne die Vorbeschäftigung mit dem deutschen Bürgertyp nicht zu verstehen ist.

Leider – und kennzeichnenderweise – hat aber der deutsche Bürger nur relativ wenig zur Klärung der politischen Landschaft vor der vollen Entwicklung des Kapitalismus beigetragen. Für einen letzten kurzen Abschnitt müssen wir daher in dieser Frage auf die Engländer und Franzosen zurückgreifen. Und zwar müssen wir die Rolle des Bürgers bei der »Disziplinierung« des Königs, d.h. den Versuchen, ihn unter Kontrolle zu bringen, untersuchen und ebenso die Rolle des Bürgers bei der Entwicklung der kapitalistischen Prinzipien.

Die Rolle des Bürgers bei der Disziplinierung des Königs

Verständlicherweise war derjenige ein Gegner, mit dem der Stadtbürger direkt zu tun hatte: Der um die Stadt herum auf seinen Burgen sitzende Feudaladel bzw. das »Schloß«, die ehemalige Burg, um die herum sich die Stadt gebildet hatte. Der Feudaladel versuchte, aus den Städten Abgaben, möglichst in der Form regelmäßiger Steuern, zu pressen – seine Chancen dazu waren allerdings häufig nicht sehr groß; umgekehrt fürchtete der Bürger den Adel wegen seiner Unberechenbarkeit, die in der Form des Raubrittertums sehr konkrete und die Handelswege direkt bedrohende Gestalt annahm. Diese Gegnerschaft – die in den verschiedenen europäischen Gebieten sehr unterschiedlich aussah – verlagerte sich aber hier früher, dort später in andere Dimensionen: Die Städte, bzw. die in ihnen mächtigen Bürgergruppen mit Handelskapital wurden selbstbewußter, das Problem des Verhältnisses zum König wurde dringlicher. Der Adel hatte noch Schwierigkeiten gehabt, Bürger und Gemeinden, die nicht zu seinem klar definierten Herrschaftsbereich gehörten, und die Städte irgendwie »auszunehmen«. Der König konnte das sehr viel berechtigter und wirkungsvoller unternehmen. Ein dem König überall zugestandenes Recht war z. B., im Kriegsfall Steuern zur Besoldung zusätzlicher militärischer Kräfte für die Verteidigung zu erheben, besser: einzutreiben. Die verständliche Tendenz jeden Königs oder »Souveräns« war es, diese Geldquelle möglichst lange fließen zu lassen. Da Kriege nicht allein zu diesem Zwecke unendlich ausgedehnt werden konnten, wurde versucht, die Kriegskassen, d. h. diejenigen Stellen in den Städten, von denen aus mittels königlicher Beauftragter im Krieg Geld eingetrieben wurde, auch in Friedenszeiten aufrechtzuerhalten. Das stieß selbstverständlich auf erbitterten Widerstand des Bürgertums (dieser Fall gilt besonders für Frankreich).

Da ein »Gottesgnadentum«, das zu all und jedem berechtigte, mit dem Erstarken des Bürgertums dem König nicht mehr zuerkannt wurde (wenn das je der Fall war), begann nun eine neue Auseinandersetzung um die Rechte des Königs; in England sehr früh (im 12. und 13. Jahrhundert), in Frankreich im 15. und 16. Jahrhundert, in Deutschland mehr theoretisch, d. h. mit weniger praktischem Erfolg. Es ging um die Frage, worauf sich das Recht des »Souveräns« überhaupt begründen ließe. Woher hatte er eigentlich die Machtvollkommenheit, die er beanspruchte? Daß er sie allein von Gott und gegenüber *allen* Menschen hätte, dagegen sprach der christliche Glaube, christliche Gerechtigkeitsvorstellung selbst. Außerdem war, wie bereits erwähnt, der Zweifel an einem gerechten Wirken Gottes auf Erden gestiegen. Die intime Kenntnis von der Art und Weise, wie Fürsten zur Macht kamen, war so groß, daß der König als »Stellvertreter Gottes auf Erden« nicht akzeptiert werden konnte, dazu wäre er außerdem der zweite Gottesstellvertreter neben dem Papst gewesen. Worauf beruhte also seine Macht, und wieviel war ihm davon freiwillig zuzugestehen? Welches »Recht« hatte er? In einer Bewegung, deren Richtung wir schon andeuteten, als wir von der »Verweltlichung« des Gottesbegriffes sprachen (im Abschnitt über »Monotheismus«), rief man nun die »Natur« zu Hilfe (ein an sich leicht durchschaubarer Gottesersatz). Es entstanden sowohl von bürgerlicher als auch von adeliger Seite »Theorien«, d. h. Entwürfe, die durch ihre innere Folgerichtigkeit überzeugen und als Argumente dienen sollten. Sie wiesen unterschiedliche Lösungen vor: Zuerst mußte der König anerkannt werden; ihm die Existenzberechtigung *überhaupt* abzustreiten, war glaubensmäßig noch nicht möglich und hätte direkt zur vollen Revolution geführt. Darüber hinaus war die Einrichtung »König« aber auch ein möglicher Schutzfaktor gegen den Adel. Man stellte also in der Regel fest, daß es Könige von Natur aus gäbe. Nun trennten sich die Theorien: Die einen gaben mehr den Adligen, die anderen mehr den Bürgern Rechte innerhalb der Rechte, die dem König zugestanden wurden. Hier interessieren uns nur die letzteren. So, wie die den Adel – wieder oder noch – stärkenden Theorien von Adligen »erfunden« wurden, so wurden die den Bürger stärkenden von Bürgerlichen »gefunden«. Teils weiß man, daß die in diesem Sinne tätigen Rechtsgelehrten und Geschichtsphilosophen recht gut für solche Theorien bezahlt wurden.

Hatten diese Theorien (Aussagen der sogenannten »Naturrechtslehre«) nun klare Vorschläge über die Machtteilung zwischen König und Bürgern unterhalb der dem König zugestandenen »Gesamtmacht«? Interessanterweise nein! Vielmehr wurden nach der Betonung der Machtvollkommenheit des Königs (damit er gegen den Adel mächtig sein konnte!) in den weiteren Text *Einschränkungen* seiner Rechte eingebaut; man formulierte sie so, als ob es auch »naturrechtliche« Ansprüche der Bürger gäbe, die der König selbstverständlich zu respektieren habe. Das waren genau *die* Ansprüche, die aus der Tendenz des Bürgertums entsprangen, auf seinem eigenen Feld stärker zu werden: Eigentum und Eigentums-Ansammlung, Handel, Verkehrs- und Sprechfreiheit. Verständlicherweise war die Wahrung der »Unantastbarkeit des Eigentums« der überall durchgehende Zug aller naturrechtlichen Argumente des Bürgertums gegen den König. Auch hier setzten sich die Engländer bereits sehr früh, schon im 13. Jahrhundert, durch!

Die Durchsetzung solcher Thesen gegen den König erfolgte selbstverständlich nicht von selbst. Die Sprache neigt auch hier dazu, uns zu täuschen: Man sagt so leicht: Die Ansprüche des Bürgers setzten sich gegen den König durch. In Wirklichkeit handelt es sich um von *Menschen* getragene Prozesse: Der König brauchte das Bürgertum gegen den Adel. Das Bürgertum begann damit eine nicht mehr zu übersehende Macht zu werden. Der Zeitpunkt war gekommen, Forderungen an den König stellen zu können. Und diese strategische, geschichtliche Situation war es, durch die jene »Naturrechts-Theorien« angeregt wurden, die den Bürgern unter dem Schutz des Königs Rechte freimachen sollten. Die Absicht gelang, da sie der Situation entsprach. Das Bürgertum wurde »Koalitionspartner« des Königs und damit auch möglicher Partner des Feudaladels. Warum wurde die erste Art der Koalition geschichtlich bevorzugt?

Wir haben uns mit dem Feudaladel schon befaßt. Wir kennen seine Vergangenheit, seine Abhängigkeit vom Boden, seinen geschichtlich tiefen Stolz auf jahrhundertelange Generationsfolge, seinen nicht wirtschaftlich, sondern auf Repräsentation angelegten Ehrgeiz. Alle diese Eigenschaften machten ihn zu einem Vertreter »konservativer«, d.h. bewahrender Haltung, einer für neue Zukunftsentwicklung ungünstige Haltung. Zudem gab es »den« Adel kaum: Während der König mit relativ wenigen Beratern praktisch in sich solidarisch war (mit sich einig), das Bürgertum vorerst noch in einer erzwungenen Solidarität in seinem damaligen Lebensraum, in der »Stadt« verharrte, war im Adel das Gefühl tief verwurzelt, daß »man es auch allein schaffen könne«. »Viel Feind, viel Ehr« war einer der Sprüche, die hier Wirklichkeit waren. Adelige waren auf Grund eines meist überzogenen Stolzes in der Regel nicht einmal untereinander koalitionsbereit und -fähig. Zudem waren sie oft ganz konkret und über lange Zeit hinweg untereinander zerstritten. Raubzüge von einer Burg zur andern, gegenseitige Unterwerfungsversuche und Racheakte gehörten zur Familiengeschichte. Die Schwäche des einen wird – wie immer in der menschlichen Geschichte – die (zusätzliche) Stärke der anderen, hier: der beiden anderen. Die eigentliche Stärke des Königs und des Bürgers lag aber noch an anderer Stelle: Die Rolle eines Königs war nur zu erkämpfen und zu halten durch eine äußerst nüchterne, zähe, elastische und doch nicht leicht zu irritierende, abzulenkende, *planende* Politik. Naturgemäß konnte auch hier der schnelle »geistesgegenwärtige« Zugriff, die blitzschnelle, passende Reaktion Gewinne einbringen. Aber auf kurze Handlungsketten konnte sich jemand, der nach der absoluten Macht strebte, nicht verlassen. Entsprechend »rational«, d.h. kalkulierend mußten sich auch die Berater des Königs, seine ersten Diener (= Minister), seine »Clerks« (Clericus, der Geistliche, Mönch, einer, der schreiben und lesen konnte) verhalten. Vom Hofe abhängig und auf scharfe Beobachtung gedrillt, kannten sie die Schwächen des Adels, zu denen auch seine »Kurzschlüssigkeit« gehörte, die Bereitschaft zu schnellem, oft unbesonnenem Handeln; zum Handeln um des Aktivseins willen; zum Kämpfen um des Kämpfens (um der Ehre!) willen. Dagegen setzten die königlichen Berater die langfristige Berechnung. Dazu waren sie auch von ihrer Position her erzogen: Jeder mächtige Lehnsherr, um so mehr der König, begann irgendwann die Übersicht über seine Güter, Pferde, Waffen, Vorräte usw. zu verlieren. Übersicht gewinnen, Ordnung herzustellen, Planungsdaten herbeizuschaffen war daher die Aufgabe der fürstlichen Berater. In kleinen, noch einigermaßen übersehbaren Verhältnissen konnte sich der Ritter oder Fürst noch immer wieder gegen ihren Rat durchsetzen. Bei einer Herrschaft über größere Gebiete, größere Güter- und Menschenmassen belehrte ihn bald die tägliche Erfahrung, daß er sich genaue Übersicht nur noch einbilden konnte. *Er mußte* die Übersicht im Detail an andere, eben seine Berater, endgültig »delegieren«; damit wurden diese nicht nur mächtig, sie mußten sich den zur Übersichtsgewinnung notwendigen Stil auch aneignen, wollten sie nicht in ihrer Aufgabe scheitern, d.h. bei der Lieferung von Entscheidungsunterlagen versagen. Diese »Bürokratie« des Königs entsprach daher den Bedürfnissen der Verwaltung eines großen Gebietes. Einen »absoluten Herrscher« gab es nicht, er war nur zu denken auf dem Hintergrund einer ihn tragenden Bürokratie – so eindrucksvoll seine Persönlichkeit im Einzelfall auch sein mochte. Dieser »Stab« (mit dem König an der Spitze) war also dem Feudaladel durch seine »Längeren Handlungsketten« überlegen.

Gerade in diesem Merkmal entsprach ihm der »Bürger«; jene Gestalt, die vor dem »Bourgeois« oder dem kapitalistischen Bürger auftritt und zu ihm überleitet.

Die Entstehung der bürgerlichen Gesellschaft

Der Bürger vor dem Angriff auf den Adel

Was war das für eine Gestalt? Hier müssen wir uns unserer anfänglichen Überlegungen über die innere Situation einer »Zweifrontenschicht« erinnern. Der Bürger, die bei der Burg lebenden Handwerker, Gastwirte, Händler (später: Apotheker, Ärzte, Lehrer, letztendlich auch Gelehrte und Pfarrer) sind typische Vertreter einer »Zweifrontenschicht«: Sie schieben sich auf Grund besserer Ausbildung und höherer Leistung, vielleicht auch einfach durch etwas Glück zwischen die große Gruppe der Bauern und der »niedrigen«, d. h. abhängigen Dienstleute (»Dienstboten«) einerseits und die kleinere Gruppe der Adeligen andrerseits. Ihre Legitimation – denken wir an die Ausführungen über den »Meister«, den Handwerker und Kaufmann – sind Leistung und Eigentum. Die Leistung wird über eine entsprechende Erziehung der Kinder, das Eigentum wird direkt vererbt. Damit ergibt sich eine bescheidene »Kontinuität«, Fortdauer bescheidener Verhältnisse. Ihr Rahmen ist die »Stadt«. Bei der Gründung steht sie häufig unter Schutz und Drohung einer »Burg«, bei späteren Gründungen zunehmend eher an Verkehrsknotenpunkten, d. h. Kreuzungen von alten Handelswegen und an Flußübergängen, »Furten«. Die alten Siedlungen der Römer spielen dabei in ganz Europa eine Rolle. So wird die Stadt eine Insel inmitten der Unsicherheit des umliegenden Landes, in dem mehr als 80 Prozent der Menschen in größter Dürftigkeit als »Bauern« leben. Mit voller Absicht nennen wir die Stadt eine Insel. Sie liegt, von einer Mauer umringt, in einem Meer namenloser Dürftigkeit. Sie besteht aus eng aneinander gedrängten Häusern, die sich nicht nur gegenseitig schützen, sondern auch wärmen. In der Stadt ist es wärmer. In ihr entwickelt sich – bei aller nur denkbaren und zwischen Menschen voraussetzbaren Gehässigkeit – doch eine Solidarität des gemeinsamen Schicksals. Mehr oder minder bewußt »weiß« man, daß man voneinander abhängt. Das schlägt sich nieder in einer gegenseitigen Kontrolle, die zugleich Verhaltenshilfe ist. Schwere innere Spannungen, z. B. zwischen den Gesellen und den Meistern bleiben nicht aus; trotzdem entwickelt sich ein feststellbarer Typ des »Bürgers«, des Besitz- und Leistungsbürgers, an seiner Spitze des »Patriziers«. Erste Ansätze eines Bildungsbürgertums entstehen mit dem Auftreten von »Studierten«, Pfarrern, Ärzten, Apothekern, Lehrern, Juristen, »Gelehrten«.

Lebensstil, Lebensgefühl und Persönlichkeitsstruktur dieses Bürgers entsprachen dem Verhältnis damaliger Produktivkräfte zu den herrschenden Produktionsverhältnissen. Die Produktivkräfte waren schwach: Wind- und Wassernutzung stellen noch immer neben dem Tier und der menschlichen direkten Körperkraft die Hauptquellen von Energie dar. Technische Geräte, deren Effekt auf gründlicher (»wissenschaftlicher«) Erforschung von Naturprinzipien beruhen, gibt es praktisch kaum. Fast alles, was an Technik da ist, ist bestenfalls verbessertes Gerät, sind verbesserte Verfahren der Vergangenheit. Daher können die eigene körperliche Kraft, die eigenen erworbenen Fertigkeiten noch immer Quelle des Selbstbewußtseins, eines behäbigen, dem bäuerlichen nicht fernen Selbstbewußtseins, sein. Trotzdem wird der Bauer verachtet, so wie der Ritter gehaßt, gefürchtet und bewundert wird.

Für uns würden die Unterschiede zwischen Stadt und Land oder städtischem Haus und Burg heute nicht bedeutend erscheinen: Überall, wo Tiere sind – und sie waren überall – stinkt es; im Winter war es überall ziemlich kalt; immer war nach unseren heutigen Vorstellungen fast alles schmutzig, im Sommer verstaubt, im Herbst und Frühling naß und triste, der Winter war, wenn es nicht taute, vielleicht am saubersten. Diese Welt würde uns heute insgesamt und ohne Unterschied »ungemütlich«, ja, abstoßend vorkommen, ein ewiger Kampf aller Menschen gegen ewige Unzulänglichkeiten, wo man ging und stand.

Eine solche Sichtweise würde aber einerseits die größere Härte der Menschen im Ertragen grober Zustände unterschätzen, andererseits – was viel wichtiger ist – völlig an der damaligen Bedeutung uns gering erscheinender Unterschiede vorbeigehen. Man kann aber sowohl die den Kapitalismus vorbereitende Zeit als auch den Kapitalismus in der Frühphase und in voller Entwicklung nur verstehen, wenn man lernt, eine Art von Vergrößerungsglas für damalige Unterschiede in der »Lebenshaltung«, d.h. Ausstattung zu benutzen.

Im Dorf krochen nur wenige schäbige Häuser eng zusammen; die meisten Gehöfte lagen voneinander getrennt. Nachts war das Dorf dunkel. Im Winter war es menschenleer: Was nicht unbedingt ins

Freie mußte, scharte sich um die Öfen. Das eindrucksvollste Ereignis, was Menschenmenge und Ausstattung anbetraf, war der Kirchgang; danach rangiert das Wirtshaus, eine kärgliche »Stätte der Erholung«. Die Straße ist der Naturboden, im Herbst und im Frühling ein Sumpf, im Winter gefrorene Holprigkeit. – Kommt ein Dorfbewohner in die Stadt, so hat er dann viel zu bewundern: Steinhäuser, viele Häuser (mehr als »drei nebeneinander« mußte zu dieser Zeit bereits als »viel« beeindrucken!), gepflasterte Straßen, Glasfenster (Butzenscheiben) in den Häusern, größere Kirchen, sehr viele Menschen (auch hier muß man annehmen, daß über 50 Erwachsene bereits als »sehr viel« erlebt wurde); und dann der »Markt« mit einer Vielzahl von Ständen und Angeboten, einem »Gewimmel« von Menschen in »städtischer«, d.h. besserer Kleidung. Die Stadt muß damals eine ungeheure Faszination auf die Dorfbewohner ausgeübt haben – gleichzeitig mußte sie auch wegen ihrer »Unübersichtlichkeit«, d.h. der mangelnden Fähigkeit der Bauern, städtische Verhältnisse durchschauen zu können, tief abgeschreckt haben. Der Bauer »wußte dort nicht, sich zu bewegen«.

Ähnliches passierte dem Städter, wenn er auf die Burg kam oder besser gesagt: mußte, da er ungefragt kaum hingelangte oder eingelassen wurde. Hier hatte die ihm vertraute Steinbauweise wiederum andere Dimensionen bekommen, wuchtige bis gewaltige. Der Städter hatte noch eine gute Vorstellung vom notwendigen Arbeitsaufwand für die Errichtung auch nur kleinerer Steinhäuser. Ihm mußte sozusagen grauen von der hier angehäuften Arbeitskraft – er wußte ja auch, woher sie gekommen war. Tore mächtiger Größe öffneten sich ihm; ein ihm menschenfeindlich erscheinender Stolz geleitete ihn in mehreren baulichen Abstufungen (oft durch die älteren und noch »barbarischen« Teile der Burg) in Räume, über Treppen, deren Ausmaße und Ausstattung die durchschnittliche Ausstattung des bürgerlichen Hauses weit übertraf. »Minderwertigkeitskomplexe« und die Frage, woher das wohl alles stammen möge, mit welchem Recht es hier angehäuft war, begleiteten ihn. Er sah sich einer Macht gegenüber, der er nie gewachsen sein würde – wie er glaubte. Entsprechende Gefühle werden den Bauern in der Stadt beherrscht haben.

Es war von Bildung, Leistung und Besitz die Rede. Dementsprechend kann man drei Arten von Bürgern unterscheiden: Den Bildungsbürger, Leistungsbürger und den Besitzbürger. Der erste

Typ, der »Gebildete« und der Erziehung/Bildung berufsmäßig weitergebende, wie z. B. der Lehrer, wird uns erst spät beschäftigen; der zweite, der »Leistungsbürger«, besonders der Handwerker, muß bei der Analyse der Entwicklung des Kapitalismus in seiner dort auftretenden Umwandlung »Ingenieur« und »Facharbeiter« berücksichtigt werden; der dritte, der »Besitzbürger« ist der jetzt und hier interessante, besonders als Händler oder »Kaufmann«.

Die Abspaltung der Stadt vom Land und von der Burg war nur möglich auf Grund einer *Arbeitsteilung;* die erste Stufe solcher Arbeitsteilung war die Grundlage des Lehenswesens selbst: Die Bauern wurden gezwungen, Übererträge zu erarbeiten und abzugeben. Die zweite sich mit der Stadt voll entwickelt zeigende Stufe ist das Selbständigwerden des Handwerks: Handwerklich anspruchsvolle Geräte sind jetzt nur noch in der Stadt zu haben. Die dritte Arbeitsteilung betrifft den Austausch von Waren. Es wird nun vorwiegend nicht mehr direkt von Haus zu Haus getauscht, das eine Überflüssige gegen das andere Überflüssige, das eine Erstrebte gegen das andere. Diesen Umtausch nehmen jetzt Händler in die Hand, die sich als »Kaufleute« in der Stadt niederlassen. Der Handwerker kann unter Umständen noch auskommen, indem er gegen seine Erzeugnisse Naturalien, d. h. Erträge aus Wald, Feld oder vom bäuerlichen Hof eintauscht. Der Kaufmann kann das *prinzipiell* nicht mehr. Vielmehr nimmt der Kaufmann den Platz ein, an dem man Waren, d. h. Überschüsse aus landwirtschaftlicher oder handwerklicher Produktion gegen Geld los wird – wo man gegen Geld die benötigten Waren kaufen kann.

Die Einrichtung eines solchen vermittelnden Stoffes »Geld« ist offenbar uralt und schon früh über die ganze Welt verbreitet gewesen. Überall sah man ein, daß nicht der eine Gegenstand unmittelbar in einen anderen umgetauscht werden mußte: Symbole, stellvertretende Gegenstände wurden dazwischengeschoben, bestimmte Muscheln, Steine, Metalle. Offenbar aber erst in der Antike vor Christi Geburt, beginnt man dann nur noch »gemünztes« Geld zu akzeptieren: Metalle bestimmten Gewichts (bei bestimmter Reinheit), die von einer Autorität gekennzeichnet waren. Streitigkeiten über Reinheit, Gewicht und Echtheit der Münzung halten seitdem an. Aber das gemünzte Geld setzt sich als allgemeines Maß der Werte und als Tauschmittel für Waren durch, ganz gleich, um was es sich handelt: Getreide, Tuche, Steinzeug, Tiere oder im

Sklavenhandel sogar Menschen. – Im Tausch von Haus zu Haus hatte die Gleichwertigkeit der zu tauschenden Gegenstände eine wichtige Rolle gespielt. Bei der Bezahlung des Handwerkers waren die von ihm geleistete Arbeitskraft, die investierten Fertigkeiten und der Materialwert gezahlt worden. Der Kauf und Verkauf beim fahrenden Händler legt eine neue Dimension bloß: Auf der Seite des Verkäufers ging es um die Abgabe eines überschüssigen Gutes, für das er in der Nähe keinen Abnehmer finden konnte; insofern war er auch bereit, dem Händler in seiner Funktion als Zwischenhändler einen Abschlag zuzubilligen, eine Art indirekten Lohns, indem er gezwungenermaßen die Ware billiger weggab als sie – wie er wußte – verkauft werden würde.

Kaufte jemand von diesem Händler, dann billigte er ihm für dieselbe Funktion einen Aufschlag zu: Ohne den Händler wäre sie ihm nie angeboten worden.

Auf der anderen Seite ging es entsprechend gar nicht um den Erwerb dieses konkreten Gegenstandes, sondern gerade um seinen Weiterverkauf, und zwar zu Gewinnzwecken. Durch den monopolistischen Zwischenhändler beginnt sich der Austausch von Waren über die Vermittlung des Geldes durchzusetzen. Dabei ergibt sich eine Veränderung von Praxis und Perspektive: Die eigentliche Eigenschaft des Gegenstandes, sein Gebrauchswert, tritt hinter seinem Tauschwert zurück. Das sieht nach außen hin so aus, als ob der Gegenstand derselbe bleibt und nur durch die Transaktion Ankauf-Verkauf bei Erhöhung des Abgabepreises über den Ankaufspreis ein »Erlös« als Gewinn beim Kaufmann bleibt. »Von innen« her deutet sich aber bereits hier noch etwas ganz anderes an: Der Gegenstand selbst wird verwandelt! Für den Kaufmann tritt nun der Gebrauchswert nicht nur in den Hintergrund, er sieht den Gegenstand vielmehr mit zwei verschiedenen Maßstäben auf einmal: Erstens als Tauschwert geringeren Ranges – nämlich wenn er *kaufen* will – und zweitens als Tauschwert höheren Ranges im Hinblick darauf, daß er *verkaufen* will. D.h., daß unter seinem Blick ein und derselbe Gegenstand eine dehnbare Größe wird, ein variabler Tauschwert. Den praktischen Gebrauchswert vermag der Kaufmann natürlich auch zu beurteilen: Für die Einschätzung der Verkaufschancen muß er ja die Bedürfnisse der möglichen (potentiellen) Käufer kennen, und das heißt auch ihre Gebrauchswertvorstellungen; aber in *seiner* Wirklichkeit ist der variable Tauschwert »realer« als der – im Grunde – gleichgültige Gebrauchswert.

Damit gewinnt die Stellung des Kaufmanns eine Sichtweise, die von der seiner Umwelt, der Stadt, eigentümlich absticht. Diese Stadt ist bereits etwas Abstrakteres als das Land, das Dorf. Im Dorf ist das Leben unmittelbar, die Nähe der Natur, die Jahreszeiten, ihre Regelmäßigkeit, auf die man bauen kann, die Einsichtigkeit des Zusammenhangs von Saat und Ernte, von Arbeit und Ertrag, von Fortpflanzung und Aufzucht sind unübersehbar. All das kann der Bauer in seinem Denken nicht immer widerspiegeln, trotzdem hat er ein direktes Verhältnis dazu. In der kleinen Stadt stehen zwar viele Menschen dem dörflichen Leben nahe, trotzdem bewirkt das ganz andere Innenklima der Stadt langsam aber sicher zunehmende Fremdheit. Bei Größen der Stadt über 3 000 Einwohner kennt man schon nicht mehr alle Mitbewohner. In der Stadt tritt der »Fremde« auf – vielleicht ein Bauer aus einem gar nicht entfernt liegenden Dorf; aber man kennt ihn eben einfach nicht. An Markttagen wimmelt es von »fremdem Volk«. Das Material für die in der Stadt verarbeiteten Gegenstände kommt von außerhalb: Die ersten Importgeschäfte. Prozesse, durch die dieses Material erst erarbeitet worden ist, sind fremd geworden; oft stammt auch das Grund-Material von weit her – von ausländischen Gewürzen, Stoffen und Schmuckwaren ganz zu schweigen. Die Stadt öffnet – wenn auch sehr langsam und zuerst in ziemlich schmalem Ausschnitt – den Blick in die Welt und schließt ihn in Richtung auf die Vergangenheit, die Dorf heißt.

Der Kaufmann – von dieser Frage gingen wir aus – ist als Ablösung des »fahrenden Händlers« dann der Bürgertyp, der am ehesten bereit ist, die Konkretheit von Dorf, Wald, Flur, der Herkunft der Gegenstände und ihrer praktischen Bedeutung für den einzelnen Benutzer zu überschauen. Für ihn löst sich nicht nur das Dorf auf in einen Lieferanten von Werten, die zu einem geringeren Preis zu kaufen als zu verkaufen sind; für ihn sind Dorf und Stadt gemeinsam der Garant für größeren Umsatz, als ihn die Stadt allein bieten kann. Er sieht hinter dem örtlichen einen unendlich viel größeren Markt. Der Kaufmann ist aber nicht isoliert denkbar. Es gibt auch keinen Markt, der sich »ihm erschließt«. Es gibt im Lauf der Entwicklung vielmehr Kaufleute verschiedenster Art, die diese Entwicklung vorantreiben, den »Unternehmer« (der Begriff tritt noch nicht auf!) und den »Geldkaufmann«. *Den* Kaufmann hat es nicht gegeben; der Begriff ist eine künstliche Zusammenfassung. In der Praxis gibt es Holz- oder Tuchkaufleute, die insbesondere mit

Schiffen zu tun hatten und Kaufleute, die Ferntransporte selbst anführten oder begleiteten. Verständlicherweise finden wir unter den beiden letzten am ehesten den Typ, der dem späteren »Unternehmer« vorwegläuft. Es ist in der Tat ein unternehmerischer Typ: Transporte über größere Land- oder Seestrecken waren mit einem für uns ziemlich unheimlichen Risiko behaftet; Gefahren lauerten sprichwörtlich hinter jedem Busch; Wege und Straßen waren in katastrophalem Zustand – für etwas bessere Straßen mußten hohe Gebühren (je nach Last, Wagengröße und Reifenbeschlag) gezahlt werden; Zölle hier, widrige Winde dort behinderten den Handelsablauf, von Naturkatastrophen, insbesondere Stürmen auf See ganz zu schweigen. Eine glückliche oder fahrlässige Entscheidung konnte ebenso wie ein untreuer Geschäftspartner das gesamte Vermögen kosten. Ausdauer, Mut, Weitblick, Waren- und Menschenkenntnis waren unabdingbare Voraussetzungen für erfolgreiches »Handeln«. Der unternehmerische Kaufmann mußte ein »ganzer Kerl« sein. Gleichzeitig mußte er kalt und berechnend gegenüber denen sein, von denen er kaufte und überredend gegenüber denen, die von ihm kaufen sollten.

Hier trat dann auch überall bald eine neue Arbeitsteilung auf: Für die Abnahme der herantransportierten Güter fand sich ein neuer Kaufmannstyp; und für die Finanzierung solcher Transportgeschäfte oder anderer risikoreicher Unternehmen fand sich der Geld-Kaufmann. Geld war bereits als ein durch irgendeinen »Träger« (Material, Metall, auch Papier) dargestelltes glaubwürdiges Anrecht auf einen »Wert« bezeichnet worden. Daß solcher Wert nichts anderes sein kann als der Ausdruck abgeschöpfter Arbeitskraft, sollte nach allen bisherigen Ausführungen deutlich geworden sein. Leider ist mit dieser Aussage der Begriff »Geld« noch lange nicht voll erfaßt. Einmal hatte Geld zuerst (und bis auf unsere Zeit) seinen Wert direkt in der Hoch- oder Geringschätzung des Materials, das »Geld« symbolisierte. Es war also Symbol und Wert zugleich. Trat es als Papier (Anrechtsschein) auf, so verwies es auch auf »Gold und Silber«. Und hier ist die Verbindung zur dahinter steckenden Arbeitskraft nicht so unmittelbar einleuchtend. Diese Metalle hatten einen »Wert an sich« wegen ihrer Seltenheit. Zum anderen vergrößerte sich die in einem Gegenstand investierte Arbeit nachträglich dadurch, daß der Kaufmann ihn auch in Anrechnung seiner Verteilerleistung teurer verkaufte als einkaufte. Jedoch schöpfte er vom *Käufer* im verlangten Geld wieder mehr an

Arbeitskraft ab, als der Gegenstand real darstellte. Trotz bestimmter Schwierigkeiten bei der Definition von »Geld« kann daher seine vorläufige Gleichsetzung mit »Symbol für abgeschöpfte Arbeitskraft« bestehen bleiben.

Der Feudalherr hatte schon mit Arbeitskraft gehandelt. Er gab die im Grund und Boden steckenden möglichen Erträge oder die durch Rodung und Urbarmachung investierten Arbeitskräfte mit der Vergabe des Bodens als Lehen weiter. Das geschah mit dem einen Ziel, ein Mehr an Macht bei diesem Geschäft herauszubekommen. Macht war aber auch als Verfügung über Arbeitskraft definiert worden. Mit Arbeitskraft läßt sich also in verschiedener Form handeln; daher auch in der Form von Geld. Geld gegen (Wucher-)Zinsen auszuleihen, ist offenbar eine uralte, immer gehaßte und nie ausgestorbene Art des Geldhandels gewesen. Der Geldkaufmann oder »Finanzier« legt sein Interesse in anderer Weise an: Er finanziert Großunternehmungen, die auf lange Sicht ungewöhnlich hohe Erträge versprechen: »Interêts« auf Französisch, d.h. Zinsen. Interesse bedeutet im Lateinischen: Dabeisein. Der Geldkaufmann tritt in der neueren europäischen Geschichte im 10. Jahrhundert in Oberitalien als Geldwechsler auf. Dort werden Kenner zum Wechseln der verschiedenen Geldsorten, die mit den Kreuzzügen ins Land kommen, gebraucht. Seitdem wird »Interesse« ein Begriff, der das »Dabeisein« zum Profit (»interêts« = Zinsen) abschöpfen meint.

Die für einen Kaufmann gefahrloseste und »interessanteste« Art des Handels wird das »Dabeisein ohne dabeizusein« in der Form des Geldvorschießens, der Finanzierung von wahrscheinlich gewinnträchtigen Unternehmungen. So gelangten »Geldspritzen« in den Schiffs- und den Hafenbau, später in den Bau von Fabriken und Eisenbahnen. Vorerst erhalten Fürsten Geld für die Durchführung von Feldzügen – als eine Art von Kommissionsgeschäft, bei dem der Schuldner sicher und der eventuelle Gewinn enorm ist. Die Spitze der Kaufmannschaft und damit des Besitzbürgertums rückt an Kaiser, König und Adel dicht heran. Aber auch ihr fehlen die Privilegien, die Sonderrechte, die sich königliche Staatsgewalt und Adel noch »anmaßen« können. Hier sammelt sich Stoff für die bürgerliche Revolution, die Mutter aller folgenden Revolutionen. Es sammelt sich Macht, die nach Bestätigung drängt und sie erringen wird, gemäß dem Motto: Revolutionen gewinnt, wer bereits die Macht *hat.*

Während also der Bürger – wenigstens in seinen erfolgreichsten Vertretern – sich an Machtzuwachs seinen alten Gegnern nähert, ist seine Situation nach der anderen Seite hin nicht so günstig.

Wir haben bisher immer vom Bürger so gesprochen, als ob dieser Menschentyp vom lieben Gott ein Schild umgehängt bekommen hat, auf dem »Bürger« stand. Natürlich hatte der Adel ein solches Schild auch nicht. Aber er hatte Macht. Und diese Macht hatte er längst dazu benutzt, sich gegen Angriffe auf seine Legitimation, seinen Geltungsanspruch noch besser zu schützen als mit dem Schwert und mit seinen Lehnsleuten: Mit dem *Wappen*. Das Adelswappen war sozusagen das selbst umgehängt Schild dieser Gruppe mit der unsichtbaren Aufschrift: Achtung, hier kommt ein Mensch (d. h. ein Auserwählter). Alle anderen Menschen waren damit zu Nichtmenschen oder wenigstens Nicht-Auserwählten degradiert. Wollte man dem Adel seinen Anspruch streitig machen, so mußte man ihn von seinem Podest durch die Feststellung herunterreißen, er sei »auch nur ein Mensch«, nämlich wie jeder andere Mensch von Gott geschaffen: Vor Gott sind alle Menschen gleich! Diese Argumentation ist – besonders in einer christlichen Kultur – eine durchschlagende – allerdings in vorher nicht beabsichtigter Weise. Wer sie vorbringt, ist gezwungen, für den Menschen schlechthin, das heißt für *alle* Menschen zu sprechen. Und hier lag und mußte das Dilemma liegen; jene Schwierigkeit zwischen zwei Schwierigkeiten, in die der »Bürger« im Angriff gegen den Adel geriet. Indem der Bürger nämlich derart für sich und seine Gleichstellung zum Adel (oder dessen Gleichstellung mit dem Bürger) focht, kämpfte er unwillentlich auch für die Gleichstellung jener Menschengruppen, die er keinesfalls mitgemeint hatte: für die Lohnarbeiter, das Gesinde, die Dienstboten und für andere Abhängige (Frauen, Kinder) und für die Armen. Waren alle Menschen gleich geboren, warum galt der Kampf des Bürgers gegen den Adel nicht auch ihnen?

Diese selbst eingeleitete Frage sollte das Bürgertum bis heute nicht mehr loslassen. Interessieren wir uns hier aber dafür, wie das Bürgertum im Übergang zur kapitalistischen Produktionsweise diese letzte Frage gleich zu Anfang abwies und wie es damit die Entwicklung zum Kapitalismus dynamisierte, beschleunigte.

Die kapitalistischen Prinzipien: Der »Besitzindividualismus« als Waffe nach oben und unten

Wie erwehrten sich die Besitzenden-Nichtadeligen der Nichtbesitzenden, und wie machten sie sich selbst zu – kapitalistischen – Bürgern?

Angelehnt an die Arbeit von Macpherson: »Die politische Theorie des Besitzindividuums« (Ffm. 1967), nehmen wir die Diskussion an der Stelle auf, wo sich im 17. Jh. (1600 bis 1699) in England eine größere Gruppe, die »Levellers« oder Gleichmacher, den Anschein gab, als vertrete sie urkommunistische Ziele. Diese Gruppe der Gleichmacher entlarvte sich dabei als »typisch kleinbürgerlich«, d. h., ihre Vertreter schafften es innerhalb einer Argumentation, die sich gegen die Reichen richtete, doch nicht, sich mit den Armen wirklich zu solidarisieren. Diese Argumentation ist so typisch und für das schwungvolle Anwerfen der kapitalistischen Bewegung grundlegend bedeutsam, daß sie etwas ausführlicher dargestellt werden soll.

Wie nicht anders zu erwarten, richtet sich diese Argumentation, d. h. der Versuch einer Beweisführung mit überzeugendem Charakter in erster Linie gegen den Adel und dessen Tendenzen, den Nichtadeligen abhängig zu halten. Diese Tendenz wird richtig gedeutet als Absicht, Unfreien keine Freiheit zu geben, wohl aber für sich selbst alle Freiheiten zu behalten – wobei anzumerken ist, daß nicht nur im Deutschen der Begriff »Freiheiten« zugleich auch Vorrechte (oder Rechte) bedeutete. Im Streit gegen die Privilegien des Adels mußte daher der Begriff Freiheit eine umfassende Rolle spielen. Damals wirkten diese adeligen Privilegien für den Nichtadeligen wie ein behinderndes Netz, das sich über das ganze öffentliche und private Leben legte. Adelige mißachteten und beleidigten die Nichtadeligen sowieso; auch gegen Mißhandlungen waren sie nicht immer geschützt. Schwerwiegender war aber das System von Vorrechten, das sich vom Bereich der Kleidung und des Waffentragens, der Ausstattung (wer durfte mit wievielen Pferden fahren?!) weiter über die Verfügung über Menschen und zu Sonderrechten auf dem Gebiet des Wirtschaftens, aber auch im Bereich der eigentlichen Gerichtsbarkeit erstreckte. Der Arme wurde von dieser Masse von Vorrechten regelrecht niedergewalzt. War schon derjenige Nichtadelige, den wir bereits Bürger nannten, gegenüber dem Adel eine Art Unter-Mensch, so war der Arme nicht einmal mehr beachtenswert. Geschichten über mildtätige Adelige, meistens Frauen, und über Hilfstätigkeit auch adeliger Klöster dürfen uns über diesen Grundzustand nicht hinwegtäuschen. Diese »Almosen« dienten mehr dazu, den Gebenden die Gnade Gottes zu bringen oder zu erhalten, als zu einer Erhebung der Elenden in den Stand der Menschlichkeit. Sie erhöhen die Menschlichkeit der einen, bewirken aber nichts für die anderen.

Vom Recht- und Besitzlosen unter diesen Umständen im Zusammenhang mit dem Adel zu reden, lohnt also nicht. Der Begriff »Unfreiheit« hätte die Recht- und Besitzlosen noch verspottet: Unfrei kann man nur sein, wenn eine »Freiheit« einem irgend etwas verspricht. Freiheit hätte den Armen dieser Zeit nichts versprochen.

Anders ist es bei denjenigen Nicht-Adeligen, die einen, wenn auch noch so geringen Besitz ererbt oder erworben hatten. Sie konnten bei einer Einschränkung oder Beseitigung der Adelsprivilegien auf Entfaltung ihrer eigenen Möglichkeiten hoffen. Sie hatten einen Begriff von Freiheit, einen sehr realen: Befreiung von teils unerträglichen, teils nur behindernden Beschränkungen. Kampf um »Freiheiten« bedeutete zugleich Kampf um Rechte, um Vorrechte, d.h. aber auch: Ausschluß oder Einschränkung anderer von diesen Rechten. Soweit diese »anderen« in dieser historischen Phase Adelige waren, war das auch von Anfang an beabsichtigt. Wir werden gleich sehen, wie die Abgrenzung nach »unten« im Kampf um Freiheit für angeblich alle Menschen mitlief.

Die Strategie zur Erlangung von »Freiheiten« für den Bürger läuft folgendermaßen an:

Jeder ist »von Natur aus« Eigentümer *seiner eigenen Person.* So, wie er sich nicht selbst schädigen darf, so muß er auch Angriffe auf seine eigene Person abwehren. Als Eigentümer seiner eigenen Person ist der Mensch grundsätzlich auch Eigentümer seiner *Fähigkeiten.* Diese können nur durch *Tätigsein* verwirklicht werden. Selbstverständlich ist das Anrecht auf eigene Fähigkeiten nur dann zu verwirklichen, *wenn jemand auch über seine eigene Arbeitskraft verfügen kann.* Hat er diese Verfügung durch Unterwerfung oder durch Eingehen eines Vertrages (Lohnarbeitsvertrag) verloren, so hat er sozusagen eine freiwillig eingeschränkte Freiheit: das zu tun, was er durch den Vertrag auf sich genommen hat. Er scheidet aus den weiteren Überlegungen aus. Z.B. haben sich Bedienstete der Verfügung und Bestimmung über ihre Arbeitskraft durch das Eingehen eines Dienstvertrages entäußert. Für sie gelten weitere Freiheitsüberlegungen nicht mehr.

Diese Bestimmung von »Freiheit« verlegt das Gewicht ganz und gar in den Begriff der Unabhängigkeit. Wir zitieren hier aus der Arbeit von Macpherson, der diese Stimmen aus dem 17. Jh. sprechen läßt:

»Das eigentlich Menschliche eines Individuums ist seine Unabhängigkeit vom Willen anderer Personen, seine Freiheit, sich an der eigenen Person zu erfreuen und seine eigenen Fähigkeiten zu entfalten. Die eigene Person ist Eigentum nicht im übertragenen Sinn, sondern wesenhaft (d. h. von Gott gewollt); das Eigentum, das man an ihr hat, besteht in dem Recht, andere von ihrem Gebrauch und Genuß auszuschließen. Das Eigentum an der eigenen Arbeitskraft... ist Eigentum im materiellen Sinn, denn es ist die Erhaltung des Eigentums an der Arbeitskraft, und die Bedingung seiner Erhaltung ist der Besitz materiellen Eigentums.« Wie plötzlich deutlich wird, steckt im Freiheitsanspruch der Anspruch auf Eigentum gleich mit darin: Die Argumentation beruft sich auf die Notwendigkeit einer gewissen materiellen Grundlage für die Entwicklung und Entfaltung der eigenen Persönlichkeit. Diese Forderung nach Eigentum stellt sich so neben die Forderung nach Freiheit. Es kann nun heißen: Die natürliche Freiheit des Menschen schließt Eigentum an Sachen *ein.* Eigentumslose können wegen mangelnder materieller Basis ihre Fähigkeiten nicht entfalten; Freiheit ist für sie nutzlos: Sie müssen ihre Arbeitskraft doch an andere verkaufen, sie müssen »sich verdingen«. Verkaufte Arbeitskraft (sagt z. B. der englische Philosoph Locke) wird aber zum Eigentum des Käufers, der nun berechtigt ist, sich das Produkt dieser Arbeit anzueignen!

Wir können unschwer feststellen, daß hier folgendes geschieht: Gegenüber dem Adel (und dem König) müssen aus »strategischen« Gründen wirtschaftliche und bürgerliche Rechte *für jedermann* beansprucht werden; in Wirklichkeit werden sie jedoch nur von derjenigen Gruppe beansprucht, die überhaupt mit ihren Gegnern konkurrieren *konnte,* d. h. von den besitzenden Nichtadeligen. Durch geschickte Ableitungen und das Verdrängen bestimmter wichtiger Voraussetzungen wurde daher die Argumentation für Freiheit der Persönlichkeit (also gegen Zwang »von oben«) so formuliert, daß sie sozusagen nebenbei alle die Menschengruppen ausschloß, die man gerne ausschließen wollte. Der Lage der Dinge nach konnte man Bedienstete und Stadtarbeiter, das müssen wir gerechterweise hinzufügen, zu dieser Zeit auch nicht einschließen, weil sie in ihrem Elend zu schwache Partner oder für Adel und König unannehmbar waren. Frauen und Kinder wurden sowieso von *allen* Beteiligten – nämlich Männern – wegen ihrer Abhängigkeit in die Überlegungen gar nicht erst eingeschlossen. Derart wird auch die unterschiedliche Lage der Vertragspartner beim Abschluß eines Lohnvertrages unterschlagen: Es wurde so getan – und diese Auffassung hat sich in vielen Bereichen bis heute gehalten –, als ob die Partner unter gleichen Bedingungen verhandelten. Dabei wurde geflissentlich übersehen, daß die Bedingungen extrem unterschiedlich waren. Menschen ohne Ausbildung gab es in Massen, stets viel mehr, als erträgliche Lohn- oder Arbeitsplätze. Die Bedingungen eines Verdingungsverhältnisses konnten daher vom Arbeitsplatzanbieter diktiert werden; von einem wirklichen Vertrag war keine Rede; die »Freiwilligkeit«, mit der sich die eine Seite vom Recht über ihre Arbeitskraft lossagte, war so freiwillig wie der vorher ausgestandene Hunger.

Mit derselben Selbstverständlichkeit wird Arbeitskraft als eine veräußerbare und einhandelbare Ware angesehen – eine »natürlich« überhaupt nicht gegebene, für die Entwicklung kapitalistischer Verhältnisse dann aber sehr wichtige Voraussetzung.

Die ganze Beweisführung endet daher folgerichtig mit der Feststellung, daß der Besitzende (d. h. Fähige!) eine Garantie für seine weitere Entfaltung brauche. Er brauchte dieselben oder doch sehr ähnliche Vorrechte wie der Adel; er brauchte Freiräume. Man mußte ihm zugestehen, daß er sich nun voll und ganz als gleichberechtigter »Stand« selbst vertreten könne, als »Bürger«, d. h. ein für die Stadt und für wirtschaftliches Handeln allein verantwortlicher Mensch. Nichtbesitzende und Lohnabhängige sind von den bürgerlichen Freiheiten ausgeschlossen, sind Nicht-Bürger. Ebenso folgerichtig haben sie – wie Frauen und Kinder – kein Wahlrecht für die Wahl der Bürgervertreter. Ihre Vertretung hat der, der ihre Arbeitskraft von ihnen gekauft hat. Macpherson, der Autor der Arbeit, auf die wir uns hier im wesentlichen beziehen, faßt die zu diesem Resultat führenden Sätze im Kapitel »Grundlagen im 17. Jahrhundert« zusammen:

»Die den Besitzindividualismus charakterisierenden Prämissen seien in den folgenden 7 Sätzen zusammengefaßt:

(1) Was einen Menschen zum Menschen macht, ist seine Freiheit

von der Abhängigkeit vom Willen anderer.

(2) Freiheit von der Abhängigkeit von anderen bedeutet Freisein von allen Beziehungen zu anderen, mit Ausnahme jener Beziehungen, die das Individuum freiwillig eingeht im Hinblick auf sein eigenes Interesse.

(3) Das Individuum ist wesentlich (d. h. im Sinne Gottes! D. u. K. C.) Eigentümer seiner eigenen Person und Fähigkeiten, für die es der Gesellschaft nichts schuldet.«

Eigentum ist der Begriff ausschließlicher Verfügungsgewalt. Freiheit und damit Menschlichkeit heißt, nur dann in Beziehungen zu anderen Personen zu treten, wenn man es will. Dazu muß man die Verfügungsgewalt, d. h. das Eigentum über die eigene Person und die eigenen Fähigkeiten haben.

Daher weiter:

(4) Wenngleich das Individuum nicht die Gesamtheit des Eigentums an seiner Person veräußern kann, so kann es doch seine Fähigkeit, zu arbeiten, veräußern.

(5) Die menschliche Gesellschaft besteht in einer Reihe von Marktbeziehungen. Dies folgt aus den bereits aufgestellten Prämissen. Da das Individuum nur insofern Mensch ist, als es frei ist, und frei nur insofern, als es Eigentümer seiner selbst ist, kann die menschliche Gesellschaft nur in einer Reihe von Beziehungen zwischen ungebundenen Eigentümern, d. h. *einer Reihe von Marktbeziehungen* bestehen.«

Damit ist der tragende Begriff, *das neue Organisationsprinzip* aufgetreten: der »Markt«.

Dieser Markt hat nun eigentlich nichts mehr mit dem alten Marktplatz-Markt zu tun. Er hat eine Doppelbödigkeit, die die unheimlichen Züge des neuen Systems ankündigt: Einmal werden auf dem Markt Güter (Waren) gekauft und verkauft, wobei der Geldertrag steigt. Zum zweiten aber können zwar »freie« Menschen, d. h. Bürger mit nicht ausreichendem Kapital, auf dem Markt ihre Arbeitskraft verkaufen; mit diesem Akt scheiden sie aber aus dem Bürgertum und damit der Marktfähigkeit, dem Markt aus! Sie sind nun nur noch Ware, unfrei.

Beim Durchdenken der bisher von Macpherson angeführten Sätze, in denen er den »Geist« des 17. Jahrhunderts (besonders in England, aber auch in den Niederlanden) kennzeichnen will, wird folgendes deutlich:

»Marktbeziehungen« sind Beziehungen zwischen Menschen, die

sich grundsätzlich fremd sein können. Ihre Beziehung, der Warenaustausch oder der Tausch von Waren gegen Geld oder Geld gegen Waren, ist auf diesen Akt beschränkt; sie wird freiwillig aufgenommen, kann freiwillig wieder aufgegeben werden. Umgekehrt: Nur wirklich freie Individuen, wie vorher charakterisiert, *können* (als Eigentümer ihrer selbst, das heißt mit der Verfügungsgewalt über ihre Person und ihre Fähigkeiten) zueinander in Beziehung treten in der Form der Marktbeziehung: Sie suchen auf dem Markt die ihnen passenden Beziehungen und bieten sich entsprechend selbst auf dem Markt an als Handwerker, als Geldgeber, durch ihre Erzeugnisse oder Handelsgüter. »Markt« ist dann z.B. auch der Wahlvorgang für eine gewünschte politische Vertretung; »Markt« ist sogar ein wirklich freier Heiratsmarkt; »Markt« ist die Befreiung von Zwang und Bevormundung. Es ist der Markt von Bürgern unter sich; zugleich ist es ein Markt, auf dem man aufhören kann, Bürger zu sein. D.h., dieser Markt ist zwar Mittel zur Realisierung der neuen Freiheiten neuer größerer Menschengruppen, aber gleichzeitig saugt er auch die denkbare Freiheit derjenigen auf, die sich selbst auf ihm anbieten müssen.

Macpherson fügt hinzu:

»(6) Da Freiheit vom Willen anderer das ist, was den Menschen zum Menschen macht, kann die Freiheit eines jeden Individuums rechtmäßig nur durch solche Pflichten und Regeln eingeschränkt werden, die nötig sind, die gleiche Freiheit auch den anderen zu sichern.«

Dieses ist die verwundbarste Stelle der ganzen bürgerlichen Strategie! Danach dürfte z.B. ein Arbeitsvertrag *keinen* völligen Freiheitsverlust bedeuten. Ein Arbeitsvertrag gehört nicht zu den »Pflichten und Regeln, die nötig sind, die gleiche Freiheit auch den anderen zu sichern«. Dieses Loch kann durch den Eigentumsbegriff zugestopft werden: Freiheiten kann eben jemand nur mit vollem Menschenrecht beanspruchen, wenn er bereits seine Person und seine Fähigkeiten so eingesetzt hat, daß er über Eigentum verfügt. Zwei Eigentumsbegriffe werden also erkennbar, aber in der politischen Diskussion leicht verwirrbar angewandt: Eigentum an der eigenen Person und den eigenen Fähigkeiten und Eigentum als materielle Grundlage eben zur Entfaltung des ersten, nicht-materiellen Eigentums. Daher kann es nun in der Argumentation dieser englischen Bürger weiter heißen:

»(7) Die politische Gesellschaft ist eine menschliche Erfindung zum Schutz des Eigentums des Individuums an seiner Person und seinen Gütern und folglich zur Aufrechterhaltung geordneter Tauschbeziehungen zwischen Individuen als Eigentümer ihrer selbst.«

Um diese Gedanken herum: »... ein jeder hat, so wie er ist, ein Eigentum an sich selbst, sonst könnte er nicht er selbst sein«, und: Der eigentliche Ort freier menschlicher Beziehungen, die sich zusätzlich noch gegenseitig regulieren und frei beschränken, ist der »Markt«... um diese Gedanken herum entwickeln sich – besonders in England – eine Reihe von »Gesellschaftstheorien«, die alle in sich ähnlich sind: Sie rufen nach einer Welt, in der der Bürger sich frei bewegen kann. Dieser Ruf richtet sich gegen die Privilegien und schamlose Machtausnutzung des Adels. Gleichzeitig mischt sich aber Angst in diesen Ruf: Angst davor, daß in der freien Marktkonkurrenz »freie Bürger« zu einem Besitz derartiger Größe kommen, daß sie praktisch beginnen können, in die Rolle des Adels, nämlich in eine vom Markt unabhängige Machtrolle hineinzugehen. Wie soll das verhindert werden? Die »Levellers«, jene »Gleichmacher«, die dennoch nichts anderes sind als verzweifelte Kleinbürger, meinen, daß ihre Freiheitsforderungen genügen, um weiteres Unheil abzuwenden: »Es ist unser Fleisch, von dem die Reichen leben und mit dem Ihr Euch schmückt und herausputzt.« Für sie sind die reichen Bürger bereits der wichtigste Feind; aber es wird der Durchsetzung abstrakter Grundsätze geglaubt oder vielmehr auf sie gehofft.

Hobbes, einer der einflußreichsten Denker dieser Zeit, sieht die Bedeutung des Marktes differenzierter: Für ihn ist der »Marktmechanismus« zwar ebenfalls zentral und die einzige menschliche Lösung der Zukunft. Gleichzeitig sieht er aber auch mit der wachsenden Macht der reichen Bürger die heraufkommende Gefahr für diesen »Markt« viel klarer. Er sieht die Gefahr aus der Sicht des Staatsmannes, dem deutlich wird, daß zu große wirtschaftliche Macht einiger einzelner den Markt zerstören würde, weil keine gleichwertige Konkurrenz mehr möglich wäre. Der Markt wäre nicht mehr »frei« und garantierte daher auch keine Freiheit der Person mehr. So fällt ihm zur Lösung der »Quadratur des Kreises«, nämlich den Markt zu erhalten, ohne daß er sich selbst zerstört, nur ein Mittel ein: ein starker »Souverän«. Ein König mit einem »Staatsapparat« ist zu wählen und einzusetzen, um die Menschen (d.h. hier: die Bürger) derart zu disziplinieren, daß der

Marktmechanismus nicht durch übermäßige Habgier und Konkurrenz ruiniert wird.

Dieser Gedanke von Hobbes wird in Verkennung seiner Absichten bekämpft. Aber es geht uns hier ebensowenig wie damals um einzelne Denker. Es geht um Gedanken, die die Chance hatten, bei den gegebenen Kräfteverhältnissen zwischen Adel und Bürger und König, Bürger und Besitzlosen und Abhängigen sich durchsetzen zu *können*. Und der Gedanke an Freiheit für den nichtadeligen Besitzenden, Freiheit für den Warenhandel, für Erwerb und Inbetriebnahme von Produktionsmitteln, Maschinen, Sprech- und Pressefreiheit, »Gedankenfreiheit« bei Schutz von Person, Wohnung (Haus) und Eigentum hat diese Chance: Dieser Gedanke wirkt wie Dynamit, setzt sich sogleich praktisch durch, setzt den in so vielen Ansätzen praktizierenden Kapitalismus in immer schnellere Bewegung. Die neue gewonnene Freiheit zum »Handeln« (in beiderlei Sinn!) verdeckte dabei zunächst, *daß der zum neuen Organisationsprinzip der Gesellschaft erhobene Marktmechanismus,* d.h. der Markt des Angebots und der Nachfrage nach »Waren«, auch der »Ware« »menschliche Arbeitskraft«, die Gesellschaft zwar aus ihrer Standesverfassung herausriß (Adel und Bürger als »Stände« gesehen), aber gleichzeitig das Tor zur Freiheit für die Besitzlosen zuschlug. Denn diesem Marktmechanismus entsprach jenes Eigentum an Produktionsmitteln, das die an diesen Produktionsmitteln Arbeitenden von der Verfügung über das Erarbeitete ausschloß. Daher das marxsche Wort von der gesellschaftlichen Produktion bei privater Aneignung. Das neue Verhältnis wurde dadurch verschleiert, daß auf dem Markt scheinbar Gleichheit herrschte; der Besitz oder Nichtbesitz von Produktionsmitteln machte aber die bürgerliche Gesellschaft, die für die Befreiung aller Menschen angetreten war, unter der Hand zur Klassengesellschaft. Von *einer* Kultur mit zwei Kulturen in sich (der feudal-adeligen und der stadtbürgerlichen) schwenkte die Bewegung zu einer *zweiten Art* von Kultur mit zwei Kulturen in sich um: der bürgerlich-kapitalistischen und der »proletarischen«. Die naiven Levellers hatten noch geglaubt, die christliche Moral würde die Marktmoral des Besitzindividualismus bremsen; große Staatstheoretiker glaubten vermutlich wirklich, daß der Markt einmal Freiheit für alle schaffen würde, wenn nur eine »vernünftige« Staatsgewalt darüber wachen würde, daß es keine Auswüchse gäbe. Für lange Zeit lief die Entwicklung ganz anders. Macpherson drückt das so aus: »Die Größe des Liberalismus des siebzehnten Jahrhunderts lag in seinem Eintreten für das freie vernünftige Individuum als Kriterium einer guten Gesellschaft; seine Tragik war es, daß gerade diese Haltung notwendig darauf hinauslief, der halben Nation die Individualität zu versagen«.

Der Kapitalismus als Kultur trat an.

Die Macht des Bürgers

Bisher wurde von dem Vordringen des Bürgertums gesprochen, als ob »das Bürgertum« durch eine unbekannte Macht selbst »mächtiger« geworden sei. Es ist nun an der Zeit, die Frage nach den Gründen für die wachsende Macht und für ein derart wachsendes Selbstbewußtsein des Bürgertums zu untersuchen. Wie kam es zu einem Angriff mit geistigen Waffen, der den Gegner an einer empfindlichen Stelle treffen mußte, und wie konnte dieser Angriff gewagt werden? –

Kurz nochmals der Feudaladel: Hier war für das Herrschafts- und Organisationsprinzip erstens als Voraussetzung der ererbte oder neu eroberte Grund und Boden; zweitens die vertragliche Sicherung von Unterstützung durch Vergabe von »Lehen« an Lehnsleute. In Geschichtsbüchern ist hier häufig von »Lehnstreue« zu lesen. »Treue« ist jedoch unter den damaligen Umständen nichts anderes als der Versuch der mächtigen Lehnsherren, ihre Lehnsleute über das vertraglich festgelegte Maß (im Vertrag wurde »Treue« durchaus auch erwähnt und unterstrichen) von Abhängigkeit in der Form zu liefernder Güter und Waffenhilfe *hinaus* noch mehr an den Lehnsherrn zu fesseln. »Treue« sollte eine feinere Ableitung von Dank sein und die Beziehung vom Lehnsmann zum Lehnsherrn festigen. Das System beruhte also auf ursprünglichem Besitz an Boden und einer Mischung von verstandesmäßig erfaßbaren und »irrationalen« Bestandteilen wie »Treue«.

Vergleichen wir dieses System mit dem System »Markt«, so werden wir die Unvereinbarkeit nicht übersehen können. Es handelt sich um hart einander entgegenstehende Mechanismen, um gegensätzliche (konträre) gesellschaftliche Organisationsprinzipien.

Die größte Schwäche des Feudalsystems liegt neben anderen erwähnten Umständen in seinem Unverhältnis zum Geld. Die fehlende Beziehung zu diesem Stoff können wir uns gar nicht eindrucksvoll genug vorstellen. Der Ritter, als »Prototyp« des Adels, war selbst ein halber Bauer. Einsatz von Körperkraft und Geschicklichkeit war ihm nicht nur selbstverständlich, sondern auch Bedürfnis. Er war in der Regel von Strapazen gestählt, hart mit sich selbst und ein praktisch orientierter Machtmensch. Daß ihm Menschenkräfte zur Verfügung standen, war ihm völlig selbstverständlich; mit Selbstverständlichkeit war Menschenkraft, Arbeitskraft abzuschöpfen; mit derselben schönen Selbstverständlichkeit kamen Nahrung, Getränke, Heizmaterial auf den Tisch oder in den Kamin. Mit Geld hatte er nichts zu tun; das war Sache der »Geldsäcke«, von charakterlich schmierigen Nichtadeligen – wie er meinte –, die das schäbige Handwerk des »Handelns« ausübten und feige im Einsatz ihres Lebens waren. Nur ungern wird eingesehen, daß Geld gebraucht wird: zur besseren Waffenbeschaffung, für Stoffe, die die Frauen wünschten, für edlere Gewürze, Weine, feinere Ausstattungen, später für Kanonen. Nur widerwillig wird registriert, daß es derart wohlhabende Kaufleute gibt, daß König und Kaiser beginnen, bei ihnen »Geld aufzunehmen«; daß die Städte aus ihrem kärglichen Dasein emporwachsen; daß die Kirche zunehmend unentschlossen ist, wem sie sich zuwenden soll. Die »Pfaffen« werden zwar intern verachtet, aber sie sind als Machtfaktor wichtig.

Die zunehmende Kompliziertheit der Welt wird abgelehnt. Jagd oder »Waidwerk« sind wichtiger als die Beschäftigung mit Wirtschaftsdingen. Diese Haltung verliert sich auch nicht, als dieser rauhe Adelstyp durch den sich verfeinernden Adel in den Hintergrund gedrückt wird: Die Geldfremdheit des Adels bleibt trotz steigender Ansprüche.

Im Grunde ist mit dieser Schilderung schon viel über das Anwachsen der Macht des städtischen Bürgertums gesagt: die Schwäche des Gegners ist die eigene Stärke. Aber mit diesem zwangsläufigen Prozeß ist die steigende Macht des Bürgertums nicht hinreichend erklärt. Ein Stichwort war schon gefallen: das von der zunehmenden Kompliziertheit der Welt, die vom Feudaladel mißtrauisch und mißmutig beobachtet wird.

Die damaligen Verhältnisse mögen für uns heute unkompliziert wirken, aber geringste Veränderungen konnten die Menschen früher schon verwirren. Zu Beginn des Zeitraums, den wir hier behandeln, orientierten sich die Vorstellungen besonders des bäuerlichen Menschen am unmittelbar Naheliegenden. Räume wurden kleingehalten; Heizung war kostbar, alles mußte mit der Hand oder mit einfachen Werkzeugen selbst gemacht werden. Die menschliche Energie wurde für das unmittelbar Notwendige verbraucht. Das unmittelbar Notwendige bewegte sich in einem sehr viel engeren Rahmen, als wir uns das heute vorstellen können. Alles, was über den notwendigsten Bedarf hinaus lief, wurde als nicht einsehbare Komplizierung empfunden.

In einer bescheidenen Kultur wurde der Einbruch von etwas nur um Nuancen Besserem und besonders das Auftreten von »Fülle« zur Sensation.

Die Stadt setzte sich schon rein äußerlich vom Dorf dadurch ab, daß sich in ihr im Gegensatz zum Dorf viele Häuser zusammenballten. In der Stadt trat überhaupt alles gehäuft auf. Die Stadt selbst war so bereits Ausdruck sich ändernder und »modernerer« Verhältnisse.

Mit der langsamen Verbesserung der Feldbestellung, mit der dichteren Besiedlung durch befahrbare Wege steigt die Quantität von Angebot und Nachfrage. Der Markt wird lebhafter. Die Handwerker beginnen, nicht nur mehr auf Kundenbestellung das angemessene Stück zu arbeiten, sondern auf Vorrat für den Markt. Die Stadt beginnt sich immer mehr mit Vorräten zu füllen, auch durch den steigenden Verkehr auf den großen Fernhandelsstraßen. Der Adel, durch dessen Grundbesitz die Straßen führten, konnte Reisenden und Kaufleuten für das Passieren dieser Straßen eine Bezahlung abverlangen. Die Straßensteuer, die Maut, entstand. Die Straßen werden – wenn auch unendlich langsam – verbessert. Durch die Einnahmequelle der Maut versucht man, den Verkehr auf die eigene Straße zu ziehen – soweit ist das Geldverständnis des das freie Land beherrschenden Feudaladels immerhin gediehen. Der Gütervorrat wird zum Güterstrom. Dem Bürger wird es immer selbstverständlicher, viele Fässer Wein, viele Tuchballen, viele Geräte und natürlich viele Menschen und Häuser zu erleben und zu verkraften. Noch ist keine »Massenproduktion« erreicht, noch tritt nicht das »Massenereignis« auf – Millionen Fahrzeuge, Telegramme, Briefe, Pakete sind noch fern –, trotzdem wird das alte Gefühl, das Notwendige sei genug, bereits überschwemmt. Ein neues, höheres Anspruchsniveau setzt sich langsam durch, wenn auch in Deutschland mit besonders vielen Rückschlägen. (Man denke an den Dreißigjährigen Krieg von 1618 bis 1648, in dem die

Bevölkerungszahl in Deutschland von 20 Millionen auf ganze vier absank!) Wie wirkt sich das Anwachsen der Ereignismassen auf diejenigen Menschen aus, die besonders mit ihnen beschäftigt sind? Marx sagte dazu: »Die Produktion produziert... nicht nur einen Gegenstand für das Subjekt, sondern auch ein Subjekt für den Gegenstand« (Zur Kritik der Politischen Ökonomie). Wir haben etwas von diesem Prozeß bereits angedeutet, müssen diesen Satz aber noch genauer auseinandernehmen. Der erste Teil des Satzes besagt, daß mit einer Produktion, d.h. Herstellung aus irgendwelchem Material, selbstverständlich, da beabsichtigt, ein neuer Gegenstand mit Gebrauchswert für den Menschen entsteht. *Gleichzeitig* – hier folgt der zweite Teil des Satzes – gleichen sich die Menschen den Prozessen an, die mit der Produktion verbunden sind. Sie werden durch diese Prozesse, ob Produktion selbst, Materialbeschaffung, Verkauf, Kauf oder Verbrauch *geprägt,* und zwar derart, daß sie diese Zustände unbewußt festigen und beibehalten.

Eine solche Angleichung an die Verhältnisse, in denen man lebt, arbeitet und erlebt, geht langsam vor sich. Sie ist von den Betroffenen in der Regel nicht festzustellen: Man merkt selten, daß man sich verändert hat – es sei denn, jemand anderes macht einen darauf aufmerksam; sind aber alle Menschen gleichmäßig von der Veränderung betroffen, dann können sie sich kaum auf ihre gegenseitige Veränderung aufmerksam machen; das kann dann nur ein außenstehender Beobachter über längere Zeit leisten. »Die Angleichung an die Verhältnisse geht langsam vor sich«: Was ist damit eigentlich gemeint? Der Satz betrifft einmal die Grunderziehung des Menschen und zum anderen eine Angleichung an sich verändernde Verhältnisse. Zum Beispiel zeigt genaue Beobachtung von Kindern, daß es sehr lange dauert, bis ihr letzter Widerstand dagegen, in die Welt der Erwachsenen hineingezogen zu werden, erlahmt ist. Gerade dann aber sind sie »angepaßt«, werden als »normal« bezeichnet; sie haben sich den »Verhältnissen« unterworfen und sie verhalten sich nun so, daß sie die Verhältnisse mit tragen. Worin bestehen diese Verhältnisse? Teils bestehen sie aus »kulturellen« Bedingungen; teils aus sozialen Bedingungen, die ihrerseits wieder mit der Stellung der Eltern im »Arbeitsprozeß« zusammenhängen. »Kulturelle Bedingungen« meint hier die allgemein in einer großen Bevölkerung verwendete Sprache, allgemeine Wohn-, Eß- und sonstige Sitten und Bräuche, oft auch gemeinsame Religion. Innerhalb dieses Rahmens gliedert sich die Gesamt-Kultur dann in »Unterkulturen« (Subkulturen) auf, und zwar je nach den herrschenden Produktionsverhältnissen, also orientiert an der Stellung der Erwachsenen im gesamten Arbeitsprozeß.

Dieser Arbeitsprozeß, die konkreten Bedingungen, unter denen jemand arbeitet, sind die »Verhältnisse«, die das Kind und den Erwachsenen innerhalb des kulturellen Gesamtrahmens prägen. Es war schon versucht worden, einen Eindruck davon zu vermitteln, wie das beim einfachen Menschen der damaligen Zeit aussah, bei jemandem, für den schon zehn übereinandergestapelte Bettücher den Eindruck von Fülle und *Abstraktheit* vermittelten: Wozu brauchte man so viele Tücher? Sie wurden offenbar nicht gebraucht, da sie doch unbenutzt dalagen. Sie waren Bettücher und doch keine, weil sie nicht als solche benutzt wurden. Sein konkret orientierter Geist war beunruhigt: Man konnte nur auf *einem* Betttuch liegen; man konnte nur mit *einer* Sense mähen – und zwar für lange Zeit. Was sollte ein Aufwand, der nicht *unmittelbar* dem Menschen diente, der nicht direkt und hier und jetzt für ihn nützlich war!? – Wir müssen uns hier darüber klar werden, daß es *zwei Arten von Gebrauchswerten* gibt, einen ganz unmittelbaren und einen daran gemessen abstrakteren. Einmal gibt es eine Verwendung der Begriffe »brauchen« und »gebrauchen«, die allein und ausschließlich auf die Befriedigung dringender Grundbedürfnisse zielt. Man braucht Flüssigkeit, feste Nahrung, eine gewisse durch Kleidung oder Raumerwärmung zu erbringende Garantie für die Aufrechterhaltung eines halbwegs angenehmen Körpergefühls; man gebraucht Werkzeug, um sich einen Lebensunterhalt irgendwie erarbeiten zu können, um z. B. bei der Jagd, aber auch nach der Ernte das Erarbeitete eßbar machen zu können (zubereiten zu können). Das ist alles. Ein so orientierter Mensch, jemand, der solche »Verhältnisse« akzeptiert, d. h. mehr oder minder freiwillig auf sich nimmt, entwickelt verständlicherweise einen überaus scharfen Blick für den *konkreten* Gebrauchswert von Natur und von Gegenständen aus menschlicher Hand. Was er nicht jetzt und hier braucht, ist erst einmal uninteressant und insofern »abstrakt«, unwirklich, nicht in das tägliche Erleben, auch nicht das für die nächsten Stunden beabsichtigte, einpaßbar. Die Verhältnisse, in denen er lebt, haben ihn zu Reaktionen gebracht, die auf sie passen. Er »paßt« in seine Welt. Ein etwas besser gestellter Bauer, der auf uns immer noch »reichlich primitiv« gewirkt hätte, ist, an einem armen

Bauern gemessen, bereits viel komplizierter, indirekter, »abstrakter«, für ihn existieren bereits fernere Gebrauchswerte. Seine Tätigkeit und sein sehr überschaubarer Lebenswandel scheinen praktisch orientiert zu sein. Sie sind es oberflächlich gesehen auch. Aber nicht in bezug auf die *zeitlichen* Dimensionen, in denen er lebt und denkt. Es sind Dimensionen, die in der Vorratsplanung deutlich werden. Ein an den Jahreszeiten orientierter Lebens- und Arbeitsrhythmus, der die Vorratsplanung zwingend macht (mit allen dazugehörigen Techniken), erweitert die Gegenwart ständig um die Zukunft. Der Bauer lebt nicht nur heute, sondern auch immer schon morgen und in einem Jahr – oder länger voraus. Er *kann* Haus und Hof, Tiere und Kinder nicht nur sehen, wie sie heute, hier und jetzt sind, sondern *muß* sie im Hinblick auf die Zukunft sehen. Die Zukunft ist aber ungewiß; die Natur ist trotz der Zuverlässigkeit im Zeitenwechsel unzuverlässig in ihrem konkreten Wirken: Wer sagt Mißernten, Stürme, Blitzschlag, Tierkrankheiten voraus. Der landwirtschaftlich orientierte Mensch muß also »auf Reserve« leben, sehen, daß er immer noch etwas im Vorrat hat. »Die Verhältnisse«, die Art und Weise seiner Arbeit und Produktion bestimmen sein Persönlichkeitsbild (und das seiner Frau und Kinder). Sein »Knecht« konnte dagegen über das anfangs skizzierte Persönlichkeitsbild kaum hinauskommen. Von ferne auch Bauer, lebte er in einer anderen »Unterkultur« als der Bauer.

Der Bauer hat seine Insel »Bauernhof« der Natur abgerungen, darüber hinaus bleibt er dieser Natur verfallen. Damit verkörpert er nun wieder einen vom Stadtbürger völlig verschiedenen Typ.

Die Stadt war schon in groben Zügen charakterisiert worden. Jetzt soll – um von ihr noch besser auf den »Bürger« schließen zu können – ein bisher nicht genügend betonter Faktor herausgehoben werden: Die Stadt ist – wie der Hof – eine Insel in der Natur. Aber ihre Verletzlichkeit ist geringer als die eines Hofes. Ihre Mauern schirmen nicht nur symbolisch gegen das Außenklima ab, sie schaffen auch ein neues Innenklima, ein wärmeres. Dieses wärmere Innenklima – wir erwähnten es beim Vergleich Burg und Stadt – bedeutet bereits unmittelbar eine Erhöhung des »Anspruchsniveaus« und des Gebrauchswertes. Außerhalb der Stadt ist es nun »unwirtlich«. Die Stadt wirkt also insgesamt »gastlich«. In ihr lebt es sich geborgen: Gestank, Holperpflaster, kärglichste hygienische Einrichtungen kümmerten die Menschen damals nicht. Als Vergleichsmöglichkeiten hatten sie ja nur das offene ungeschützte Land, von dem die Verhältnisse in der Stadt auf jeden Fall günstig abstachen. Dieses Innenklima, an das man sich gewöhnt hat, setzt einen ersten gewichtigen Persönlichkeitsfaktor: Hier entstehen der Tendenz nach Menschen, die nur unter »wärmeren« Bedingungen leistungsfähig sind. Der zweite Persönlichkeitsfaktor: Ist man empfindlicher geworden, so bedeutet das auch höhere Bereitschaft dazu, etwas zu merken. Das klingt selbstverständlich. Wir wollen aber versuchen, Selbstverständlichkeiten aufzulösen, hinter sie zu sehen. Und hinter der Selbstverständlichkeit der soeben gemachten Aussage steht etwas gar nicht Selbstverständliches: Bessere Versorgung des Menschen macht ihn vielleicht zufriedener, jedenfalls aber macht sie ihn anspruchsvoller. Der Vorgang ist fast ein mechanischer. Der Mensch hat kein eingebautes Maß: wird ihm ein befriedigendes Angebot von Lebensumständen gemacht, so macht er es sehr bald zum »normalen« Angebot. Nun *müssen* die Dinge so sein, wie sie sind. Die erfolgte Verbesserung der Umstände ist bald vergessen. Die nächsten Verbesserungen werden angestrebt. Der entscheidende Mechanismus dazu ist weniger die Neuerungssucht der einzelnen Individuen als vielmehr die Generationsfolge: Die Kinder wachsen in die besseren Zustände als »die Welt, wie sie ist« hinein. Frühere, schlechtere Lebensumstände können sich Kinder schlecht vorstellen, die Gegenwart gilt. Das Anspruchsniveau hat sich gehoben.

Es war nun gerade gesagt worden, daß man bei höherem Anspruchsniveau eher bereit sei, etwas zu merken. Widersprechen sich nicht beide Aussagen? Ja und nein. Teils schirmt das Aufwachsen in einem »wärmeren« Klima dagegen ab, zu merken, wie es im kälteren Klima aussieht. Oder: Den Städter interessiert der Bauer nicht... Teils wird aber die Skala der Empfindungen breiter; damit wächst auch die der Ausdrucksmöglichkeiten. Noch immer würde der damalige Städter auf uns unbeholfen wirken; gemessen am Bauer war er bereits ein »wendiger« Typ; diese Wendigkeit hatte selbstverständlich auch dazu geführt, daß er einmal Handwerker geworden war, Städter. Wer die Städte im einzelnen gegründet hat, wissen wir nicht mehr, und es braucht uns auch hier nicht mehr zu interessieren. Etwas wie »angeborene Initiative« wird dabei gewesen sein. Ist sie nun da, dann wird man eben in der Stadt Handwerker, man wird geschickt, wird Kaufmann und wendig. Die möglicherweise einmal anstoßgebende »angeborene«

Tendenz kann nun aus der Analyse ausfallen. Die Umstände haben einen Grad der Einwirkungsmöglichkeit erreicht, der gewichtiger als Vererbung ist. Die *Stadt* prägt jetzt den Menschentyp »Städter«. Viel stärker als der Bauer von dem unmittelbaren Druck der Natur entlastet, kann er sich breiter entfalten. Das bedeutet auch, daß er mehr »experimentieren« kann. Für uns wirkt die Vergangenheit oft »statisch«, so, als ob sie sich nicht bewegt habe. An diesem Eindruck sind Soziologen und sogar auch die Historiker schuld: Zu Schulzwecken verkürzen sie die lebendige Geschichte der Vergangenheit zu so großen Titeln wie »Mittelalter« und setzen noch dazu in diesen Kasten einen Menschentyp, der dann »konservativ« oder »traditional« heißt. Unter seiner Regie verändert sich dann anscheinend nichts.

Solche Behelfsplakate aus der Vergangenheit wollen wir wegreißen; aus dem Zwang zur Verkürzung heraus müssen zusammenfassende Titel wie: Der Bauer, der Bürger, zwar dauernd gebraucht werden. Die hinter diesen Titeln steckende lebendige Wirklichkeit darf darüber aber nicht in Vergessenheit geraten. So wäre es falsch, sich vorzustellen, man hätte nicht auch früher über verschiedene Handhabung von Werkzeugen nachgedacht. Innerhalb eines Rahmens, der für uns den Eindruck der Beständigkeit wohl noch unterstreicht, finden wir oft einen unerhörten Mut zur Variation. Man betrachte in Ruhe die harmonische Asymmetrie, die Ungleichmäßigkeit alter Fachwerkhäuser; den Wasserspeierschmuck alter Dome. Der Handwerker war sicher ein konservativer Mensch: damals also ein »bewahrender«; aber *sein* praktischer Blick zielte – im Gegensatz zum Bauern – schon auf die Anpassung des Möglichen an die Individualität: Die von ihm gebauten Häuser drückten Einfühlung in praktische Bedürfnisse und Menschenkenntnis aus; sie trugen das nachgeschaffene Gesicht ihrer Bewohner. – Das war jedoch erst die Basis, auf der sich händlerischer und kaufmännischer Geist entwickeln konnte und entwickelte – und sich mehr und mehr mit dem handwerklichen Können verband. Der Handwerker konnte im städtischen Milieu bereits eine neue, künstlichere Art von »Plan« entwickeln als der Bauer es konnte, der mit seinem »Plan« den vorgegebenen natürlichen Plänen, dem Jahreszeitenwechsel, folgen mußte. Genauer ausgedrückt: Das höhere Anspruchsniveau in der Stadt, die veränderten verbesserten Produktionsbedingungen *brachten* ihn dazu, neue künstliche Pläne zu entwerfen. Ein Schrank sollte in eine Ecke, in die er der

»Normalvorstellung« des Schreiners nach nicht gepaßt hätte. Grübeln begann. Ein neuer Schranktyp entstand – wir können solche Ergebnisse angestrengter Berechnung und schöpferischer Einfühlungsgabe noch heute besichtigen.

Diesem in Bewegung gebrachten »Impuls« entsprach die Orientierung des Händlers. Er lernte viele Menschen und viele individuelle Bedürfnisse kennen. Ein »geschickter« Handwerker konnte ihm zuarbeiten. Das »Passende« ließ sich leichter verkaufen, sein Gebrauchswert war für den Käufer höher als der einer Sache, an die der Käufer sich erst anpassen mußte.

Damit entstand ein gemischter Markt: Es wurden allmählich neben »Standard«-Waren, von denen man wußte, daß sie so gebraucht und verlangt, wie sie angeboten wurden, auch speziellere Waren angeboten. Die Vielfalt des Angebots aus der Zusammenarbeit von findigen Handwerkern und Kaufleuten wurde immer größer. Hierzu kamen Angebote und Anregungen vom Fernhandel. Der Fernkaufmann brachte fremde Waren mit und konnte von fremden »neuartigen« Gegenständen berichten. Die Nachahmung begann, weil sie billiger als Originalankauf und Transport war. Langsam, aber sicher stiegen der Pegel des Angebots und die Angebotsbreite. Mit steigendem Austausch wurde der Geldfluß schneller: Das Geld ging schneller von Hand zu Hand. Die Geldmenge blieb verständlicherweise bei zunehmender Nachfrage aber nicht dieselbe. Fürsten, Kirche und bedeutende Städte versuchten, Geld »auf den Markt« zu bringen. Darunter war zwangsläufig auch Falschgeld; minderwertige Metalle, zu leichte Gewichte, volle Täuschungen schlichen sich ein. Der Ruf nach Kontrolle und Münzgleichheit, mindestens eindeutiger Verrechenbarkeit der vielen »in Umlauf« befindlichen Geldsorten wurde laut. Vorerst mußte man sich mit primitiven Proben wie dem Hineinbeißen – um ein Beispiel zu nennen – in Münzen behelfen, um den Feingehalt und damit den Geldwert herauszufinden.

Das verstärkte die schon angeführte Tendenz zur Entwicklung eines kaufmännischen Spezialtyps, des Geldkaufmanns, dem Vorläufer des »Handelskapitalisten« und dann »Finanziers«. Die Skala der in der Stadt vorhandenen Berufstypen wurde größer. Bald gab es für jede nur wünschenswerte Spezialfrage innerhalb der Zünfte und Kaufmannschaften einen »Spezialisten«. Die Stadt – so könnte man sagen – war grundsätzlich soweit, das heißt »bereit«, jedem Bedarf entgegenzukommen. So können wir die anfangs gestellte

Frage nun beantworten: Das war ihre »Macht«, die Macht des Bürgers.

Komplikationen, die den Adel mißtrauisch machten oder irritierten, waren dem Bürger vertraut.

Kapitalismus

Auf dem Wege zum kapitalistischen Bürger, dem »Bourgeois«

Im Deutschen gibt es keinen Ausdruck, der die Verwandlung des Stadtbürgers in den kapitalistischen Bürger gemeinverständlich ausdrücken könnte, daher wird der Begriff »Bürger« so verwendet, als ob es keine Unterschiede zwischen dem Bürger im 16. Jahrhundert und dem des 19. Jahrhunderts gäbe. Dazu wird bei uns noch – um die Verwirrung vollständig zu machen – entweder behauptet, heute wären alle Menschen »Bürger« (was dem formalen Gesetzbegriff auch entspricht), oder »Bürger« gäbe es überhaupt nicht mehr, der Begriff sei veraltet. Dann wieder wird von »Kleinbürgern« und »mittelständischem Bürgertum« gesprochen und der »gelernte (oder Fach-)Arbeiter« usw. dagegengesetzt. Danach gibt es dann also plötzlich einen Bürger, der höher eingestuft wird als ein Arbeiter.

Angesichts dieser Misere hilft nur die Übereinkunft, bestimmte Begriffe in bestimmter Weise zu gebrauchen. Wir schlagen hier vor, für die vorkapitalistische Vergangenheit den Begriff »Stadtbürger« beizubehalten. Damit ist dann der »ständische« Bürger gemeint, der durch Zunft- oder Innungszwang noch behinderte Bürger. Seine Ablösung soll später mit dem Begriff »kapitalistischer Bürger« bezeichnet werden. Leider hat sich in Deutschland kein Begriff entwickelt, der statt dessen eingesetzt werden könnte. Hier spiegelt sich unsere Geschichte in den uns zur Verfügung stehenden Begriffen. In Frankreich dagegen entwickelten sich *zwei* Begriffe zur Bezeichnung des neuen Bürgers: »Bourgeois« für den Kapitalisten (der Begriff ist heute auch zu »Bürger« abgeflacht) und »Citoyen«, das man nur mit »Genosse Bürger« übersetzen kann, ein Begriff, in dem sich das revolutionäre Freiheitsstreben des kapitalistischen Bürgers und sein Wille zur Demokratie äußerte.

Ein Begriff wie »kapitalistischer Bürger« wird in der Bundesrepublik Deutschland und Westberlin auf wenig Gegenliebe stoßen. Hier drückt sich unsere geschichtliche Entwicklung aus: Ein klares politisches Bewußtsein hat der deutsche Bürger bisher selten gehabt. Er hat nie das Selbstbewußtsein genießen können, König und Adel nicht nur besiegt, sondern schön real auf dem Schafott, der »Guillotine« um einen Kopf kürzer gemacht zu haben – ein Geschehen in der Französischen Revolution von 1789–93, das in seiner Vertausendfachung und unglaublichen Konkretheit seinen Eindruck untergründig bis heute in Frankreich nicht eingebüßt hat. Aber allein die Übernahme der Anrede des Königs »Sir« oder »mon Sir« für *alle* »Bürger«, d.h. auch die Arbeiter, im »monsieur« ist ein Dokument des politischen Bewußtseins, die Verantwortung übernommen zu haben, um das wir die Franzosen beneiden können. In Deutschland war der Bürger nie ein rechter »Herr«; immer schielte er nach dem Adel, dem diese Anrede »eigentlich« nur zustand. Die Fürstensehnsucht hat den deutschen Bürger nie verlassen. Da wir aber von nun an mehr über deutsche und weniger über französische und englische Verhältnisse (die wiederum anders, aber den französischen ähnlicher lagen) schreiben, werden wir uns mit der Unausgegorenheit des politischen und gesellschaftlichen Bewußtseins und Selbstbewußtseins des deutschen Bürgers weiter herumschlagen müssen.

Der deutsche Bürger ist seinem Gefühl nach nie »kapitalistischer Bürger« gewesen, wir werden ihn aber so nennen, weil es im 19. Jahrhundert gar keinen anderen gab, von nachschleppenden Resten des Stadtbürgertums abgesehen; solche Reste gibt es ständig, da Geschichte nicht mit Paukenschlägen anfängt oder endet.

Ab wann ist nun dieser »kapitalistische Bürger«, der »Bourgeois«, anzusetzen?

Hier sind wir nun gleich in der Verlegenheit, doch noch wieder auf außerdeutsche Verhältnisse zurückgreifen zu müssen: Die deutschen kapitalistischen Verhältnisse entstehen nämlich in einer sehr eigenartigen Weise aus der Übernahme englischer und französischer Entwicklungen durch Eingriffe der Staatsmacht in Verbindung mit privater Initiative. In England hat ein früh erstarktes Besitzbürgertum Staatseingriffen immer heftige Opposition entgegengesetzt. Auch in Frankreich verlief die Entwicklung deutlich bürgerlich-kapitalistisch trotz eines verwirrenden Wechsels der Regenten und Regierenden.

Die Macht des Bürgertums war dargestellt worden als seine Fähigkeit, das Herkömmliche, »Traditionale« dynamisch umzuwandeln und in neue Dimensionen hochzusteigern, wobei der »Markt« ein wichtiger Motor war. Zudem hatte das Bürgertum in

England sein Anrecht auf »Freiheit«, d.h. auf den Ausbruch in freies wirtschaftliches Handeln auch »ideologisch«, also durch Theorien, die seinen Zielen entsprachen, ausdrücken und bereits erkämpfen können. Vorbilder zur nun einsetzenden *bürgerlichen* »Expansion«, d.h. zur Ausdehnung, hatte es genug. Schon ein französischer Fürst hatte gesagt, er habe nie *alles* Land gewollt, sondern immer nur das nächstliegende... Abenteuerlust, die Tendenz zum Eingehen auf Gefahren, der Drang zur »Landnahme« waren durchaus ritterliche Eigenschaften – besonders letztere wurde z.B. in den Kreuzzügen gepflegt, da das Land – wie erwähnt – früh in Europa verteilt und für die jüngeren Söhne des Adels nichts mehr vorhanden war. Außerdem gab es in »Byzanz« (Istanbul) und an anderen Stellen – die Spanier lieferten hier in Süd- und Mittelamerika ein leuchtendes Beispiel – riesige Schätze zu rauben; bei dieser Gelegenheit konnten auch gleich Heiden mit vernichtet werden, ein wohltätiges Werk. Expansionsbeispiele gab es also genug. Die ersten großen Nachahmungsmodelle des Bürgers waren daher Vereinigungen wie die »Ost- und Westindischen Kompanien«, die – in den Fußtapfen der adeligen Mächtigen – eine ungeheure Ausbeutungskampagne gegen solche Völker führten, die der Technik der Großschiffe, Kanonen, Metallwaffen usw. in keiner Weise gewachsen waren.

Waren diese Bürger, die diese Raubzüge mit Hilfe des Königs und der damaligen »Staatsgewalt« organisierten und auch zu Dauereinrichtungen machten (die »Kompanien« hielten sich lange Zeit), »Kapitalisten«? Wir möchten diese Frage verneinen. Es waren Menschen, die genau an der Grenze zur eigentlich kapitalistischen Entwicklung standen. Aber ihre Methoden waren noch zu sehr dem fürstlichen Vorbild entlehnt; ihre materiellen Mittel, Schiffe, Ausrüstungen, besonders die Waffen und hier wieder die Kanonen, verrieten schon einen neuen Anbruch. Aber sie waren noch in Verfahren hergestellt worden, die ihren rein handwerklichen Ursprung nicht verleugnen konnten. Nur ihre Vorstellung von der Beschaffung des notwendigen »Kapitals« waren bereits moderner, wenn auch noch nicht voll kapitalistisch entwickelt: Viele »wohlhabende« Bürger hatten sich zusammengetan und Geld gegeben, da sie sich von diesen Unternehmungen erhebliche Gewinne versprachen. Man hatte sie »interessieren« können.

Es kann an dieser Stelle eingewendet werden, der Sprung von der Darstellung der sich entwickelnden Handelsstadt zur Herstellung von Kanonen und Groß-Schiffahrt sei zu wenig belegt worden. In der Tat haben wir die handwerklich-technische Entwicklung im ausgehenden Mittelalter nicht weiter verfolgt, obwohl gerade das ein faszinierendes Kapitel sein könnte. Es kommt uns hier mehr darauf an, die »Verflechtungszusammenhänge«, die zum Erstarken des Stadtbürgertums zur bürgerlichen Gesellschaft und dann zum Übergang in den Kapitalismus führen, darzustellen, als detaillierte Entwicklungsanalysen an Hand konkreter geschichtlicher Beispiele zu liefern. Hierzu wird die Literatur am Ende der Arbeit angegeben. Wir betrachten die zunehmende handwerklich-technische Fertigkeit in Kombination mit größeren zur Verfügung stehenden Geldmitteln also nur als die in der geschilderten Stadtentwicklung angelegte Konsequenz.

So haben wir auch die Erfindung der Feuerwaffen nicht so betont, wie das in Geschichtsbüchern meist geschieht, wo der »Untergang« des Rittertums weitgehend darauf zurückgeführt wird. Eine solche Auffassung scheint uns nur die Oberfläche der Erscheinungen wiederzugeben. Sicher waren weittragende Waffen ein Schock für den Feudaladel, der noch gewohnt war, mit der Handwaffe »Aug' in Auge« zu kämpfen und der vorher der Festigkeit seiner Burgmauern getraut hatte. Aber das Feudalwesen und die Burg wurden nicht durch Feuerwaffen eingerissen. Sie »erledigten« sich, wie geschildert, in erheblichem Maße von selbst, und zwar durch die in ihnen angelegten Mängel.

Die Stadt erwies sich als lebendiger. Die Städte untereinander hatten ein Netzwerk von Beziehungen entwickelt, das immer stärker durchpulst wurde. Da es sich bei diesen »Beziehungen« fast immer um zu transportierende Güter und Menschen handelte, war die Dichte der Beziehungen abhängig von der Leistungsfähigkeit des Transportwesens. Dieses »Transportwesen« wiederum bestand einerseits aus dem Straßensystem, andererseits aus der Ausgereiftheit der Fuhrwerke und Zugmittel. Macht man sich die Investitionen, die aufzuwendenden Arbeiten und Geldmittel für diese einzelnen Faktoren klar, dann wird deutlich, daß hier bald Grenzen erreicht werden mußten, die mit den damaligen Mitteln schwer überschreitbar waren. Daß die Zugfähigkeit des Pferdes durch Einführung des Jochs erheblich erhöht worden war, ist schon erwähnt worden. Die Wagen liefen aber noch auf fettgeschmierten Achsen – die heute so selbstverständlichen Kugellager waren noch in weiter Ferne. Mit Pferden kann wirtschaftlich und technisch sinnvoll nur im Zweier- bis Sechser-Gespann gezogen werden. Mehr Pferde belasten in schwierigem Gelände die hinter ihnen gehenden durch den Zug, den sie ausüben. Güter im Gewicht von über 40 Zentnern konnten praktisch nicht mit einer Fuhre transportiert werden. Solche Lasten konnten aber nur auf glatten und einigermaßen waagerechten Straßen gefahren werden. Fernstraßenausbau ist jedoch eine extrem teuere Angelegenheit – vom passenden Material wieder ganz zu schweigen. Der Zustand der Straßen, die in Deutschland fast immer bergauf-bergab und durch unendlich viele Grenzen steuerbegieriger Fürstentümer gingen, setzte also die Grenze der Transportmöglichkeit noch enger. Die Produktion von Waren aller Art, besonders von Tuch, das in Ballen sehr schwer ist, überforderte schon früh das Transportwesen. Klagen von Tuchhändlern, die ihre Ware wegen des anfälligen Transportwesens nicht an den Kunden bringen konnten, sind schon aus dem 17. Jahrhundert bekannt. Die Verkehrsbeziehungen zu Land lagen also bald hinter den gewünschten Möglichkeiten, hinter dem »Bedarf« zurück. Inländische Wasserstraßen waren wenig vorhanden – Kanalbau oder Wasserstraßenbau ist noch sehr viel teurer als Straßenbau. Die viel idealeren Bedingungen des Warentransportes auf dem Wasser begünstigten daher Ansiedlungen und Städte an Flußmündungen und den Meeren, wenn nur ein einigermaßen befahrbarer Hafen da war; ein Hafenausbau ist immerhin billiger als ein Wasserstraßenbau. Ein Hafenausbau traditioneller Art konnte neben seiner ununterbrochenen Benutzung mit bescheidenem Arbeitsaufwand vorangetrieben werden. Schiffe mit Tragfähigkeiten einer reinen Nutzlast von 30 bis bald weit über 100 Tonnen konnten schon sehr früh gebaut werden (die Hansekoggen trugen auf Fernfahrten neben den Vorräten für die zahlreiche Mannschaft 30ts – d.h. z.B. bis zu 6000 Pfund Gewürze! – und mehr). Die Schiffahrt überflügelte also für geschichtlich lange Zeiträume den Straßenverkehr. Das erwähnte Netz von Beziehungen zwischen Städten entwickelte unverhältnismäßig große Verdichtungen an den Küsten, an schiffbaren Flußläufen besonders dort, wo große »Naturhäfen« das Be- und Entladen erleichterten.

Die Tragfähigkeit des Wassers und der Transport schwerster Lasten mit billiger Arbeitskraft (Wind und Seeleute) lockte nun zur Ausweitung dieser Möglichkeit. Der Bau größerer Schiffe ist noch mit Augenmaß zu bewältigen; hier hilft noch die langsam sich steigernde, über Jahrhunderte angesammelte Meistererfahrung. Anders sieht es mit dem Ausbau von Häfen aus: Größere Schiffe und steigender Umschlag machen Großbauten notwendig, für die es keine Vorgänger gibt. Eine ähnliche Situation ergibt sich bei der Konstruktion der – nach den gewaltigen Leistungen der Antike – neu erstehenden Großbauten für »repräsentative« Zwecke, d.h. für die Machtdarstellung von Kirche und »absolutem Königtum«.

Die Entwicklung der neuen Großwaffen, der Kanonen, und die Entwicklung von Festungen, die – stärker als die bisherigen Stadtmauern – die Stadt vor Kanonenbeschuß schützen konnten, ist wiederum eine ungewöhnliche Aufgabe. Das Heranziehen von »Wissenschaft« neben ausgefeilter handwerklicher Technik wird notwendig, zuerst als Hilfe zur Berechnung ungewöhnlicher Maße, Gewichte, Zug- und Druckkräfte: Mathematik. (Mathesis hieß im Griechischen soviel wie Wissenschaft, wohl wegen der hier für den Menschen sonst schwer erreichbaren Genauigkeit und Überprüfbarkeit rechnerischer Aussagen.)

Damit tritt eine neue Dimension auf: Technik. Hinter ihr steht neben der Entwicklung der großen Städte die Entwicklung von Universität und Fachhochschule (Akademie, Institut).

Daß jetzt erst »Technik« aufträte, ist vom einfachen Begriff her eine falsche Aussage. Das griechische Wort Technä meint »Fertigkeit«, Art, etwas zu bewerkstelligen. In diesem Sinne und darüber hinaus als Fähigkeit und Können, Geräte herzustellen, gehört »Technik« zu den Definitionsmerkmalen des Menschen; angeborene und durch Lernen erweiterbare technische Fähigkeiten hat sogar das entwickelte Tier. Die »Lebenstechniken« werden beim Menschen jedoch viel variabler. Die verschiedenen vom Menschen geschaffenen Kulturen sind insgesamt nichts anderes als unterschiedlich entwickelte »Techniken« der Lebensbewältigung unter verschiedenen klimatischen, geographischen und anderen Bedingungen. Ohne entwickelte »Technik« im engeren Sinne hätten Chinesen, Ägypter, Griechen und Römer – um einige der »Hochkulturen« zu nennen (d.h. die besonders leistungsfähigen, einer Schriftsprache mächtigen Kulturen) – nicht ihre Großbauten und die Versorgung bereits viel größerer Städte vollbringen können als die, mit denen wir es jetzt zu tun haben: Wir stehen jetzt (um 1700) bei Größenordnungen von 15000 bis 100000 Einwohnern in den größeren Städten; Paris und London streben erst allmählich auf die

500 000er Grenze zu.

Warum ist Technik jetzt »eine neue Dimension?«

In der ägyptischen, der griechisch-römischen, dann der arabischen Welt (mit einer Blütezeit von 700 bis 1500 nach Christus) hatten sich mathematisches Wissen und Techniken zur Anwendung bei Bau und Landwirtschaft bereits weit entwickelt. Vieles war in der Zeit vor der Jahrtausendwende an Kenntnissen untergegangen. Mit Dokumentenforschungen in den Klöstern und mit dem Kontakt zur arabischen Welt, der durch die Kreuzzüge erbracht wurde, werden diese Kenntnisse jetzt wieder zum Leben erweckt, neu aufgenommen, »rezipiert«. Diese Kenntnisse verbanden sich nun mit einer Kultur, die ihnen weniger religiöse Fesseln anlegte. Sie konnten aufgenommen werden von einer breiten Schicht hochbefähigter Handwerker, auf Unternehmungen geradezu versessener Kaufleute und von einer neuen Schicht von Menschen, denen die Enträtselung der Welt eine entscheidende Aufgabe geworden war, den »Gelehrten« oder Wissenschaftlern. Diesem Menschentyp, der nur Ausdruck der gesamten Zeitströmung in Europa war, müssen wir einige Aufmerksamkeit widmen.

Es war die Vermutung geäußert worden, daß die europäische »abendländische« Entwicklung zum »Monotheismus«, d. h. zum Glauben an einen einzigen Gott, mit der Entwicklung zum Kapitalismus tiefe Beziehungen habe. Als erstes Ergebnis hatten wir in den »naturrechtlichen« Angriffen des Bürgertums gegen den Feudaladel die Entstehung eines unbedingten Individualismus verfolgen können: Der Bürger hatte das im alleinigen Gott steckende Versprechen wahr gemacht, sich allein diesem Gott zu stellen. Nur so hatte er vermocht, von »dem« Menschen sprechen zu können, weil er die Auffassung vertreten konnte, daß jeder Mensch »direkt zu Gott sei«.

Diese gefährliche Konstruktion konnte er zwar für die Argumentation gegen die Vorrechte des Adels einsetzen, aber in Wirklichkeit nicht durchhalten. Die Menschen waren tief in ihrer Seele viel zu gottgläubig, als daß sie z. B. derart »selbstbewußt« geworden wären, daß sie »den Vertrag zu Gott aufgekündigt« hätten. Gott wurde auch nicht ihr »Partner«. Gott blieb die entscheidende Macht auch auf dieser Erde. Damit blieb auch der Zwang, sich mit Gott zu verständigen. Aber wie? Auf noch so bange oder hart gestellte Fragen antwortet Gott nicht für den Menschen unmittelbar verständlich. Ein ungeheures, nicht ungefährliches Ringen mit

Gott begann, besonders in den Klöstern. Zum Beispiel hatten die sogenannten Mystiker vom Gottverständnis der päpstlichen Kirche her gesehen ein zu enges persönliches Verhältnis zu Gott.

Dann begann der Gottesstreit an den Universitäten. Diese Auseinandersetzung konnte zuerst nur von Menschen geführt werden, die lesen konnten. Denn die »Heilige Schrift«, die Bibel und deren Auslegungen in hebräischer, griechischer und lateinischer Sprache, später auch in der ungewandteren mittelalterlich-deutschen, waren diejenigen Unterlagen, an die man sich halten mußte, um das Wort Gottes zu »interpretieren«, zu deuten oder zu übersetzen, zu »verstehen«. Eine »freie« Diskussion über Gott schien zuerst völlig unmöglich. Zwischen den anerkanntesten Vertretern der Kirche entstand eine solche Diskussion dann doch recht bald. Das hängt auch mit der Gründung von »Universitäten« zusammen. Diese ersten Universitäten (im 12. Jahrhundert beginnt ihre Gründung in Europa) waren für unsere Augen nichts anderes als religiöse Institute zur Untersuchung religiöser Probleme auf der Basis der eben genannten Schriften und Überlieferungen. »Universität« ist ein Wort, das auf das Umfassende, das »All« (Universum) zielt. Dem damaligen Verständnis nach meinte es sowohl »alles studieren« als auch »das Wirken Gottes in allem« verstehen zu lernen. »Theologie«, Wissenschaft von Gott, war daher die Gründungswissenschaft der Universität. Medizin und »Jurisprudenz« (eigentlich: Rechtsklugheit) wurden die danach hineingenommenen Wissenschaften. »Philosophie« (Liebe zur Weisheit) und viele »Auslegungsfächer«, sogenannte »Disziplinen«, d.h. Fächer, in denen man lernen sollte, sich wissensmäßig zu bewähren, waren zuerst Unterabteilungen der Theologie. Alle diese Zweige der Universität standen unter dem Diktat der Erforschung des göttlichen Willens. Wie sprach Gott in der SCHRIFT; was hatten seine ersten Interpreten darüber gesagt? Wie war das wiederum zu verstehen? Das waren die ersten Fragen. Andere schlossen sich zwangsläufig an: Was war die »Natur« (mit der man so viel zu tun hatte, in der Form des eigenen Körpers, in der Form der Fruchtbarkeit und der zerstörerischen Gewalt unserer Erde). Sprach Gott durch die Natur, und wenn, in welcher Sprache? Zur Untersuchung alter Dokumente kam folgerichtig die »der Natur« dazu. Ebenso folgerichtig mußten die Rechtsverhältnisse auf dieser Erde auf ihre Entsprechung zum Göttlichen Willen hin untersucht werden – auch dazu gehörte großes sprachliches Wissen, genaue Kenntnis vieler Texte und – die Kenntnis der Machtverhältnisse.

Die Universität war dementsprechend fast nur mit Geistlichen oder geistlich Geschulten besetzt. Ihre Kirchenähnlichkeit drückte sich noch im Wort »Professor« aus, nämlich »Bekenner«. Bei diesen geistlichen Vertretern mußte die in der Universitätsöffentlichkeit geführte Diskussion zwangsläufig weltlicher und insofern freier sein als die direkt aus der Kirche herauskommende Diskussion. Für uns wäre der Unterschied heute kaum erkennbar. Für die Menschen, die sich von ihrer Ausbildung her überhaupt damit beschäftigen konnten, lag aber in jeder kleinsten Abweichung von althergebrachten Texten oder überlieferten Deutungen schon eine Sensation, ein Grund zu tiefer Erregung. So konzentrieren sich heftige und für die Beteiligten nicht ungefährliche Streitigkeiten um die Frage, ob Gott derart in den Dingen und Lebewesen dieser Erde anwesend sei, daß der ihnen von ihm verliehene Name auch »sie selbst sei«, oder ob diese Namen nur angeheftete und insofern eigentlich beliebig austauschbare Bezeichnungen seien, die das »Wesen« der Sache nicht berührten.

War Gott so in den Verhältnissen dieser Erde anwesend, daß ER mit der Sache und deren Name unlösbar verbunden war, dann konnten die Zustände auch nicht ohne seine sichtbare Zustimmung verändert werden. War diese Einheit nicht vorhanden, dann stand Veränderungen grundsätzlich nichts im Wege.

Daß diese Aussage eine revolutionäre Sprengkraft in sich hatte, braucht nach allem bisher Gesagten nicht weiter betont zu werden. Diese Sprengkraft konnte nicht sofort freigesetzt werden; die »Nominalisten«, die die Aussage vertreten, daß der Name (Nomen) nicht die Sache (und damit Gott) selbst sei, konnten sich weder eindeutig und sofort durchsetzen, noch war eine breite Bevölkerung da, die das alles verstanden und bereitwillig aufgenommen und in die Tat umgesetzt hätte. Die, die von diesen neuen Gedanken erreicht wurden, meist Lesende, d.h. »Gebildete«, und das heißt auch Städter, dazu der höhere Adel, wurden dadurch zutiefst erregt. Auch sie waren Gläubige. Für sie verwandelte sich nun die Gewißheit, daß Gott sicht- und benennbar anwesend sei, endgültig in die angstvolle Frage danach, wie man ihn »greifen«, begreifen, verstehen könne. Tiefer religiöser Zweifel an der Wirklichkeit von Gott, d.h. seiner »realen« Anwesenheit in allem und jedem war der Anlaß zur neuen Entwicklung von Wissenschaft, der »abendländischen«, europäischen Wissenschaft. Sie versuchte, »an die Wurzel« zu gehen. Radix heißt lateinisch: Die Wurzel. Radikal bedeutet: von Grund auf, auf den Grund gehend. »Ratio« ist die Rechnung oder Vernunft. »Rational« heißt dann: Vernunftgemäß, sachgemäß, *ausrechenbar. »Rationalität«*, d.h. urteilen, indem man aus Berechnungen Schlüsse zieht, wird zur neuen Haltung. Radikale Rationalität heißt nun, den Dingen ohne Hemmung vor Gott in den Dingen auf den Grund zu gehen. Trotz dieser Distanzierung von »Gott in allen Dingen« fühlte man sich doch von der Gnade Gottes abhängig. Wie zeigte sich die Gnade Gottes bei rationalem Verhalten? Erfolg konnte der Maßstab dafür sein, ob ER dem Handelnden wohlgesonnen war oder nicht. Für eine Zeit sich entwickelnder Wirtschaft war das in erster Linie der *wirtschaftliche* Erfolg. Sollte Gott *deutlich* zu einem einzelnen sprechen können, mußte dieser wirtschaftliche Erfolg jeweils von diesem einzelnen errungen werden. Der Bürger dieser Zeit brauchte also: Rationalität, um Gottes Willen in Natur und Menschen zu erforschen; Rationalität, um durch wirtschaftlichen Erfolg zu Zeichen seiner Gunst zu kommen. Individualität brauchte er, um diese Zeichen auch eindeutig für sich verbuchen zu können; und man brauchte Individualität, um Rechte für jeden einzelnen Menschen gegenüber dem Adel vertreten zu können.

Das kapitalistische »System«

Durch religiöse und politische Erfahrungen waren die Menschen vom 16. bis 18. Jahrhundert (etwa 1520 bis 1750) darauf eingestellt, ihre vorher im wesentlichen auf kirchliche Vermittlung gebauten Ansprüche an das Jenseits hier auf der Erde auszuhandeln. Durch Arbeit auf Erden konnte man sich ein neues Verhältnis zum Jenseits erwerben. Waren es früher nur fromme Lebensführung und »gute Taten«, so ist jetzt Fleiß der Garant dafür, Gnade im Jenseits zu finden. »Industrie«, aus dem Lateinischen übernommen, bedeutet nichts anderes als Fleiß. Dieser Impuls hatte verständlicherweise nicht ganze Bevölkerungen erfaßt. Die Masse der Menschen hinkte mit ihren Einsichten und Auffassungen der geschilderten Entwicklung hinterher. Über 80 Prozent konnten weder lesen noch schreiben; ihre Rechenkünste waren kärglich. Sie waren unbeirrt gläubig. Sich wiederholende Aufstände von Gesellen gegen Meister, von Bauern gegen Fürsten wollten selten das System verändern, sondern sollten akute Notlagen beheben. Nur wenige Führer von Bauernaufständen ragen hier heraus. Insgesamt boten die Umstände, Straßen, Technik, das gesamte niedrige Produktionsniveau weder die Mittel für erfolgreiche Umsturzversuche noch die Aussicht, bessere Zustände mit Zuversicht versprechen zu können. Für die Masse blieb alles beim alten. Das behindert aber nicht die Aussage über »Zugkräfte« der Epoche. Sie betrifft zwar fast nur Kaufleute, Techniker, »Gelehrte«; diese Gruppen bestimmten aber zusammen mit einer vierten, den »Bürokraten«, d.h. Verwaltern königlicher Macht, teils »aufgeklärten« Fürsten selbst, die weitere Entwicklung. In England und Frankreich sowie den Niederlanden und nördlichen Teilen Italiens waren die Kaufmannsgruppen zahlenmäßig stark; in Deutschland traf das nur für Hafenstädte und einige weitere Handelsstädte im Inneren zu, wobei deren gesamtpolitischer Einfluß erheblich niedriger war als in England, Frankreich und den Niederlanden.

Auf welche technischen Mittel konnten Kaufleute und Ingenieure unterdessen zurückgreifen?

Die *Energie* zur Motorisierung des Kapitalismus war da. Es fehlte nur noch der *Motor* selbst. Die Schöpfung einer Maschine, die tote Energie in verwertbare, erfolgversprechende umsetzte, stand vor der Tür. Beim Verfolgen des Willens Gottes in der Natur waren deren »Gesetze« zunehmend entschleiert worden, die Gesetze der »Mechanik« zuerst. Maschinen entstanden, Uhrwerke, künstliche Werke auf der einen Seite, eisenfördernde, eisenbearbeitende auf der anderen.

Gußeisen z. B. konnte schon seit längerem hergestellt werden, allerdings nur mit Holzkohle, die wiederum in langwierigem Verfahren – meist direkt im Wald – verfertigt wurde. Um 1700 herum wird die Verwendung von Steinkohle möglich, mit der bessere Eisenqualitäten erreicht werden, die ihrerseits feinere Gieß- und Verformungsverfahren ermöglichen. Neben dieses – zuerst meist englische – bessere Gußeisen tritt das vorwiegend aus Schweden und Rußland kommende Schmiedeeisen; England wurde hier erst nach 1780 konkurrenzfähig. Die Kombination beider Materialien brachte schon früh höchst leistungsfähige Konstruktionen, wie z.B. die Gußeisenbrücke über den Severn von 1779, die mit über 30 Metern Länge und 7 Metern Breite als Weltwunder bestaunt wurde. Die alten Stein- und Holzbrücken wurden damit dequalifiziert.

Dieses Beispiel gibt nur einen Anhaltspunkt für die Richtung der Entwicklung, die sich mit unendlich viel Versuchen, Fehlschlägen und Teilerfolgen anbahnte. So war schon 1755 in Lyon der (dann gescheiterte) Versuch unternommen worden, eine Eisenbrücke zu errichten. Aber bereits 1796 entstand eine eiserne Flachbogenbrücke von 72 Metern Spannweite über den Wear in Wearmouth in Sunderland. Die in der Mitte des 16. Jahrhunderts (1550) ansetzenden Versuche steigerten sich also nach etwa 150 bis 200 Jahren zu ansteigenden Erfolgen. So konnten Wolle und Baumwolle – meist noch in den Hütten der Spinner und Weber – bis 1733 am Webstuhl nur mit Hilfe eines anderen, meist eines Kindes, verarbeitet werden. 1733 erfand ein Uhrmacher den »Schnellschützen«, der diese Hilfskraft unnötig machte. Nun aber kam die Garnproduktion nicht nach. 1764 konstruierte ein Zimmermann die »Jenny-Spinnmaschine«, durch die *ein* Arbeiter mehrere Fäden auf einmal handhaben konnte. 1771 trat bereits die Konkurrenz – hier war ein Barbier der Erfinder – durch eine Spinnmaschine mit Wasserantrieb auf, der 1775 die »Mule-Spinnmaschine« folgte. 1784 – nachdem nun die Garnproduktion voraneilte – erfand ein »Reverend«, d.h. ein Geistlicher, den mechanischen Webstuhl.

Auf der Basis unzähliger kleinerer und dann zusammenfassender Entdeckungen wurde die Dampfmaschine erfunden. Unter dieser Konstellation *mußte* sie auftreten. Sie war Ausdruck der Entfesselung des mittelalterlichen Menschen; sie wurde einer der tragenden Faktoren der »Fabrik« und setzte mit den nun schon behandelten und noch einigen anderen Faktoren den Kapitalismus in den Sattel.

1769 hatte Watt seine Dampfmaschine patentieren lassen. Sie konnte nun anstelle von Menschen- und Wasserkraft einrücken. Dampfmaschinen – besonders damaliger Bauart – sind rationell in Wohnhütten nicht einzusetzen. Der Bau von »Fabriken« wurde »unumgänglich«, d.h. genauer: Die sprunghaft steigenden Produktivkräfte machten eine gesellschaftliche Umorganisation notwendig; die Arbeiter mußten – ob Männer, Frauen oder Kinder – das Haus verlassen.

Der Kohleverbrauch der Dampfmaschine legte die Gründung von Fabriken in der Nähe von Kohlerevieren nahe. Gleichzeitig wanderten die Gießereien und Hochöfen aus waldreichen Gebieten ebenfalls an die Kohlenreviere ab. Einwohnerzahlen von Städten, die in dieser Beziehung günstig lagen, wie z.B. Manchester,

Glasgow, Leeds, Mühlhausen oder Roubaix, stiegen innerhalb von anderthalb Menschenaltern, in 50 bis 70 Jahren um mehr als das Zehnfache (Manchester von 12000 ca. 1750 auf 400000 1850. Londons Bevölkerung stieg von einer Million 1790 auf 2235000 um 1841). Die Eisenproduktion stieg in England von 17000 Tonnen im Jahre 1740 auf 650000 Tonnen im Jahr 1830. Die Baumwollindustrie verarbeitete 1764, als die »Jenny« erfunden wurde, 8800000 englische Pfund, 1775, als die Webereien mit Dampfantrieb zu arbeiten begannen, 18 Millionen Pfund und 1830 273 Millionen Pfund. Wasser- und Landstraßensysteme wurden mit fieberhafter Eile verbessert, zuerst von privaten Gesellschaften, später vom Staat. 1767 wurden die ersten gußeisernen Schienen für den Kohlentransport hergestellt, 1801 die erste Eisen-Bahnstrecke für Warentransport eröffnet (der Surrey Iron Railway, pferdegezogen). Nach 1825 konnte die Dampflokomotive als Zugkraft eingesetzt werden. Das Eisenbahnnetz dehnte sich explosionsartig aus, verband Fabrik- und Hafenstädte, Fabrik und Fabrik, Fabrik und Rohstoffplätze, Stadt mit Stadt. Das Transport-, Energie- und Produktionssystem einer neuen Zeit hatte seine Grundlage.

Gleichzeitig stiegen die Probleme dieses neuen Systems ins Riesenhafte. Das hängt mit den Eigenarten des Kapitalismus als einer neuen Organisationsform der Gesellschaft zusammen.

Zuerst sind diejenigen Momente zu nennen, die den Kapitalismus überhaupt zu einem »System« machten.

Das wichtigste Moment zum »Ingangsetzen der Geschichte« war die ausführlich dargestellte »Emanzipation«, die Befreiung des Stadtbürgertums aus den Fesseln der Vergangenheit. Diese Befreiung ging schrittweise vor sich. Der Feudaladel war auf Zusammenraffen und Erhalten einerseits, auf Zusammenarbeit im Lehenssystem andererseits angewiesen. Das Stadtbürgertum dagegen war besonders in den verkehrsmäßig günstig gelegenen Städten auf »Handeln« hin orientiert, und zwar in den beiden Bedeutungen des Wortes: Arbeit und Kaufen/Verkaufen. Die *Produktivität* der Bevölkerung stieg also fast ausschließlich in den Städten. Das kaufmännische Tun machte die Nachfrage, das heißt die Aktualisierung von Bedürfnissen, erst sinnvoll. Durch die Nachfrage wurde die Produktion angeregt; neue Produktion regte neue Bedürfnisse an. Der wachsende Geldfluß machte das Bürgertum der Städte in dem Sinne »mächtig«, als es zunehmend über Produktionskräfte in der Form verbesserter Handwerks- aber auch Handels- und Verkehrstechniken verfügte: Es sammelte *wirtschaftliche* Macht.

Diese wirtschaftliche Macht einer bürgerlichen Gesellschaft wurde aber andauernd dadurch eingeengt und behindert, daß die *politische* Macht noch beim Adel lag. Hier ergibt sich ein Widerspruch. Es war gesagt worden, daß man »Macht« mit Verfügung über abgeschöpfte Arbeitskraft definieren könne (Arbeitskraft, die abgeschöpft werden konnte, weil auf Grund geschichtlicher Überwältigung Gegenwehr nicht möglich war, d. h. Gehorsam geleistet werden mußte), Arbeitskraft, die wiederum zur Machtausdehnung eingesetzt werden konnte. Auf welchen Gründen beruht nun die genannte Trennung in »wirtschaftliche« und »politische« Macht? War diese Definition nicht gerade die Zusammenfassung von »wirtschaftlich« und »politisch« im Begriff der »Verfügung über abgeschöpfte Arbeitskraft«?

Geschichtlich wurde die Einheit von wirtschaftlicher und politischer Macht gebrochen: Die wirtschaftliche Macht des städtischen Bürgertums wuchs, die politische Macht blieb bei Fürsten, vom niederen Adel bis zum König, wobei besonders die wirtschaftliche Macht des Adels absank. Die Machtverhältnisse wurden disproportional, d. h. ihre Proportionen oder Ausmaße entsprachen nicht der wirklichen Verfügung über Arbeitskraft. Man könnte also sagen, daß die Machtverschiebung der Definition von Macht folgte: Die wirklich größere Verfügung über Arbeitskraft lag beim städtischen Bürgertum, infolgedessen mußte es auch jenen »Machtmantel« erringen, der »politisch« genannt wird, d. h. das städtische Bürgertum mußte von der gesamten Macht innerhalb der Gesellschaft den ihr zustehenden Anteil auch offiziell zugestanden bekommen.

Woraus bestand nun diese größere Quantität an »abgeschöpfter Arbeitskraft« beim städtischen Bürgertum? Geld war zwar auch als symbolisierte Arbeitskraft definiert worden; und die Gleichung: Geld = Macht würde die Frage beantworten. Das städtische Bürgertum verfügte aber auch *direkt* über Arbeitskraft, nämlich über seine eigene Arbeitskraft und auch die der Gesellen und Gehilfen. Da mit »Geld« hier nicht Werte in der Form angehäufter Edelsteine gemeint sind, sondern Erträge aus der Arbeit, verfügte das Bürgertum insgesamt über unterschiedlich zusammengesetzte Arbeitskraft, deren wesentlichster Teil nicht mit Grund und Boden zusammenhing.

Der Feudaladel hatte diese Verfügung durch Unterdrückung (oft unter dem verschönernden Wort »Eroberung«) verdeckt und das darauf aufgebaute Lehnssystem erreicht und gehalten. Sein Überschüsse abwerfendes Arbeitskraftsystem war ein Zwangssystem. Hinter ihm stand die bewaffnete Solidarität der Ritter und Fürsten. Der Bürger war unbewaffnet. Wie kam er dazu, schließlich ohne über sehr viel mehr an abgeschöpfter Arbeitskraft dennoch über einen größeren Zwangsapparat zu verfügen, als es der Feudaladel je geschafft hatte? Die Antwort ist – wenn auch noch etwas indirekt – in den Ausführungen über den Freiheitsbegriff der »Leveller« und der englischen Besitzbürger gegeben worden. Dieser Freiheitsbegriff verneinte alle Zwänge. Der Mensch sollte sich selbst gehören und seine Beziehungen selbst auswählen. Er sollte sich »frei entfalten« können. Der Ort, auf dem das geschehen konnte, war der »Markt«. Und dieser Markt wurde der Zwangsapparat des Besitzbürgertums, der ihm in der Folge erlauben sollte, Arbeitskraft abzuschöpfen und neu zu »verwerten«. Um diesen, dann das ganze gesellschaftliche System erfassenden Mechanismus genau verstehen zu können, sind hier folgende Erklärungen notwendig:

Der Begriff »Markt« wirkt zuerst harmlos. Man denkt an eine Austauschstelle von Bedürfnissen und Gegenständen, die der Bedürfnisbefriedigung dienen. Man bietet solche Gegenstände an und verkauft sie, wenn die Nachfrage da ist. Oder man »fragt nach« und kauft den gewünschten Gegenstand, wenn er vorhanden ist. Beim Kaufakt selbst gibt man soviel, wie einem der gewünschte Gegenstand wert ist. Die »Konkurrenz« (Anbieter derselben Warenkategorie) sorgt schon dafür, daß der Preis der Ware angemessen ist. Der Preis besteht bei diesem Bild aus »Gestehungskosten« plus einem dem Händler zugestandenen Aufschlag für Transport und für die beim Anbieten aufgewandte Zeit und Sachkenntnis. Auf diesem so harmonischen Markt entsprechen die Preise also den Kosten.

Dieses Marktbild ist aber nicht nur eine sehr vereinfachte Vorstellung, es verschleiert auch die Wirklichkeit. Es entspricht weder den einfachsten Marktverhältnissen noch dem hier gemeinten »Markt«. Es entspricht kaum den Tauschverhältnissen beim »primitivsten« Tausch: Schon hier spielen Faktoren mit, die eine »einfache« Tauschabsicht schwer feststellbar machen. Wieviel Wert wird welchem Gegenstand vom Verkäufer einerseits, vom Käufer andrerseits beigemessen? Wieviel an Übervorteilungsabsicht ist vorhanden? Wieweit wird die Notlage des einen durch den anderen ausgenutzt? Sobald der Tausch unter den Augen anderer, besonders bei deren Mitsprache vor sich geht, werden die Bedingungen offenbar, d.h. kontrollierbarer. Diese öffentliche Kontrolle sollte besonders auf diesem gemeinten »Markt« gelten. Einerseits könnte man hier annehmen, daß bei den Käufern im Laufe wiederholter Kaufakte eine gemeinsame Vorstellung davon entsteht, wieviel etwas Bekanntes »wert« sei; andererseits sollte das Vorhandensein mehrerer miteinander konkurrierender Anbieter eine unkontrollierbare Preissteigerung unmöglich machen. Das wäre dann ein idealer Marktmechanismus, der allen Beteiligten zu ihrem Recht verhelfen müßte.

Drei Voraussetzungen werden dabei allerdings verschwiegen: erstens, daß der Käufer oder Abnehmer soweit sachkundig ist, um beurteilen zu können, ob der zum Kauf in Betracht gezogene Gegenstand auch seinen Gebrauchserwartungen entsprechen wird; zweitens, daß er über die wirklichen Gestehungskosten, alle Faktoren von der Beschaffung des Rohmaterials über die verschiedenen Stufen seiner Verarbeitung und Bearbeitung, seines Einkaufs durch den Händler und dessen »Unkosten« informiert ist; und drittens, daß es auch wirklich keine »Preisabsprachen« zwischen den als Konkurrenten auftretenden Händlern gibt – ob ausgesprochene oder nicht ausgesprochene, bleibt egal.

Das Zutreffen aller drei Voraussetzungen wird von der ersten über die zweite zur dritten hin immer ungewisser. Ist der Käufer endgültig der Schwächere, hat er Pech, dann ersteht er Ware, deren Gestehungskosten unverhältnismäßig weit unter dem gezahlten Preis liegen.

Unser idyllisches Bild vom Markt der Kleinstadt der Vergangenheit berücksichtigt solche Überlegungen wenig. Praktisch hat es diesen idyllischen Markt ebensowenig je gegeben, wie die soziale Ruhe in den mittelalterlichen Städten. Permanenten Spannungen, häufig offen ausbrechend, entsprachen dauernde harte Kämpfe zwischen Käufern und Anbietern, die nach schlechten Ernten und in »Teuerungszeiten« erbitterte Formen annahmen. Der wachsende Reichtum der Kaufleute ist nicht zuletzt darauf zurückzuführen, daß sie ihre Vorteile in diesem Mechanismus – als Anbieter – mit größter Zähigkeit wahrnahmen und ausbauten. Diese Ausdauer mußte als respektable Bestätigung der persönlichen Leistung gelten, weil sich nämlich die Ansicht verbreitete, daß der wirtschaftliche Erfolg auch ein positives Zeichen Gottes war, das einen zum Weitermachen ermutigte. Max Weber, einer der bedeutendsten deutschen Soziologen, hat darauf aufmerksam gemacht, daß diese Haltung des aktiven Geldscheffelns insofern eine Vorbedingung des Kapitalismus war, als mit ihr die religiöse Haltung der »innerweltlichen Askese« verbunden wurde: Auf der Erde bescheiden zu leben galt als genau so wichtig wie wirtschaftlichen Erfolg zu haben. Das bedeutete, daß die angesammelten Kapitalien (Gelder) nicht »aufwendig«, nicht verschwenderisch verbraucht werden durften. Damit war die Tendenz, das gewonnene Geld zur Erringung weiteren wirtschaftlichen Erfolges sofort wieder anzulegen, noch unterstützt worden: Für den persönlichen Verbrauch blieb nur wenig hängen. Sicher hat dieser »puritanische« Mechanismus (bescheiden leben und viel Erfolg haben *müssen*) der Entstehung eines kapitalistischen Systems ungewöhnlich passend zugearbeitet. Wir sollten aber die religiöse Motivation der nun auftretenden »Freihändler«, d.h. Besitzbürger, die für ihre »Freiheiten« eintraten, nämlich für schrankenlose wirtschaftliche Expansion, nicht *zu* hoch einschätzen. Vielleicht kommt man der Wahrheit näher, wenn man *viele* Faktoren, die zur Anheizung des von den mittelalterlichen Fesseln befreiten Marktes beitrugen, berücksichtigt: Zu ihnen gehörte genau so sicher der Ehrgeiz der »Bürgerlichen«, es an Reichtum und »Macht« den Adeligen gleichzutun, mehr noch, sie mit Besitz zu überrunden. Der Adelstitel war und blieb derart erstrebenswert, daß erhebliche Summen gegeben wurden, um ihn kaufen zu können, was von den Herrschern ständig zur Auffüllung ihrer Staatskassen genutzt wurde! Dieser neue Adel wurde zwar vom alten verpönt, vom Bürgertum aber bald respektiert.

Der eigentliche Faktor, mit dem der alte »Markt« aber aufgebrochen und endgültig seiner äußerlich ansprechenden Merkmale beraubt wurde, um zu dem Markt zu werden, den wir im folgenden meinen, war die neu auftretende »Ware«: die Ware *Arbeitskraft*. Das Schwert des Ritters wurde beim Bürger der Arbeitsvertrag. Dieser Lohnvertrag war der entscheidende Bestandteil jenes Zwangsapparates, der dem Bürgertum zur Macht verhalf.

Daß abschöpfbare Arbeitskraft Basis von Macht ist, hat uns mehrfach beschäftigt. Diese Arbeitskraft wurde in der Regel unter offenem Zwang abgeschöpft. Die neue Entwicklung lief dahin, daß der Abschöpfung unter Mitwirkung aller Beteiligten der Anschein der Freiwilligkeit gegeben wurde.

Es entsteht nun ein aus mehreren miteinander verbundenen Ebenen bestehendes System, das insgesamt die »kapitalistische Kultur« ausmachen wird.

Auf der ersten Ebene dieses neuen Systems sieht der neue Mechanismus so aus: Der von der Einschränkung durch adelige Privilegien befreite Besitzbürger bietet auf dem Markt »Arbeit« an. In Wirklichkeit handelt es sich um einen »Arbeitsplatz«, immer häufiger in einer Fabrik, an dem zugewiesene Arbeit zu leisten ist. Diese Arbeit ist Krafteinsatz bei der Förderung von Rohmaterialien (z.B. im Bergbau, Tagebau, in Stein-, Kies-, Lehmgruben, im Wald, dann auch auf Großfeldern), bei dem Transport und endlich und vorwiegend bei der Verarbeitung und Bearbeitung von Rohstoffen und »Halbfertigfabrikaten« bis zu deren Vollendung. Bei dieser Anstrengung geschieht ein Austauschprozeß: Es fließt sozusagen dauernd Arbeitskraft in das Material, das dabei einer gewünschten Gestalt immer näher kommt, bis es »fertig« ist. Dann hat es ein bestimmtes Quantum Arbeitskraft in sich aufgesogen. Sein Fertigsein verdankt es der in ihm steckenden, nun »toten« oder »aufbewahrten« Arbeitskraft; insofern bestehen auch Maschinen aus gespeicherter Arbeitskraft.

Diese Arbeitskraft wird im Prinzip von Menschen geliefert. Für ihre verlorengegangene Arbeitskraft müssen diese mindestens so entschädigt werden, daß sie weiterleben und »arbeiten«, d.h. Arbeitskraft verausgaben können. Ein »Arbeitsplatz« ist also als Angebot eine Verpflichtung zur Verausgabung von Arbeitskraft und ein Versprechen zu deren Wiederauffüllung.

Dieses Angebot tritt nun auf dem »Markt« auf. Ihm stehen Menschen gegenüber, die hungern, d.h., die nicht imstande sind, ihr Leben und damit ihre Arbeitskraft zu erhalten: Die Bevölkerungszahlen steigen gegen Ende des 18. Jahrhunderts sprunghaft bis etwa 1830 an (das Wachstum läßt dann etwas nach, um erst in unserem Jahrhundert nach dem 2. Weltkrieg in der nichtindustrialisierten Welt ähnlich zu steigen). Eine »Arbeiter-Reserve-Armee« ist durch verschiedenste Gründe im Entstehen. Man drängt sich um »Arbeitsplätze«, man bietet sich und seine Arbeitskraft auf dem Markt an. Angebot steht gegen Angebot, Nachfrage gegen Nachfrage. Die idealen Voraussetzungen für einen »freien Vertrag« sind gegeben: Der hungernde Mensch erhält eine Gelegenheit, seine

Arbeitskraft gegen die Erhaltung seines Lebens (durch Geld, Lohn, »Naturalien«, d.h. Lebensmittel oder Anrechtscheine auf Produkte) einzutauschen. Der Anbieter solcher Gelegenheit (der später bei uns »Arbeitgeber« genannt werden wird, obwohl er *Arbeitskraft nimmt*) erhält die erwünschte Arbeitskraft und kann sie in für ihn erwünschte Produktion einfließen lassen.

Auf der zweiten Ebene bekommt dieser vorerst einsichtige und humane Mechanismus eine bedeutungsvolle Note: Hungernde Menschen, die sich »zur Arbeit« anbieten, können verständlicherweise »billig« unter Vertrag genommen werden. Wir wissen unterdessen, daß dieser »Vertrag« insofern eine einseitige Angelegenheit ist – und damit kein Vertrag im behaupteten Sinn – als die eine Vertragspartei unendlich viel schwächer ist als die andere. Die Freiwilligkeit besteht darin, daß das Arbeitsverhältnis freiwillig eingegangen wird, ohne daß *sichtbare* Druckmittel angewandt werden. Mit dem Akzeptieren des gebotenen Lohnes – bei, wie unterstellt wird, bekannten Bedingungen am Arbeitsplatz – stimmen die Arbeiterinnen und Arbeiter in Wirklichkeit einer Entlohnung zu, die weit unterhalb des Wertes der von ihnen einzusetzenden Arbeitskraft liegt. Sie verpflichteten sich – als Beispiel –, 12 Stunden zu arbeiten, wurden aber praktisch nur für 6 Stunden entlohnt, gemessen am Wert, den die von ihnen produzierten Gegenstände auf dem Markt hatten. »Arbeiter« bieten ihre Arbeitskraft also nicht nur an, sondern verkaufen sie als billige »Ware«. Hier liegt die Quelle des sogenannten *Mehrwertes,* der den ständigen Geld- und damit Machtzuwachs für das kapitalistische Bürgertum in seiner Entfaltungsphase ausmacht. »Ware« hatten wir mit Marx einen Gegenstand genannt, der in den Augen des Kaufmanns und des Produzenten nicht nach seinem Gebrauchswert, sondern seinem Tauschwert eingeschätzt wurde. Sein Gebrauchswert wurde recht eigentlich gleichgültig. Der für den lebendigen Menschen wirklich wichtige Wert des Gegenstandes, sein *Gebrauchswert,* verblaßte damit hinter seinem *Tauschwert.* So wie der Gegenstand durch seine Verwandlung zu einer möglichst »interessanten« Differenz zwischen seinem Einkaufs- oder Herstellungs- und Verkaufspreis, zu einem an sich gleichgültigen »Ding« wurde, so wurde das höchste individuelle menschliche Vermögen, nämlich zu arbeiten, durch seine Durchschleusung durch den Markt *gleichgültig:* Interessant war nun für den Arbeitsplatzanbieter nur die möglicherweise herauszuholende Differenz zwischen dem Preis, den er für dieses »Ding Arbeitskraft« zahlen mußte und dem Preis, den er für das von dieser Arbeitskraft produzierte Ding bekommen würde.

Der seine Arbeitskraft Anbietende erniedrigte sich damit zum Ding selbst; er »entfremdete« sich seiner menschlichen Bestimmung. Er entfremdete sich seiner Bestimmung, seine Fähigkeiten frei entfalten und seine Arbeitskraft frei einsetzen zu können, er verdingte sich und wurde verdinglicht.

Diese Worte klingen abstrakt. Sie bezeichnen aber konkret die früheren Argumente des Bürgertums für seine Befreiung und die Argumente gegen die Bevormundung durch den Adel. Warum sollen wir sie hier nicht anwenden? Wer die Textstellen der Leveller noch in Erinnerung hat, wird wissen, daß sie auch in bezug auf die Arbeiter programmatisch waren.

Mit dem »freiwilligen« Eingehen auf die soeben geschilderten Verhältnisse – und damit erreichen wir die dritte Ebene – hatten sich die Arbeitskraft-Anbieter selbst ihrer Menschlichkeit in noch ganz anderem Maße beraubt als »nur« dadurch, sich zum »Ding« zu machen. Das hätte nur reine Arbeitszeit in der Fabrik betroffen. Dauerte sie auch 12 bis 16 Stunden, so wäre doch ein »menschlicher Rest« übriggeblieben. Nach der ebengenannten Definition vom Menschsein verlor jedoch derjenige, der sich durch einen Lohnvertrag »abhängig« machte, der seine Arbeitskraft verkaufte, das Recht, sich »Bürger« (eigentlich »Mensch«) zu nennen. Für diese »Untermenschen« brauchte nicht gekämpft zu werden. Sie brauchten nicht als entscheidungsfähig angesehen zu werden. Sie waren daher auch nicht wahlfähig. Durch Wahlen wurden aber nun und in Zukunft Parlamente und Regierung bestimmt. Der Wählende bestimmte über den Zustand des Gesellschaftssystems, in dem er lebte und von dem er profitieren wollte. Ausschluß von der Wahl bedeutete daher auch Ausschluß von einer legalen, d. h. vom Recht vorgesehenen Möglichkeit, das System zu verändern. Das Anbieten der Arbeitskraft auf einem »freien« Markt beinhaltete über die geschilderte Kette von Folgen hinweg das Aufrechterhalten des bürgerlichen Herrschaftssystems. Das System selbst, dem man sich unterwarf, weil man sich unterwerfen mußte, blieb durch eigene Mitwirkung (nämlich nun: Nicht-Mitwirkung) unverändert erhalten.

Aus der Sicht dessen, der Arbeitsplätze zur Verfügung stellte, nahm die Situation sich anders aus. Wir erreichen damit die vierte Ebene des hier geschilderten Ablaufs.

Dieser »Arbeitgeber«, d.h. Arbeitskraft-Verwerter konnte in mehrfacher Hinsicht ein gutes Gewissen haben:

Erstens wollte er Erfolg und errang ihn durch sein Tun. Zweitens rettete er in der Tat in vielen Fällen durch seine »Initiative«, nämlich den Willen, durch Produktion mit fremder Arbeitskraft zu Erfolgen zu kommen, Menschen vor dem Verhungern. Drittens milderte sich die moralische Frage, ob man menschliche Arbeitskraft kaufen dürfe, dadurch, daß dieses Verhältnis doch vom Arbeiter freiwillig als Lohnverhältnis eingegangen wurde. Teils sah er den Anbieter von Arbeitskraft sowieso nur als ein »Ding«, als Differenz zwischen seinem »Preis« und dem Wert seines Arbeitsergebnisses. Zum anderen kamen ihm aber die Arbeiter und Arbeiterinnen (Kinder nicht zu vergessen!) dadurch entgegen, daß sie sich wie erwähnt »freiwillig« als Arbeitskraft »verdingten«. Sie machten sich selbst abhängig und hatten damit ihr Bürgerrecht – wenn sie es je besessen hätten – verloren. Der Fabrikant konnte ein gutes Gewissen haben. Derart schloß sich der Kreis. Das kapitalistische System konnte zu arbeiten beginnen.

Es entwickelte sich also ein System, in dem Unternehmer und Händler sich dadurch von alten Zwängen befreiten und sich neue Freiheiten erwarben, daß sie mit freiwilligen Sklaven rechnen konnten. Wie sah dieses System für die einen aus und wie für die anderen, die freiwillig ihre Menschenrechte veräußert hatten? Dies ist die Frage nach dem Gesicht des Kapitalismus als Kultur.

Kapitalismus als Kultur

Das kapitalistische System steht jetzt vor der Möglichkeit, sich voll zu entfalten. In der Französischen Revolution wurde der alte Adel zu einem großen Teil nicht nur wirtschaftlich zurückgedrängt, sondern auch vernichtet. In Auseinandersetzungen während der Revolution in Frankreich (von 1789 bis 1793) wurden die zuerst vehement auftretenden Ansprüche des »vierten Standes«, der Arbeiterschaft, Kleinsthändler und Bauern, stufenweise eingeschränkt und zuletzt erfolgreich unterdrückt. Das Bürgertum blieb siegreich. Daran änderte auch der von sich selbst ernannte »Kaiser« Napoleon nichts; im Gegenteil: Durch Aufteilung von ehemals dem Adel und der Geistlichkeit gehörendem Land (Parzellierung) an die Bauern schuf er eine für lange Zeit kaisertreu bleibende Kleinbauernschaft, die dem »Proletariat« die politische Mitwirkung versagte. Durch Wiederbelebung des Adelswesens schuf er darüber hinaus keinen neuen Adel im alten Sinn, sondern erfüllte die Sehnsucht vieler Besitzbürger, endlich auch »adelig« zu sein. So gab es sozusagen zusätzlich zu den »bürgerlichen Bürgerlichen« ein unter dem Adelstitel getarntes Bürgertum.

In England herrschte das Bürgertum noch viel klarer unter der mit ungeheurem Geschick erhaltenen dünnen Decke von Monarchie und Hochadel (Lords); erste Zusammenschlüsse der Arbeiterschaft waren erfolgreich (1791) verboten worden. Da die Arbeiterschaft – folgerichtig zur bisher skizzierten Entwicklung – von der Wahl der Regierung ausgeschlossen war, regierte das Bürgertum als »Mehrheit« im Parlament, dem »Unterhaus«. Auseinandersetzungen mit dem von den Lords besetzten Oberhaus einerseits und andererseits zwischen dem konservativeren und dem »liberaleren« Flügel des Bürgertums vermochten nicht darüber hinwegzutäuschen, daß das Geld, zu dem die Lords genauso drängten, die Politik bestimmte.

Frankreich und England rückten also zu Anfang des 19. Jahrhunderts in ihrer Entwicklung zusammen, obwohl große innere Unterschiede bestanden. So muß z.B. daran erinnert werden, daß England die Bauernfrage für alle Zeiten schon im 16./17. Jahrhundert »losgeworden« war: Durch die bereits erwähnte »Einhegung« war das seßhafte Bauerntum dezimiert worden. Der Adel brauchte

Land, um über Schafzucht an das Wollgeschäft heranzukommen; bei oft unklaren Besitzverhältnissen und unter Anwendung unvorstellbarer Gewalt waren die Bauern von Land und Höfen vertrieben worden; teils wurden sie wegen geringer Anlässe aufgehängt oder verhungerten auf der Straße, teils wurden sie als Vorläufer des späteren Proletariats Insassen der »Zucht- und Arbeitshäuser«, der ersten Fabriken. Es blieben als bäuerliche Menschen fast nur Pächter auf dem Lande. – Erwähnte und ähnliche Züge trennten diese beiden nun kapitalistischen Kulturen aber im Prinzip nicht voneinander.

Das zerrissene »Deutschland« ist dagegen so weit von einer entwickelten bürgerlich-kapitalistischen Gesellschaftsordnung entfernt, daß es kaum unter dem Titel »Kapitalistische Kultur« zu fassen ist. Zerrissen, kein »Reich« mehr – nach der Besetzung durch Napoleon –, von der mit dem »Wiener Kongreß« (1815) beginnenden »Restauration«, d.h. der Wiedererstarkung der Fürsten und des Adels zurückgeworfen, gilt für seinen Weg ins 19. Jahrhundert das Wort Friedrichs des II. von Preußen: Man müsse den »Plebs« (eigentlich abfällig für »Volk«; er meinte aber die Fabrikanten!) an den Ohren zu seinen Profiten schleifen! Preußen-Deutschland schien also wirklich eine »Verspätete Nation« zu sein. Diese »Verspätung« drückte sich aber – wie sich bald zeigte – mehr in der Kluft zwischen der Entwicklung des politischen Bewußtseins des Bürgertums und seinen wirtschaftlichen Machtmöglichkeiten und besonders in seinem seltsamen Verhältnis zum »Staat« aus als etwa in einer zurückbleibenden technisch-wirtschaftlichen Entwicklung. Hier gab es eine »Explosion« von der Mitte des Jahrhunderts an, die den Abstand zu Frankreich und England mehr als wettmachte. Für Deutschland ist also ein Extra-Kapitel über »Kapitalismus als Kultur« zu schreiben.

Der Kapitalismus, »von oben« gesehen

Gesellschaft ist das Produkt des Menschen, seine »Produktion«. Das Wort bedeutet: Hervorführung. Nur gesellschaftlich organisiert »produziert« sich der Mensch. Die Art und Weise, wie er sich und damit (seine) Gesellschaft produziert, wirkt auf ihn zurück. Das schon angeführte Wort von Marx meint daher keinesfalls nur die technische oder gar nur die fabrikmäßige »Produktion«: *»Die Produktion produziert daher nicht nur einen Gegenstand für das Subjekt, sondern auch ein Subjekt für den Gegenstand.«* Oder nochmals variierend ausgedrückt: Indem der Mensch einen Gegenstand produziert, tritt er sich in ihm auch selbst gegenüber; d.h., er nimmt durch das – Gegenstände und Beziehungen verändernde – Tätigsein ständig Beziehungen zu sich selbst auf – und gleicht sich selbst in diesen über das Produkt seiner Tätigkeit laufenden Beziehungen eben diesem Produkt, d.h. dem ganzen Klima, das für dieses Produkt bedeutsam ist, an.

»Gegenstand« ist für die marxistische Begriffswelt ein gewichtiges, ein würdiges Wort. Es will auf den Widerstand verweisen – Gegen-Stand –, den die Welt dem Menschen bietet und an dem er sich abzuarbeiten hat, damit er zu sich selbst kommt, Mensch wird. Ein »Gegenstand« ist also ein Partner für den Menschen, an dem er seine Menschlichkeit bestätigen kann und muß. Damit umgreift dieser Begriff – so fremdartig uns das erscheinen mag – mit Selbstverständlichkeit auch den anderen Menschen, die Beziehungen zwischen Menschen untereinander.

Was war nun das Verhältnis zwischen Subjekt und Gegenstand beim Adel? Welchen selbstgeschaffenen Verhältnissen paßte er sich in welcher Form an?

Die »Bodennahme« als seine Art der »Produktion« prägte den Adeligen und machte ihn vom Boden und den dadurch unausgesprochen »mit genommenen« Bauern abhängig; das Lehenswesen prägte Lehnsleute *und* Lehnsherren. Stolz, Adelssolidarität, Bauernverachtung mischten sich mit Tendenzen zur Bodenkonkurrenz; infolgedessen ließ auch diesen Typ die Bauernfrage nicht los: Der Bauer existierte für ihn nicht, er existierte aber nur durch den Bauern. Das Ergebnis war eine tief »ambivalente«, eine grundsätzlich zwiespältige Haltung, die sich der Aufdeckung der Hintergründe der eigenen Existenz widersetzte.

Der Städter war weicher als der Adlige und der Bauer, war ängstlicher, darum findiger, »gewitzter«. Dem Bauern unähnlich lebte er als Handwerker meist saisonunabhängig. Als »Meister« gebot er über Gesellen und Lehrlinge, hatte damit Arbeitskräfte, wenn auch meistens nicht mehr als zwei bis drei, die für ihn arbeiteten. Als Händler »kam er herum« und kannte höhere Ansprüche aus den Häusern der Reichen. Als Handwerker hatte er ein dichtes Verhältnis zum Material, als Händler den Blick für Wertdifferenzen, was ebensolche Sachkunde voraussetzte. Städter waren aufeinander angewiesen. Sie betrieben die Verwaltung ihrer Städte über lange Zeit gemeinsam, waren zwangsläufig bereit zu gegenseitiger Information, mußten lernen, in Argument und Gegenargument ihre Meinungen zu verteidigen. Sie waren sich in ihrem oft schludrigen System einig in der Absicht, die »Habenichtse« zu keinerlei Recht kommen zu lassen. Auch sie bildeten einen »Typ« heraus.

Kann man nun dementsprechend von einem »kapitalistischen Typ« reden, der das *gesamte* neue kapitalistische System vertrat? Mit Sicherheit kann das so pauschal nicht geschehen. Die dem Kapitalismus vorweglaufende Kulturstufe, die vorkapitalistische Kultur, war auch weniger einheitlich, als es uns häufig weisgemacht wird. Aber eine »Feudalkultur« ist doch eindeutig von der ihr entgegenstehenden »Stadtkultur« abzugrenzen. Sicher wäre der Einwand möglich, daß innerhalb dieser Kulturen wieder eine derartig scharfe Trennungslinie zwischen den Mächtigen und den Unterlegenen bestanden hatte, daß auch hier von »zwei Kulturen in einer« gesprochen werden müßte. Das trifft zwar zu, aber die Gesamtlage war übersichtlich und eindeutig klar. Niemand konnte sich darüber täuschen, wo er sich im »System« eigentlich befand: Durch die gesamte Selbstdarstellung des Feudaladels und sein Verhalten gegen andere wurde jedem ständig überzeugend und nachdrücklich gezeigt, wo er sich in der gesellschaftlichen Pyramide befand. Ähnlich ist es in der Stadt. Zünfte, dann Innungen sorgen für überaus eindeutige Zuordnungen im System. Die Gilden, Zünfte und Innungen lagen als »Branchen« nebeneinander. Sie bildeten intern und untereinander eine »Status-Hierarchie«, eine Pyramide von Ansehen und Reichtum.

Das aus einer bürgerlichen Gesellschaft dann heraustretende kapitalistische System ist das erste, das mit dem Anspruch auftritt, für alle Menschen sich zu entwickeln und alle Menschen – wenn auch unter bestimmten, *aber bei ihnen selbst* liegenden Bedingungen – gleich zu stellen. So etwas zu behaupten wäre keinem Ritter je eingefallen, und wohl auch keinem städtisch-mittelalterlichen Meister oder Kaufmann. So sehr auch die Priester die Gleichheit der Menschen vor Gott betonten, so wenig wären auch sie darauf gekommen, den Menschen in Gleichheitstendenzen hier auf der Erde zu unterstützen.

Das kapitalistische System beanspruchte also – mit seinen Wortführern, den *Bürgern* – als erstes gesellschaftliches Groß-System in der menschlichen Geschichte, ein *Ganzes* zu sein, für alle Menschen gleich, ein Marktsystem aller menschlichen Beziehungen. Wir gehen auf diesen Anspruch ein und betrachten diese kapitalistische Kultur aus der Sicht »von oben«.

Das kapitalistische System hatte sich mit Folgerichtigkeit aus alten »Strukturen« entwickelt, in denen es – teils mit langer Tradition – bereits angelegt war. Selbstverständlich waren diese alten Zustände, Beziehungen, Gewohnheiten (Bräuche und Sitten) weder in der täglichen Praxis noch in den »Köpfen der Menschen« plötzlich verschwunden. Sie waren vielmehr höchst konkret noch vorhanden, hängten sich an die neuen Verhältnisse, mischten sich ein, hingen wie Gewichte an den Menschen, die das kapitalistische System vorantrieben. Die »bürgerliche Gesellschaft« blieb noch im Kapitalistisch-Werden an feudalen und stadtbürgerlichen Vorstellungen hängen. Das heißt, sie hingen sowohl an denen, die Kapitalismus »von oben« her betrieben, als *auch* an denen, die seine »unterirdischen« Triebkräfte waren. Die Vergangenheit hing an Kaufleuten und »Unternehmern« ebenso wie an den Arbeitern, dem »Proletariat«. Teils als Alpdruck, teils als Erinnerung an – sehr verklärte – Zeiten drückte die Vergangenheit »auf die Gehirne« der Menschen. Bei einer Darstellung der sich durchsetzenden kapitalistischen Prinzipien ist somit sowohl die Befreiung der Menschen von den alten Zwängen zu berücksichtigen als auch der nun einsetzende Prozeß des »Sichbewegen-Lernens« in der neuen Welt.

Will man auf eine Formel bringen, was die kapitalistische Kultur gegenüber der Vergangenheit so attraktiv, so anziehend machte, dann kann man sagen: Anonymität. Anonymität heißt »Namenlosigkeit«. Anonym ist jemand, dessen Namen nicht bekannt ist, ein »Unbekannter«. Den »Namen zu kennen« bedeutete vorher auch, genau über die gesamten Lebensumstände des Betreffenden Bescheid zu wissen. Eine uns geläufige Aussage wie: »Ich kenne zwar seinen Namen, weiß aber sonst nichts über ihn!« wäre in der vorkapitalistischen und stadtbürgerlichen Zeit eine unverständliche Aussage gewesen. Entsprechend meint »Anonymität« nun natürlich nicht Namenlosigkeit, sondern einen erstrebten Zustand: nicht ständig unter der Kontrolle der Umwelt leben zu müssen, endlich einmal unbeobachtet, unerkannt zu sein, und das heißt auch: Sich aussuchen zu können, wann man mit wem »bekannt« sein will und wann nicht. Das beinhaltet in der Folge die dem Großstädter wohlbekannte Technik, jemand zu übersehen, den man nicht sehen möchte.

Solche Wünsche und solch – beiderseitiges – Verhalten wäre den Menschen vergangener Kulturen und der vorkapitalistischen Zeit absurd und abartig, teils verdächtig oder beleidigend, vielleicht sogar »unmenschlich« vorgekommen. Mit dem Kampf für »Freiheit«, d. h. bürgerliche Rechte auf »freie Bewegung«, freies Tätigsein, dann »Freihandel« – möglichst ohne *jede* Beschränkung – treten also neue Verhaltensforderungen auf, die in schroffem Gegensatz zu den Vorstellungen der Vergangenheit vom »richtigen« oder »angemessenen« Verhalten stehen. Verhaltensklimata, die vorher »unnatürlich« gewirkt hätten, werden nun zu »natürlichen«.

Diese uns prinzipiell verständliche Tendenz, dem Druck der »sozialen Kontrolle« in Form von Unfreiheit durch adelige Bevormundung als auch Zunftzwänge zu entgehen, hatte paradoxe, d. h. in sich widersprüchliche Folgen. Im Großen haben wir uns mit ihnen schon beschäftigt: in der Darstellung der Argumentation für Freiheit, Eigentum und für einen von allen Einschränkungen befreiten Markt. Hier kommen wir nun an die Stelle, von der ab die Ausfächerung der im »Emanzipationskampf« des Bürgertums angelegten Widersprüche im einzelnen besprochen werden müssen.

Zuerst der Grundwiderspruch: Das städtische Bürgertum war sich im Kampf gegen den Adel und das heraufkommende Proletariat einig; diese Einigkeit beruhte aber auf einer »Theorie der Vereinzelung«! *Einzeln* sollte der Mensch (= Bürger) frei sein; *einzeln* sollte er frei über seinen Körper, seine Fähigkeiten, sein Eigentum verfügen können; *einzeln* sollte er sich entfalten können. Der Grundwiderspruch heißt also: Die Bürger waren sich gemeinsam darin einig, daß sie für Ungemeinsamkeit kämpften. Sie kämpften dafür, daß sie nach einem Sieg explosionsartig auseinanderstreben würden, um dann gegeneinander zu kämpfen.

Die klare Bereitschaft zur Konkurrenz (= gegeneinander wettlaufen) bedeutete schon in der Phase der Auseinandersetzung auch die Bereitschaft, dafür zu kämpfen, nach der Durchsetzung der gemeinsamen Freiheitsbestrebungen *gegeneinander* kämpfen zu können. Die kapitalistischen Bürger verband also von Anfang an ein »fiktiver«, ein vorgetäuschter Konsensus.

Damit gesellte sich zum oben behandelten Wagnis, »individuell« zu sein (d. h. »direkt zu Gott«), das zweite Wagnis, sich allein wirtschaftlich durchsetzen zu wollen, d. h. »direkt zum Markt« sich zu verhalten. Was der Ritter nicht konnte – allein gegen alle aufzutreten –, das wagte jetzt der kapitalistische Bürger. In der Tat bleibt unter diesen Voraussetzungen der »Markt« die einzige Institution oder Einrichtung, die die Menschen noch verbindet. Auf diesem Markt sind Namen und Herkunft von Anbietern und Nachfragern – als *persönliche* Daten – uninteressant. Bei größeren Geldgeschäften, besonders auf Kredit, aber auch bei Schwierigkeiten, die Qualität der angebotenen oder schon gekauften Waren unmittelbar zu überprüfen, waren Absicherungsdaten natürlich notwendig; sie betrafen dann aber nur die *Geld*seite des Betreffenden. Weitere Kenntnisse warfen nichts ab. So ist der Markt die logische nächste Paradoxie: Er ist ein Ort der »unpersönlichen Beziehungen« – auch eine Begriffskombination, die früher auf Unverständnis gestoßen wäre. Unsolidarische Solidarität (gemeinsames Konkurrenzstreben) schuf sich mit diesem Markt, der nicht mit einer Ansammlung von Marktständen zu verwechseln ist, einen eigentlich abartigen Kontakt-Ort: Der Sinn des neuen Marktes ist nicht, daß hier Menschen aufeinander treffen, die auch Freude am Handeln haben, sondern es begegnen sich Waren- und Geldströme, die nur von Menschen gesteuert werden. Bedeutet »einsam« zu sein ein Zustand, in dem sich »niemand um einen kümmert«, d. h. »uneigennützig« kümmert, dann war dieses also eine Gesellschaft, in der Belebtheit und Einsamkeit gleichermaßen angelegt waren. Die kapitalistische Großstadt platzte vor »Leben«, und sie war gleichzeitig angefüllt mit Einsamkeit. Das schildert schon der französische Philosoph René Descartes in seinen Briefen (1629–1650) aus Amsterdam; er verweist hier einen adeligen Freund darauf, daß man richtige Einsamkeit eher in der Stadt als im Schloßpark finde, nachdem dieser das Gegenteil behauptet hatte: »Statt dessen ist in dieser großen Stadt, in der ich mich befinde, da es in ihr außer mir keinen Menschen gibt, der nicht Handel triebe, jeder derart auf seinen Nutzen bedacht, daß ich mein ganzes Leben hier bleiben könnte, ohne je von jemandem aufgesucht zu werden. Ich gehe jeden Tag mitten im Wirrwarr einer großen Bevölkerung mit ebenso viel Freiheit und Ruhe spazieren, wie Sie in Ihren Alleen tun würden...«

Schon hier, wo das kapitalistische System erst beginnt, sich zu *entwickeln*, beginnt es also zu einer Kultur zu werden, in der Einsamkeit und Kontaktlosigkeit auf den nicht-wirtschaftlichen Gebieten sich mit Anonymität und Marktbeziehungen kennzeichnend ergänzen. So, wie der Markt keine »Gegenstände«, sondern mit Gewinn tauschbare »Dinge« braucht, so verdinglichen sich auch die Beziehungen unter den Menschen. Bietet jemand keine Gewinnchance, dann ist er auch nicht interessant, er wirft keinen Profit ab.

Dieser neue Markt ist aber nicht die einzige Organisationsform des Kapitalismus; neben ihn treten andere Mechanismen, die seine Wirksamkeit erst ausmachen. Teils verstärken sie in ihm angelegte Tendenzen, z.B. die des »Niederkonkurrierens«, teils formen sie die Menschen noch weiter auf die Erfordernisse des Systems hin.

Mechanismen

Zu der ersten Art von Mechanismen gehören das »Parlament« und die »Börse«. Weiter muß das »Militär« dazu gerechnet werden.

Das Parlament hat – wie alles Geschichtliche – Vorgänger. Kein König konnte ohne eine gewisse Form der »Demokratie« auskommen. Die Versammlung von »Edlen«, d.h. mächtigen Fürsten, auf die er Rücksicht nehmen mußte und die daher an seiner Macht und an Entscheidungen zu beteiligen waren, bildeten zwar keine »Volksvertretung« in unserem Sinne (Demokratie = Herrschaft des Volkes), waren aber doch Kontrollinstanzen seiner Macht. Es waren auch »Parlamente«, d.h. Institutioen, bei deren Zusammenruf »geredet« werden konnte; d.h., jeder versuchte seine Meinung darzustellen und zu vertreten; es fanden »Koalitionsbildungen« statt – die Vorläufer von »Parteien«. Vertreter gleicher Interessenlagen schlossen sich oft nur zur Erreichung eines begrenzten Zieles zusammen. Das bürgerlich-kapitalistische Parlament besiegelt dagegen sowohl den Sieg über König und Adel als auch die Abwehr der Ansprüche des Proletariats. Durch die genannten Wahleinschränkungen, die erst langsam auf unsere Zeit hin aufgehoben werden (allgemeines gleiches Wahlrecht), d.h. durch die Verbindung der Wahlfähigkeit mit dem Nachweis von Eigentum wählen praktisch nur Besitzbürger, die wiederum nur ihresgleichen ins Parlament wählen. Dieses Parlament ist dann in der Tat nicht mehr der Ort von Entscheidungen zu Gunsten des Monarchen oder der Fürsten, dafür aber der Ort von Entscheidungen zu Gunsten des kapitalistischen Bürgertums. Diese Entscheidungen fallen selbstverständlich nicht ohne Auseinandersetzungen. Überall treten in den bürgerlichen Parlamenten des 19. Jahrhunderts mehrere Parteien auf. Sehr unterschiedlich sind die Interessenlagen verschiedener Bürgergruppen, je nachdem, ob sie reicher oder weniger erfolgreich sind, ältere oder neuere Produktionszweige vertreten, ihr Interesse mehr im Import oder im Export liegt, sie an schützenden Zöllen interessiert oder desinteressiert sind. Das Parlament ist durchaus ein unruhiger Ort. Die von ihm erlassenen Gesetze mögen häufig nicht mit genug Nachdruck verfolgt werden, man kann sie zeitweise umgehen. Aber im großen und ganzen bestimmen die vom Parlament erlassenen Regeln dann doch den weiteren wirtschaftlichen Verlauf. Das Parlament hat also eine gewisse Macht. Es ergänzt und korrigiert den Markt und paßt ihn dem jeweiligen Stand des Verhältnisses von Produktivkräften zu den Produktionsweisen an. Damit ist diese Macht viel »abstrakter« als die mit Schwert und Kanone ausgeübte. Denn hier geht es auch um »abgeschöpfte Arbeitskraft« und deren Verteilung, das ist aber nicht so leicht zu durchschauen wie bei Entscheidungen über Landeroberungen. Die »Räume«, die hier zu erobern sind, heißen »Marktanteil«, »Zollfreiheit«, »Zollschutz«, Bewegungsfreiheit bei der Anstellung, Entlassung und Entlohnung der Arbeiterschaft. Da das Prinzip des Marktes der Austausch konkurrierender Anbieter und Nachfrager ist, greift das Parlament mit allen die »bürgerliche Gesellschaft« betreffenden Entscheidungen auch in den Marktmechanismus ein. Damit verändern sich die Chancen der einzelnen Gruppen, am Abschöpfungsvorgang teilzunehmen. Nicht so selten, wie wir vielleicht annehmen, wird darüber völlig offen im Parlament gesprochen. Trotzdem ist die dabei verwendete Sprache eine verhüllende: Selten wird gewagt, darauf hinzuweisen, daß diese Institution in sich selbst in zweifacher Hinsicht paradox ist. Sie ist einmal der Ort, an dem man behauptet, sich über widerstreitende Interessen einig werden zu können; da das Konkurrenzprinzip aber grundlegend für den kapitalistischen Markt, für die kapitalistische Gesellschaft ist, und zwar als Konkurrenz aller gegen alle, ist diese Behauptung einer Chance von Einigkeit immer nur eine partielle und prinzipiell sinnlos. Durchdenkt man sich einen gesellschaftlichen Mechanismus, in dem alle gegen alle konkurrieren, dann wird man an den »Königsmechanismus« im Feudaladel Frankreichs erinnert, und man ahnt, daß auch dieser bürgerliche Mechanismus einmal darauf hinwirken wird, daß statt Vieler nur noch Wenige in der Konkurrenz bleiben – zuletzt nur einer, der »Monopolist«. Das Parlament ist unter diesem Gesichtspunkt der – vorerst – hoffnungslose Versuch, das Unmögliche möglich zu machen. Praktisch verlängert es durch seine Anpassungsfunktion das Leben der kapitalistischen Marktgesellschaft von Generation zu Generation.

Viel deutlicher, wenn auch scheinbar im Hintergrund, ist die »Börse« ein das ganze System steuernder Mechanismus. »Aktien«, d. h. gekaufte Anteilscheine an den Unternehmungen portugiesischer, niederländischer oder englischer »Kompanien« – teils waren sie noch fest in der Hand des »Hofes« – hat es schon früh gegeben. Mit ihnen wurden Ausplünderungsfeldzüge mit bürokratischer Organisation finanziert; man erwartete dann pro Jahr Gewinne von 100 % der eingezahlten Summe; »Dividenden« begleiteten also auch den Weg zum entwickelteren Kapitalismus. In Konkurrenz zu Antwerpen stieg Amsterdam zur Geldmetropole auf. 1611 war die Amsterdamer Börse die einflußreichste der Welt. An ihr wurden Geldsorten aller handelnden Nationen ebenso gewechselt und gehandelt wie Anteilscheine an allen nur denkbaren Unternehmungen der damaligen Zeit.

Die Börse war also ein Markt besonderer Art. Man konnte an ihr zwar auch Waren erhandeln, entscheidend blieb aber die »Ware Beteiligung«, d. h. durch Geldeinsatz konnte man in ein »vielversprechendes« Unternehmen »einsteigen«. Indem man Geld – gegen eine Aktie als Quittung und Anrechtsschein – gab, finanzierte man kaufmännische Unternehmungen und nahm an ihren Gewinnen teil. Insofern war man Teileigentümer an diesem Unternehmen. Die Verhältnisse schienen ähnlich offen zu liegen wie am Markt. So wenig dieser »Markt« eine Ansammlung von Verkaufsständen auf dem Marktplatz war, sondern als kapitalistischer vielmehr eine Umschlagstelle für Wertdifferenzen, dingliche und menschliche Beziehungen, so wenig wäre die Einrichtung »Börse« mit dieser Darstellung richtig eingeordnet. Am Markt kämpften die einzelnen Besitzbürger in kaum verhüllter Konkurrenz um den einzelnen Kunden, um Auftraggeber und Nachfrager, um höhere Gewinne und niedrigere Löhne. Im Parlament kämpften sie um die Rahmenbedingungen des Marktgeschehens. An der Börse tobte im Vordergrund der Kleinkrieg um die günstigen Anteile, um die Schnipsel der kleinen Spekulation – dem Feilschen auf Fisch- und Gemüsemarkt ähnlich. – Dem Kenner bot sich ein anderes Bild. Teils offen, teils hinter den Kulissen gab es ein Ringen um die »großen Stücke«, um Beteiligungen an besonders zukunftsreichen Unternehmungen in einer Höhe des Anteils, die den Aktienbesitzer praktisch zum Alleineigentümer des Unternehmens machte. Man konnte Aktien aufkaufen, offen und »unter der Hand« durch »Strohmänner«, d.h. Leute, die das Geschäft mit fremdem Geld für ein Honorar so abwickelten, daß der Geldgeber nicht erkennbar wurde. Diese Strohmänner brauchten sich nicht zu kennen – so war höchste Anonymität gewahrt. Man konnte unerkannt zum Inhaber eines strategisch wichtigen Aktienpakets werden. Dadurch konnte man Entschlüsse verhindern, Entschlüsse beeinflussen. Auch als Eigentümer eines größeren Aktienpakets konnte man anonym bleiben und sich durch Beauftragte vertreten lassen.

Weiter konnte man durch geschicktes Abstoßen größerer Aktienmengen die betreffenden Kurse fallen lassen, andere verunsichern und dadurch auch zum Verkauf bei zu niedrigem Kurs veranlassen. Die so gedrückten Aktien konnte man dann durch Strohmänner billig aufkaufen und so – bei einem Preis, der im Hinblick auf die zu gewinnenden Einflußchancen zu berechnen war – »Hauptaktionär« eines Unternehmens werden.

Die Praxis der Börse war also geeignet, die Kräfteverhältnisse im ganzen System dauernd zu beeinflussen.

Wir hatten schon vorher festgestellt, daß die konkurrierenden Kräfte am Markt einmal zur Macht-Konzentration kommen *mußten.* Dieser Prozeß wurde verzögert durch traditionelle Kräfte und auch durch das Parlament, in dem die von der Monopolisierung bedrängten Gruppen diesen Prozeß zu hemmen suchten. Derjenige Mechanismus, der dem System mit seiner möglichen Anonymität am besten entsprach und die Monopolisierung ständig aufheizte, war die Börse.

Es braucht nun nur hinzugefügt zu werden, daß die Aktiengesellschaften (oder in Frankreich deutlicher: Anonyme Gesellschaften) einerseits auf den Aktionären aufruhten, die nach bürgerlichem Handelsrecht zwar an Gewinn und Verlust des Unternehmens beteiligt, aber darüber hinaus nicht verantwortlich zu machen waren, daß diese »Gesellschaften« als solche aber andererseits selbst Handelsobjekte an der Börse waren: Es waren ja ihre Aktien, die hier gehandelt wurden. Es konnte also ein Unternehmen über Nacht seinen Eigentümer wechseln; der Arbeiter, der bereits durch das Eingehen eines Lohnverhältnisses seine Freiheit verloren hatte, war dadurch noch wieder in einer neuen Ebene entfremdet: Im Grunde konnte er nicht einmal wissen, wer sein Vertragspartner überhaupt war. Dasselbe galt auch für die leitenden Angestellten des Unternehmens, soweit sie nicht selbst Kapitalbesitzer waren. Im anderen Fall waren sie praktisch überbezahlte Lohnarbeiter, die einen Anteil des Mehrwertes erhielten, dessen Produktion sie überwachen sollten. Ihre »proletarische Qualität« war im System bereits angelegt.

Wir sehen damit, daß der Begriff »Markt« noch immer zu eng gefaßt ist, auch wenn er über den Gemüsemarkt hinausgehoben wird. In der kapitalistischen Wirklichkeit war die Gesellschaft der Markt selbst; Parlament, Börse, Aktiengesellschaft – diese Institutionen erwiesen sich alle als Mechanismen, die nur einem einzigen Zweck dienten, nämlich die Gesellschaft »liquide«, flüssig, verwertbar zu halten – mit dem langsam einschnürenden Mechanismus der Konzentration von immer mehr »Anteilscheinen an der bürgerlichen Gesellschaft« in der Hand weniger.

Eine gewaltige Kombination aufeinander abgestimmter Mechanismen machte die Farbigkeit und Abstraktheit der kapitalistischen Kultur aus. Eine Analyse des Militärs im kapitalistischen System soll das zusätzlich verdeutlichen.

»Militär« war vorher der Ritter selbst mit seinen »Mannen«, d. h. mit seinen Söhnen und oft ärmeren Verwandten, die auf der Burg mitlebten, und mit denjenigen wehrhaften Lehnsleuten, die entweder mit auf der Burg saßen oder von ihren Lehen weg zur Hilfe gerufen wurden. Ergänzt wurde dieser Haufe durch besoldete, mehr oder minder gezwungene (»gepreßte«) Bauernburschen. In größeren Heeren tritt uns dann der »Söldner« entgegen, der, ähnlich dem Seemann, sich für eine kriegerische Unternehmung anwerben und bezahlen läßt. Die so gesammelten Heere entstehen und zerfallen nach Bedarf. Sie werden später durch königliche (fürstliche und auch fürstbischöfliche) »stehende« Heere langsam abgelöst. Waren schon die Offiziere längere Zeit davor eine Art von »Berufsoffizieren«, so wurde das Heer langsam zum Berufsheer. In dieser Form wurde es von der kapitalistisch-bürgerlichen Gesellschaft übernommen.

Diese Darstellung entspricht dem gängigen Bild. Es wurden »Kriege geführt«, gewonnen oder verloren. »Schlachten« (welch starkes Wort!) fanden statt. Man tut, als ob Kriege Krankheiten seien, die ein Volk befallen und derer es sich »natürlich« erwehren mußte.

In Wirklichkeit waren diese Schlachten und Kriege Eroberungsunternehmungen, kleinere oder größere Raubzüge oder die Verteidigung gegen Raubzüge anderer, die nach dem eigenen Gebiet trachteten. Erinnern wir uns daran, daß Grund und Boden auch als Reservoir abschöpfbarer Arbeitskraft angesehen werden kann, dann fällt es nicht schwer, eine Armee nun als Instrument zur Machterweiterung oder Machtverteidigung in diesem Sinne anzusehen. Die Armeen oder Heere waren Produktionsinstrumente, Machtfabriken, in die Soldaten als Arbeiter eingeschleust wurden, um aus ihnen Boden und Bodenschätze plus Bevölkerung herauszuholen. Als Instrumente der Unterdrückung »nach innen« hatten sie zudem den »status quo« zu wahren, d. h. den vorhandenen Zustand der Machtverteilung im Inneren zu erhalten. Damit gliederten sich die Armeen in das gesamte Machtsystem ein.

Dem Bürger waren diese Armeen immer verdächtig. So sehr er es begrüßte, wenn sie den Machtbereich der eigenen Gesellschaft vergrößerten, so sehr sah er, daß der Machtzugewinn in erster Linie dem Fürsten oder dem König zufloß. Er, der Bürger, hatte eine ganz andere Waffe in der Hand: das Geld. Mit ihm konnten »Expansion« und Unterwerfung viel harmloser und unblutiger scheinend praktiziert werden. Insofern wäre eine Armee in der bürgerlich-kapitalistischen Gesellschaft eigentlich unnötig gewesen. Daß sie dann im Repertoire der bürgerlichen Gesellschaft auch auftritt, kann auf zwei Gründe zurückgeführt werden: Einmal waren die anderen »Staaten« noch Wirklichkeit und konnten gefährlich werden. Man konnte Armeen weiter für Expansion verwenden und auch dazu, den anderen »fremdvölkischen« Konkurrenten auf die

Finger zu klopfen. Darüber hinaus bildete eine Armee aber wegen ihrer alten traditionellen Orientierung an Gewalttat und Mannesmut eine vorrangige Einheit, eine unschätzbare Hilfe im Hintergrund gegen den neuen inneren Gegner: gegen den Arbeiter.

Im System war ja nicht nur die langsame Stärkung der Monopole angelegt, auch eine wachsende Arbeiterschaft breitete sich aus. Der Anspruch des Bürgertums, die Rechte *aller* Menschen zu vertreten, wurde auch von der Arbeiterschaft wahrgenommen. Logisch *mußte* die Arbeiterschaft eines Tages mit denselben Forderungen auf den Plan kommen, mit denen das Bürgertum dem Adel entgegengetreten war. Das Bürgertum hatte seine Waffen selbst entwikkelt, die Arbeiterschaft brauchte sie nur zu übernehmen. Hier war dann die Anwesenheit einer bewaffneten und an Menschenrechten wenig orientierten Macht zweckmäßig. Das niedere Volk wußte genau, daß ihm ein Aufmucken schlecht bekommen würde. Die Armee reihte sich damit würdig in die Gruppe der anderen Mechanismen wie Parlament, Markt, Börse ein: Erkämpfte sie neues Land, so kam das einem riesigen Aktiengewinn gleich; verteidigte sie das Land gegen Angriffe, so waren Konkurrenten abgeschlagen; wahrte sie durch ihr bloßes Vorhandensein Ruhe und Ordnung, so war sie auch indirekt ein gewinngarantierender Apparat.

Die Abstraktheit und gleichzeitige Buntheit des bürgerlichen Systems fand auch noch in der so unbürgerlichen Armee ihren besten Ausdruck.

Diese großen Einrichtungen (Parlament, Markt, Börse), die z. B. schon an ihren Gebäuden gut erkennbar sind, werden durch neue Beziehungsformen zwischen den Menschen ergänzt.

»Die Produktion...«, so hatte es geheißen, »... produziert auch ein Subjekt für den Gegenstand...«.

Der Kapitalismus ist – das wurde früh erkannt – groß im Abreißen alter Traditionen gewesen und schwach im Aufbau neuer, dem Menschen in seinem Verhalten helfender Institutionen. Die kapitalistischen Prinzipien konnten sich zwar erst mit der Selbstzerstörung von Feudaladel und traditionaler Gläubigkeit (z. B. in den Religionskriegen) richtig entwickeln, aber im Verlauf ihrer weiteren Entfaltung wirken sie zusätzlich zerstörerisch. Der vorhandene Haß und Unwille gegen die alten, einengenden, zwingenden und bedrohenden Zustände mobilisierte die kapitalistische Bewegung in vorher nicht geahntem Maße, die ihrerseits wieder Technik und Wissenschaft in Bewegung setzte. So konnte etwas später (1848) Karl Marx im »Kommunistischen Manifest« das größte je geschriebene Loblied über die Leistungen der »Bourgeoisie« veröffentlichen: Ihre Taten überträfen die aller Fürsten und Bauherren der Vergangenheit. Soweit kann man sich daher unbesehen der oben gemachten Aussage anschließen, daß dieses neue System Altes hinweggefegt habe. Den zweiten Teil der Aussage über die institutionellen Schwächen des Kapitalismus wollen wir hier untersuchen. Sicher hat »der« Kapitalismus keine neue Religion, kein völlig neues Recht, nicht einmal einen in sich einheitlichen großen Bau-»Stil« geschaffen. Insofern muß man von einem *»Organisations-Defizit«* des Kapitalismus sprechen. Aber von seiner inneren Struktur und den kapitalistischen Prinzipien her gesehen, würde die Forderung nach Ersatz der alten »Institutionen« durch neue völlig an seiner Zielsetzung vorbeigehen: Die Kirche blieb, aber die Börse siegte; das kapitalistische Recht wurde Handelsrecht, Bürgerliches Recht. Der kapitalistische Baustil war zu Anfang die stolze Übernahme fürstlicher Repräsentation, später die »marktgemäße« Freisetzung nun untereinander konkurrierender Architekten und Bauherren. Darüber hinaus war alles den einzelnen Menschen überlassen, mit denen hier die »Bürger« gemeint sind, den »Privatmenschen«.

Die vom Kapitalismus durchaus aufgebauten Ersatzinstitutionen erreichten die Lohnarbeiter entweder kaum oder nur mit negativen Wirkungen. Man kommt bei der Betrachtung einer *Gesamt*gesellschaft also nicht darum herum, *wertend*, nicht aus dem Inneren des Bürgertums, sondern sozusagen »von außen«, vom Organisationsdefizit des Kapitalismus zu sprechen.

Wie wir nun übersehen können, hing dieses Organisationsdefizit mit dem Desinteresse des kapitalistischen Systems an dem *Gebrauchswert* von Gegenständen und Beziehungen zusammen. Der *Tausch*wert der Gegenstände, der menschlichen Beziehungen, der Tauschwert sogar von Unternehmungen war das »Interessante«. Gerade die Bürger hatten sich durch dieses System zu Menschen machen wollen. Sie strebten nach Lust, nach Befriedigung, ja »Glück«. Das sind Bestrebungen, die den Sinn genau für einen höheren *Gebrauchswert* des eigenen Lebens *schärfen.* In diesem System sollten aber »eigentlich« die Bürger zur Beachtung von *Tauschwerten* erzogen werden. Dadurch gerieten auch ursprünglich echte menschliche Bestrebungen wie Sympathie und

Liebe in den Verdacht, nicht echt zu sein, wenn sie keinen Profit abwarfen.

Wenn das Leben in einer Gesellschaft derart kompliziert wird, dann entwickelt sich in ihr eine außerordentliche Sensibilität, eine große Schärfe der Beobachtung und Empfindung für alles, was vor sich geht. Ein Vorbild scheint hier der französische Hof zu sein, an dem die Menschen lernten, sich gegenseitig äußerst scharf zu beobachten, um aus feinsten Nuancen des Verhaltens des anderen herauszubekommen, wie man selbst eingeschätzt wird. Der ritterliche Machtkampf hatte sich dort vom Schlachtfeld in die menschlichen Beziehungen verlagert. Auch im kapitalistischen Bürgertum lernte man, sich genau zu beobachten, z.B. um die Zuverlässigkeit des anderen feststellen zu können, was seine »Kreditwürdigkeit« (= eigentlich: Glaubwürdigkeit, dann Garantie für Zahlfähigkeit) anbetraf und seine politische Einstellung in wirtschaftlich wichtigen Fragen. Aber nun kommt eine neue Werteinschätzung dazu: Im Grunde ist jetzt das persönliche Auftreten, sind menschliche Zuverlässigkeit, die ganzen Vorstellungen von »Anstand«, »Humor«, »Charme«, »Witz«, »Geist« völlig uninteressant. Der ganze Charakter eines Menschen wird unwesentlich, wenn man erstens unterstellen kann, daß der Partner folgerichtig denken und sich verhalten wird (»rational«), und man zweitens berechtigt ist anzunehmen, daß er bei der Sache Gewinn erzielen will. Weiß man beides, dann kann man sich überlegen, ob er in die eigene Rechnung hineinpaßt. Alle weiteren Fragen sind sekundär und vertraglich zu regeln. Der *Charakter* dieses Menschen im alten Sinne kann einem nun völlig gleichgültig sein! Weder vergrößert sein Witz den eigenen Gewinn an einer Sache, noch schmälert seine möglicherweise »üble« Lebensführung den Gewinn. Man wahrt nach außen hin den »guten Ruf« und läßt sich vielleicht mit bestimmten Leuten ungern »in der Öffentlichkeit« sehen. Aber die *eigene* Einstellung zu diesen Leuten wird dadurch nicht berührt. Ist man im Hinblick auf Gewinn in guter Gesellschaft, so ist man eben in guter Gesellschaft. Ist das nun schon die im vorigen Jahrhundert oft beschriebene »doppelte Moral des Bürgertums«?

Nein! Das eigentliche Problem liegt im Verhältnis vom Gebrauchswert zum Tauschwert und dem Bedürfnis des Menschen nach »echten«, nach emotionalen Beziehungen. Hier kann man einmal von einem »anthropologischen«, d.h. mit dem Menschen tief verbundenen Bedürfnis sprechen. Marx hat solche Bedürfnisse als »fixe« Bedürfnisse des Menschen benannt. Was machten Menschen, deren gefühlsmäßige Bedürfnisse mit ihrer Gewinnorientierung nicht in Einklang zu bringen waren? Da Menschen im Zweifel nicht leben können, muß es eine Echtheit gegeben haben. Wie sah sie aus?

Die Situation ist schwierig. Man muß unentwegt um seine Existenz kämpfen, da die Konkurrenz nicht ruht. Für diesen Kampf muß man mit einem *Höchstmaß* an Markt-Information ausgerüstet sein. Im Idealfall müßte man *alle »Marktdaten«* kennen, um richtig »disponieren« zu können. Alle Marktdaten heißt genau betrachtet: alles, was mit dem geschäftlichen Geschehen zu tun haben könnte. Das aber ist alles, was mit dem System direkt und weitgehend auch indirekt zusammenhängt. So ergibt sich die Notwendigkeit dauernder intensiver Kontakte einerseits, aufmerksamer Lektüre aller nur möglichen Nachrichten andererseits. Dieses »strukturelle«, d.h. im System notwendig angelegte Bedürfnis wird durch das aufstrebende Zeitungswesen befriedigt. Es schafft den einen Teil der bürgerlichen »Öffentlichkeit«. Der andere Teil muß durch »gesellschaftliche« Kontakte selbst geschaffen werden. Man muß also »Gesellschaft« suchen. »Gesellschaft« ist aber gerade in diesem System ein kennzeichnend doppelter Begriff. Er meint sowohl die (»bessere«) Gesellschaft »gepflegter« Geselligkeit als auch den Zusammenschluß von Interessenten am Profit, wie in der »Actiengesellschaft«. Das ist kennzeichnend, weil in der Tat das Suchen nach Geselligkeit als Hauptmotiv das Informationsbedürfnis über wirtschaftlich wichtige Informationen haben muß. So entsteht die »ungesellige Gesellschaft« der Informationssuchenden, die nichts weiter als ein gegenseitiges Konkurrieren gemeinsam haben. Gleichzeitig ist gesellig zu sein aber ein »fixes« Bedürfnis des Menschen. War man nun eigentlich gesellig oder war man es nicht? Hier zeigt sich die Schwierigkeit, dieser fatalen Situation gerecht zu werden auch in der Beschreibung und in der Analyse.

Die kapitalistischen Prinzipien stützen ein Wirtschaftssystem, in dem das Herausarbeiten von Mehrwert auf der Basis von Maschinenausstattung und freiwilligem Lohnvertrag an erster Stelle stehen. Es muß immer wieder darauf hingewiesen werden, daß die »Maschine« selbst nichts anderes ist als die einmal in ihre Schöpfung und Herstellung investierte Arbeitskraft. Da diese Arbeitskraft ebenfalls – als Lohnarbeit – von Stufe zu Stufe der Herstellung und Verbesserung einer Maschine relativ zur Länge des vertraglich (und gesetzlich!) festgelegten Arbeitstages und des in ihm erzeugten Wertes *unterbezahlt* ist, ist gerade die so neutral wirkende Maschine ein besonders gutes Beispiel für die Gesamtsituation des Lohnarbeiters: Er arbeitet unterbezahlt am Ergebnis unterbezahlter Arbeit. Der freiwillige Lohnvertrag steckt also in der Maschine mit drin, da sie auf seiner Basis selbst erstellt wurde. Dem Kapitalisten fließen daher »freiwillig« erzeugte Geldströme zu. Diese Situation zeigt eine »echte Unechtheit«: Auf Kosten »freiwilliger Sklaven« leben zu können, aber auch zu müssen, ist eine völlig neue Perspektive. Vorher hatte man im Prinzip nie verhüllt, daß man Gewaltherrscher war. Der Feudalherr belohnte, bestach, bestrafte und mißhandelte offen, überzeugt davon, dazu berechtigt zu sein. In Krisenzeiten oder in der Nähe von Revolten wurde man zeitweise vorsichtiger und ängstlicher, das berührte aber das prinzipiell gute Gewissen der Herrschenden nicht. Jetzt aber galt es, ein gutes Gewissen in einer verdeckten Situation zu haben, über deren prinzipielle Unhaltbarkeit man sich sehr wohl im klaren ist. Der feste Entschluß, diese Situation wegen der aus ihr resultierenden Vorteile zu halten und zu verfestigen, nötigt aber dazu, das Wissen um den Charakter der Situation so zu verdrängen, daß das schlechte Gewissen nicht beherrschend wird und bleibt.

Dazu gehören zwei Arten von seelischen (psychischen) Techniken: einmal eine die *eigene* Seele betreffende, das eigene Bewußtsein und das der »Angehörigen« beruhigende Technik und zum zweiten eine Technik, die das Bewußtsein der Arbeiter passend formt. Für die letztere mußten zwangsläufig die Presse und überhaupt jede Art von Veröffentlichung und von öffentlichen Reden z.B. auch und gerade in der Fabrik so angebracht werden, daß nur *die* Momente dieser unausgewogenen Partnerschaft zwischen Kapitalisten und Arbeitern herausgearbeitet wurden, die die Freiwilligkeit des Arbeitsvertrages, das »persönliche Verdienst« des Fabrikanten, Händlers, Bankiers, die damit berechtigte Verfügung über »ihr« Eigentum herausstellten. Völlig konsequent war somit auf die alten »Hierarchien« hinzuweisen, d.h. auf den schon immer vorhandenen pyramidenähnlichen Aufbau früherer Gesellschaften, ebenso auf (angebliche oder wirkliche) Hierarchien im Tierreich. Die Kapitalistenklasse *mußte* – um auch mit dem Adel konkurrieren zu können – eine »Elitentheorie« entwickeln. Diese

Theorie mußte bestätigen, daß man von Geburt an zu »Höherem berufen« sei. Allerdings schnitt sich diese Art der Beweisführung mit einer anderen erwünschten. Man wollte ja den Arbeitern auch klar machen, daß man durch eigenen Verdienst zu – damit berechtigtem – Erfolg gekommen sei. Beide – gegensätzlichen – Argumentationen (»zum Erfolg geboren« und »selbst erarbeitet«) konnten aber nur in der Zeit miteinander vereint werden, in der man den wirtschaftlichen Erfolg als Gnadenzeichen Gottes ausgeben konnte. Hier konnte man dazu geboren sein *und* sich darüber hinaus dieses Zeichen immer wieder selbst verdient haben.

Aber so, wie die Begriffe »Vermögen«, »Verdienst«, »verdienen« im kapitalistischen System zwangsläufig zwielichtig werden, so schwer fällt es auf die Dauer, diese Argumentation durchzuhalten. Da hilft nun nur noch eine Art der »Manipulation«, eine Handhabung, durch die man vor sich selbst und vor anderen einigermaßen glaubhaft wird und bleibt. Diese anderen sind in erster Linie Familienmitglieder, danach Geschäftsfreunde und erst in letzter Linie die sowieso wenig konfliktfähigen Arbeiter (wenigstens sind sie bis zur Erstarkung der Gewerkschaften kaum konfliktfähig). Diese Bemühungen müssen sich in erster Linie auf einen selbst und den engsten Kreis um einen herum konzentrieren.

Der wichtigste Schutz war wohl die Flucht in eine Haltung der »Redlichkeit im Kleinen«. Sozusagen oberhalb des »Schwitzsystems« (wie die Engländer es nannten) und an seinem Rande verhielt man sich »peinlich genau«. Pünktlichkeit, auch um Vorbild für die nötige Präzision von Abläufen in der Fabrik und im Geschäft zu sein, Sauberkeit, »Gediegenheit« in Anzug und Auftreten, ebenso peinliche Genauigkeit beim Begleichen der »kleineren« Summen bei täglichen Ausgaben (so daß sich hier Besitzbürger völlig trauen konnten), Zurückhaltung im Gespräch, besonders im öffentlichen politischen, »Mäßigung« – das waren Techniken des Verhaltens, die nicht nur der Umwelt, sondern auch einem selbst das Gefühl der Zuverlässigkeit gaben.

Dadurch schaffte man es, etwas Unmögliches zu erreichen. Der Adelige und auch der Stadtbürger waren »mit sich selbst identisch« gewesen. »Identität« ist ein Begriff, der besagt, daß jemand er selbst ist, daß er davon weiß und daß das von allen so akzeptiert wird. Man ist »richtig« oder »normal«. »Verrückt« sein heißt nichts anderes, als aus dieser gesellschaftlich (und von einem selbst) anerkannten Normalität herausgerückt zu sein. Man ist nicht mehr eindeutig mit sich selbst identisch.

Der Ritter, der Patrizier, der Handwerker – sie hatten eine »hohe Identität«. Der Arme, der sich über sein Schicksal nicht täuschen konnte, war in gewisser Weise auch »mit sich selbst identisch«, wenn er nicht ein »Abgestiegener« war. Dann allerdings konnte seine Identität gebrochen sein: Er wußte nicht mehr genau, wo er hingehörte, war in bezug auf sein Selbstwertgefühl in Unordnung – ein gefährlicher Zustand.

Im neuen kapitalistischen System gerät die Identitätsfrage in eine prinzipiell fast unlösbare Situation. Der Arbeiter »verkauft sich selbst«, freiwillig – was kein »vernünftiger« Mensch tun würde. So hätte man jedenfalls vorher geurteilt und würde naiv auch heute urteilen. Der »Kapitalist« kaufte menschliche Arbeitskraft billig, um sie teuer (d.h. ihre Produkte) zu verkaufen. Das war nach allgemeiner Auffassung *offen* eine unsittliche Handlungsweise. Auf ihr beruhte aber das ganze System. Es würde nun naheliegen, so wie vorher von »doppelter Moral« gesprochen worden war, auch jetzt von »doppelter Identität« zu sprechen: Als Kapitalist hätte dann der Kapitalist sich offen zum System bekennen müssen, als »Bürger« hätte er sich ebenso offen zum »bürgerlichen Lebenswandel« bekennen müssen; und diese Haltungen wären zu wechseln gewesen je nachdem, wo und in welcher Situation er sich gerade befand. Mit dieser Lösung würde man aber ebenso an der damaligen Realität vorbeigehen wie mit der einfachen Aussage von der doppelten Moral. Sogar in den USA – dem am klarsten sich zum Kapitalismus bekennenden Land – hat man dagegen verstanden, beide Haltungen miteinander zu verschweißen. Man kann auch sagen, daß es mit den schon beschriebenen – und noch weiteren, zu untersuchenden – Techniken der »Rechtschaffenheit im Kleinen« gelang, die in der gesamten Situation angelegte Unechtheit in Echtheit zu verwandeln. Diese Verwandlung war gemeint, als davon gesprochen wurde, daß das Unmögliche möglich gemacht wurde.

Die Selbstdarstellung in Redlichkeit und Zuverlässigkeit im Kleinen und im engeren Bereich allein war hierzu noch nicht ausreichend. »Flankierende Kräfte« mußten hinzugezogen werden. Vermutlich entwickelten sich die verschiedenen Abstützungen der »Echtheit der Unechtheit« im System wie von selbst – unbeabsichtigt, aber konsequent.

Kontaktbereiche dieser flankierenden Kräfte, die ein »gutes Gewissen« im gemeinten Sinne absichern konnten, waren: die eigene Familie, Freundschaft, Wissenschaft und Technik, Staatsbeamte, Literaten, Kunst. Es handelt sich um – hier ziemlich unsystematisch nebeneinander stehend wirkende – Beziehungsgruppen oder Beziehungsfelder, die in charakteristischer Weise am kapitalistischen Prozeß gar nicht beteiligt scheinen oder nur halb beteiligt sind oder an einem Rande stehen. Gleichzeitig sind sie auch geeignet, Beziehungen zur Vergangenheit herzustellen oder weiterzupflegen.

An dieser Stelle muß kurz daran erinnert werden, daß die Vergangenheit ständig und sehr real anwesend war. Alte repräsentative Stadtkerne wurden übernommen, oft auch in der Folge kaum verändert; ein neuer Baustil wurde kaum entwickelt, wenn man von dem Einrücken von Eisen und dem Bau von Fabrikgebäuden absieht. Aber hier wurde noch lange das Eisen schamhaft mit Stein kaschiert. Die religiöse Bindung blieb formal dieselbe: Man ging in die Kirche und war gläubig – was aus den erwähnten Gründen auch zweckmäßig war; Sitten und Gebräuche pflanzten sich fort und veränderten sich nur unendlich langsam. Trotz der niederreißenden Dynamik des neuen Systems steckte die Vergangenheit noch in allen Poren der Menschen.

Es enthüllt sich ein neuer Widerspruch: Die Stärke des kapitalistischen Systems lag in seiner Fähigkeit, Altes niederzureißen. Seine Schwäche bestand darin, neben dem Aufbau eines riesenhaften maschinentechnischen »Verwertungssystems« keine eigenen neuen »Institutionen« aufbauen zu können. Es konnte die profitable Verwertung von menschlicher Arbeitskraft organisieren, aber darüber hinaus war es im Organisieren Freude bietender oder stützender menschlicher Beziehungen schwach. Dieses »kulturelle Organisationsdefizit« wurde ihm an dieser Stelle nun doch noch eine Hilfe: Mangels anderer Stützen und in der Zwangslage, sich vor sich selbst rechtfertigen zu müssen, griffen auch die kapitalistischen Bürger, die »Bourgeois«, nach den Stützen der Vergangenheit, nach Vorbildern wie dem »königlichen Kaufmann«, dem Bild des Ehrenmannes, das vom Gesellen bis zum Patrizier die Vergangenheit geleitet hatte. An sich hatte das neue System mit dieser Vergangenheit gebrochen. Nun benutzte man sie aber zur Abwehr der eigenen Unsicherheit.

Die »Familie« war hierzu hervorragend geeignet. Unter Familie – soweit das Wort überhaupt gebraucht wurde, verstand man früher zwar auch eine »Kleinfamilie«, d. h. Eltern und Kinder, aber dieser »Kern« war eingeschlossen in einen eisernen Ring von älteren Generationen, Verwandtschaft, Geschwistern und Schwagern (plus Schwägerinnen), Nachbarschaft und Gemeinde.

Individualistische Bestrebungen, Konkurrenzsystem und höhere Mobilität in der Form von Ortswechsel trennten dann diese Kernfamilie aus den genannten Zusammenhängen heraus. Noch lange nicht von der Verwandtschaft losgelassen, aber im ganzen viel stärker isoliert als vorher, war soziologisch gesehen ein ganz neuer Familientyp im Entstehen: die »moderne isolierte Kleinfamilie«. Vorgänger waren die Offiziers-, Beamten- und auch evangelischen Pfarrerfamilien gewesen, die bereits früher sehr auf sich angewiesen gewesen waren, da sie häufiger hin und her kommandiert (»versetzt«) wurden. Nun breitet sich diese Lebensform aus und erfaßt breite Kreise des Besitzbürgertums. Mehr denn je hängt damit die Familie am Vater, genauer gesprochen, an dessen Einkommen. Der Mann bekommt damit eine neue Autorität in der besitzbürgerlichen Familie, seiner Frau gegenüber als Ehemann, den Kindern gegenüber als Vater. So wenig, wie er diese Autorität (wie früher) von einer Zunft, Gilde oder Innung ableiten kann, so wenig machen ihm nun enge Verwandte im eigenen Haus die Autorität streitig. Die neue Autorität leitet sich in Wirklichkeit von seinem Einkommen ab; gerade in der Familie ist es aber besonders leicht, diesen Zusammenhang verschwinden zu lassen. Über Geld (denn das hieße doch auch: über seine Herkunft!) spricht man nicht. So kann sich der Hausherr dann leicht als die Autorität selbst darstellen. Auf diese Weise fließt ihm ein Maß an Anerkennung zu, das sein Selbstgefühl bestätigt und ihn in der Richtigkeit seines ganzen Verhaltens bestärkt.

Besonders gilt dieser Mechanismus für die Kinder, die unerfahren und durch den vom Vater ermöglichten hohen Lebensstandard bestochen, nur allzu gern den Vater als Autorität anerkennen. Eine Mischung von »zärtlicher Fürsorge« und unerbittlicher Härte fixiert sie auch in dieser Haltung.

Die Rolle der Frau weicht nicht allzuviel von diesem Bild ab. Rechtlich völlig unterlegen, voll und ganz in die Mutter- und Hausfrauenrolle hineinerzogen, trägt sie jedoch noch mehr zur Stabilisierung des Mannes bei. Einerseits anerkennt sie seine Überlegenheit, sie ist dazu erzogen; z. B. verwaltet ihr Mann praktisch, ohne daß sie eine Kontrolle hätte, ihr Vermögen – wenn sie eines in die Ehe eingebracht hat. Sie hat keine Unterschriftsberechtigung. Sie ist in der Erziehungsberechtigung nachgeordnet. Ihre Ausbildung oder mindestens praktische Geschäftserfahrung ist niedriger als die seine. Sie *ist unterlegen.* Auf der anderen Seite braucht der kapitalistische Bürger, »der Mann«, sie in mehrfacher Hinsicht an erster Stelle in seiner schwierigen Situation. Hier können wir von Sexualität absehen, die in dieser Ehe vielleicht gar keine so geringe Rolle gespielt hat, wie sich die jüngere Generation das heute gern vorstellt, Sexualität, die auch über das Angebot der Prostitution befriedigt werden konnte. Wichtiger war es, eine »repräsentative« Frau zu haben, die nicht nur gesellschaftlich den beanspruchten Rang des Mannes unterstrich, »mit der er sich sehen lassen konnte«, sondern die in ihrer konservativen, d. h. althergebrachten Gestalt etwas darstellte, worauf der Kapitalist geschäftlich weniger Wert legte; durch ihr Verhalten unterstrich sie seine Fähigkeiten als Mann und Mensch. Selbstverständlich konnte man Frauen kaufen, z. B. diskret von deren Vätern (oder Müttern); so kam man auch zu der besonders begehrten adeligen Frau, die höheres Ansehen in die Familie einbrachte. Niemand hätte daran gedacht, seine Frau teurer weiterzuverkaufen, es wäre auch im Kapitalismus nicht gegangen. Wichtig war nur, daß dieser Mann als der von einer Frau Auserwählte auftreten konnte (wie die wirklichen Hintergründe auch gewesen sein mochten) und sie sich zu ihm bekannte.

Frauen widerlegten durch ihr Dasein den Vorwurf, es gehe den Männern nur ums Geschäft. Sie brachten alte Sitten und Bräuche mit in die Ehe und setzten sie meist hartnäckig in der selbst produzierten Familie durch. Mit der Überlieferung der Sitten und Bräuche auf die produzierte Familie erweiterten sie noch den Effekt ihres faktischen Dasein um konservative Noten, die dem guten Ruf wohltaten. Zu Hause und mit Frau und Kindern konnte man auch als kapitalistischer Bürger, als Bourgeois, mit sich identisch sein.

Außerhalb des »eigenen Heims« ereilte einen die strukturelle Unsicherheit. Im Randgebiet der Familie entwickelte sich daher eine weitere flankierende Stützung, die »Freundschaft«.

Freundschaften hat es sicher schon immer gegeben. Wegen der größeren Unkompliziertheit der Situation der Männer waren offenbar Freundschaften dauerhafterer Art zwischen Männern häufiger als zwischen Frauen. Dennoch ist es eine eigenartige Erscheinung, daß genau mit der Entwicklung des kapitalistischen Systems auch der Begriff der Freundschaft stärker hervortritt. »Freundschaft« ist eine Art der Zuneigung, die zwar tief unterirdisch eigennützige Elemente haben kann, die aber offen gerade auf der auch subjektiv gefühlten *Uneigennützigkeit* beruht. In traditionellen Verhältnissen ist eine Freundschaft dieser Art relativ leicht geschlossen. In der kapitalistischen Atmosphäre von angestrebter Anonymität, von Mißtrauen und struktureller Isolation bekommt eine »uneigennützige« Beziehung einen ganz anderen Stellenwert. »Freundschaft« ist nun nicht mehr nur ein normales menschliches Gefühlsbedürfnis, sondern sie beweist einem selbst und auch den anderen, daß man uneigennützig Zuwendung vergeben kann. Damit aber gewinnt man ein neues Stück an Identitätsmöglichkeit. Als anerkannter Ehemann, Vater und Freund vertritt man feste menschliche Bedürfnisse; und als deren »Vertreter« ist man anzuerkennen und kann sich selbst auch anerkennen. In solchen Freundschaften dokumentierte sich ein echtes Bedürfnis nach menschlichen Beziehungen.

Das Problem ist, daß die Freundschaft neben diesem menschlichen Bedürfnis auch der Verfestigung eines »echten Oberbaues« dienten. Selbst die echteste Freundschaft hatte die Kreditwürdigkeit zu stützen. Ein »echter Oberbau« entstand also auf einer falschen Grundlage. Diese Konstruktion »echter Oberbau« wurde durch die vorerst offen überprüfbare wissenschaftliche Technik und das Interesse des »Staates« unterstützt.

Dieselbe Rationalität, die zum wirtschaftlich erfolgreichen Berechnen von Situationen in der Marktkonkurrenz geführt hatte, trieb die Einsichten in die Gesetzmäßigkeiten voran, nach denen die Natur »ablief«. Zusammen mit den frühesten Anfängen des Kapitalismus in England und den Niederlanden wurde erkannt, daß man die Natur beherrschen könne, wenn man ihren Gesetzen *gehorchte*. Ohne Wissen um die nun freisetzbaren Kräfte (Einstein sah erst 1903 die Fürchterlichkeit der Atomkraft voraus) entfaltete sich in Experiment und Gegenexperiment, in Praxis, Versuch und Irrtum diejenige Technik, die die kapitalistischen Prinzipien erst wirksam werden ließ. Diese »Technik« beruhte auf »objektiven Einsichten«. Sie wurde vom Kapitalismus in Dienst genommen, ohne sich darüber Rechenschaft zu geben. Ganz der im System liegenden Tendenz zum konkurrierenden Einzelgängertum auch in der Forschung folgend, arbeiteten die »Wissenschaftler« scheinbar unabhängig vom System. In Wirklichkeit jedoch wurden ihre Ideen in dem Augenblick, in dem sie »verwertbar« erschienen, auf dem riesigen Experimentierfeld der Fabriken unter gewaltigem Verschleiß billiger Menschenkraft ausprobiert. Von diesem Vorgang brauchten die Wissenschaftler aber nur das *Ergebnis* zur Kenntnis zu nehmen. Ähnlich wie im nun entstehenden Krankenhaus, dem Experimentierfeld für die entstehende Gesundheitsindustrie, zählten nur die Erfolge. Diese Erfolge bestärkten das Gefühl des Besitzbürgers, »auf dem rechten Weg zu sein«. Ohne es zu wollen, wurde die »Wissenschaft« damit auch zu einer »flankierenden« Kraft für das Selbstbewußtsein des Kapitalisten. Die Richtigkeit wissenschaftlicher Aussagen hat nichts mit der moralischen Qualität ihrer Anwendung zu tun; der trotzdem bestehende inhaltliche Zusammenhang wurde von allen Beteiligten verdrängt.

An diesen Erfolgen der Kombination von kapitalistischem Streben und wissenschaftlich begründeter Technik nahm verständlicherweise auch der »Staat« regsten Anteil. Der Staat war ursprünglich jener Herrschaftsapparat, den die rationale Königsherrschaft zu ihrer eigenen Stabilisierung geschaffen hatte. Zu dieser Stabilisierung gehörte auch der unmittelbare Zugang zu Geld. Dieses Geld konnte über Steuer- und »Gebühren«-Systeme direkt und indirekt (Verbrauchssteuern) erhoben werden. Eine wichtige Quelle darunter war die »Gewerbesteuer« und andere Steuern, die die neue Industrie an die Staatskasse zahlen mußte. Da von dieser industriellen Produktion und einer günstigen Entwicklung des gesamten Fabrik- und Handelswesens der Geld-Pegel in der Staatskasse abhing, war ein unmittelbares Interesse des Staates an der kapitalistischen Entwicklung gegeben. Er nahm Anteil, um sich seine Anteile nehmen zu können.

Dieser Staat behielt zwar in ganz Europa fürstliche Häupter als Repräsentationsfiguren. Das Bürgertum dirigierte aber – in den einzelnen europäischen Ländern mit höchst unterschiedlicher Macht – praktisch den Staatsapparat, in Deutschland am wenigsten. Das Bürgertum sah sich daher in den »Staatsbeamten«, der »Bürokratie«, sowohl Vertretern des Kaiser-, Königs- oder Fürstenhauses gegenüber als auch den Vertretern seiner eigenen Interessen. Im Hinblick auf die zu zahlenden Steuern waren die Bürokraten höchst unbeliebt; im Hinblick auf ihre mögliche Rolle bei der Vorwegfinanzierung großer Vorhaben (an deren Gewinn sie nicht selten beteiligt waren) waren sie die besten Verbündeten. Da der Staat selbstverständlich beanspruchte, für das Wohl der Allgemeinheit da zu sein, hatte der Kapitalist auf diese Weise den Staat hinter sich. Sein Selbstbewußtsein war somit auch von hier aus abgesichert, und zwar in einsichtiger Weise, da das Interesse des Staates echt war und der Staatsapparat eine unbezweifelbare Größe darstellte.

Zudem waren die bedeutenden Staatsverwalter – hier wieder besonders in Deutschland – zugleich Vertreter einer planerischen Rationalität, die dem kapitalistischen System entscheidende Impulse geben konnte. Für die »Staatsbeamten« war »Übersicht« im Großen wichtig. Daß sie dabei das einzelne »übersahen«, ärgert die alten »Konservativen«, die vorkapitalistischen Stadtbürger von Anfang an; vielleicht kann man sagen: von 1750 an – in England früher. Für sie hatten die Gegenstände und Zustände noch Gebrauchswert. Daß z. B. ein ganzer Wald abgeholzt wurde, nur um dem König vom Schloß aus einen freien Blick zu schaffen, bewegte Matthias Claudius zu einem bitteren und spottenden Gedicht über »Bürokraten«. Claudius griff eine Politik an, die »aufs Ganze« ging, eine harte Rationalität des Durchgreifens, um Übersicht zu bekommen und Verhältnisse zu klären.

Dem kapitalistischen Bürger aber entsprach diese »Handlungsweise« mehr, als er selbst wahrhaben wollte. Befand er sich mit seiner neuen Verhaltensweise noch in »bescheidenen Anfängen«, dann brauchte ihm dieses Denken nur anfänglich unheimlich zu sein wie später dem Fabrikanten die Zusammenfassung von Unternehmen in »Trusts«.

Diese neue bürokratische Rationalität war also abschreckend und Vorbild zugleich. Das rationale Interesse des Staates am kapitalistischen Unternehmen konnte widerwillig als »Schub nach vorn« empfunden werden, gleichzeitig konnte diese Unterstützung das Selbstgefühl heben.

Das Verhältnis zum Staat war also in der kapitalistischen Welt »ambivalent«, zwiespältig, in den angelsächsischen Ländern bedeutend mißtrauischer angereichert als in Deutschland. Es konnte aber im Kapitalismus »von oben gesehen« das Selbstvertrauen des Kapitalisten nur stärken.

Zu der Stärkung – um die es uns hier geht – trugen weiter Literaten, Kunst und Geselligkeit bei. Die Literatur, die sich in geschriebener Sprache ausdrückende Kunst, ist für eine kurze Analyse ein undankbares Feld. Vereinfachungen geraten hier besonders leicht zu Verfälschungen. Leichter als über Literatur kann man etwas über den »Literaten« sagen, den wissenschaftlich Gebildeten (Tages-)Schriftsteller, »Zeitungsschreiber«. Es war schon darauf hingewiesen worden, daß das kapitalistische System nur auf der Basis schneller und möglichst umfassender Information über alles wirtschaftlich Interessante arbeiten konnte. Nur so konnte die Annahme einer Übersichtlichkeit der Marktverhältnisse bestehen, und auf ihr ruhte wieder die Forderung nach »freier Konkurrenz«. Ein hoher Informationsbedarf war also vorhanden. Entsprechend entwickelte sich eine »Presse«, die diesem Bedarf entgegenkam. Diese Presse geriet sofort selbst auf den »Markt« und mußte sich in Konkurrenz behaupten. Das konnten die einzelnen Zeitungen und Zeitschriften wiederum nur durch gute Kontaktpflege zu Informanten, d. h. zu Kaufleuten, »Börsenmenschen« und Fabrikanten. Darüber hinaus mußte die Presse für sich werben, indem sie neben den Wirtschaftsnachrichten Attraktives und Dekoratives anbot. Um ihren Kulturanspruch zu dokumentieren, mußte sie dem Leser »schöne Literatur« und Nachrichten aus Kunst und Wissenschaft vermitteln. Der Literat wurde somit Vermittler zwischen den informierten Kreisen der Gesellschaft und gleichzeitig unentbehrliches Mitglied der »feineren Gesellschaft«. Da die Tätigkeit von »Journalisten« einerseits schlecht bezahlt war, andererseits von jungen, ehrgeizigen Leuten (die lieber freie Dichter oder angesehene Schriftsteller hätten werden wollen) heftig angestrebt wurde, ergab sich auch hier ein Konkurrenzkampf, in dem nur die Geschicktesten und Wendigsten sich behaupten konnten. Damit kam ein für Geselligkeit sehr erwünschtes Element in die Kreise der meist äußerst real orientierten Kaufleute und Fabrikanten, das sie in ihrem Selbstgefühl weiter bestärkte. Die Presse wurde eine weitere flankierende Stütze des kapitalistischen Bürgertums.

Den ganzen Kreis der das System nicht unmittelbar Tragenden zu umschreiben, führt hier zu weit. Im Feudaladel war dieser Kreis klein, besonders im Hochadel waren z. B. die oft sehr vermögenden Frauen intensiv an der Machterhaltung und -vergrößerung beteiligt. Beim Stadtbürgertum war z. B. die Meisterin, die Frau des Meisters, ein völlig unentbehrlicher Hilfsfaktor zur Aufrechterhaltung des Betriebes, als Wirtschafterin, Betreuerin und Erzieherin von Lehrlingen, Bewacherin von Gesellen; oft genug half sie bei der handwerklichen Arbeit mit.

Im kapitalistischen System gerät die Frau in einer historisch neuen

Form in den Mittelpunkt des gesellschaftlichen Lebens und gleichzeitig an den Rand des Systems. Bei »Gesellschaften« hat sie zu repräsentieren, zu »glänzen«, teils im echtesten Sinne des Wortes, nämlich mit dem Schmuck, den sie trug. So verlieh sie nicht nur ihrem Mann den Hintergrund der Menschlichkeit und Lebenszugewandtheit, sondern bekundete zugleich seine wirtschaftliche Macht.

Außerhalb dieser Geselligkeit, bei der ihr unter Umständen wichtige Aufgaben der Kontaktaufnahme von ihrem Manne übertragen wurden, geriet sie nun in die Rolle der völligen Abhängigkeit. Oft war sie nicht einmal mehr richtig Mutter und Hausfrau, was bei der wohlhabenden Bäuerin noch deren häusliche Macht bedeutete; für die Kinder waren ebenso wie für die Küche Hilfskräfte da, Ammen und Kindermädchen und Mädchen, die die beim Adel übliche »Zofe« ersetzten, Putzmädchen und Köchin, »Dienstboten« also. Damit war die »Hausfrau« im kapitalistischen Haushalt eigenartig entlastet und freigesetzt. Hierher gehört wohl das Wort Schopenhauers: »Die bürgerliche Kultur beruht auf dem Dienstboten«. Die Dienstboten, harmloser erscheinende Varianten der Arbeiterschaft, garantierten als billige Arbeitskräfte eine Konzentration der Hausfrau auf eine relativ freie Lebensgestaltung innerhalb des ihr gesetzten Rahmens. Da Hausangestellte wegen des großen Angebots von Mädchen, die vom Land in die Stadt drängten, ganz besonders »billig« waren, verfügte praktisch das gesamte Bürgertum im Kapitalismus reichlich über solche Hilfskräfte, vom Kleinbürgertum an: Noch die berühmte Romanfigur »Schwejk«, ein Hundefänger, hatte eine »Zugehfrau«.

Dementsprechend war der Rahmen der Bewegungsfreiheit der Hausfrau sehr unterschiedlich begrenzt. Mindestens aber war die »grobe« Arbeit, d. h. der unangenehmste Teil, abwälzbar. Was das war, konnte sich die Hausfrau vorerst aussuchen. Oft blieb in einfacheren Verhältnissen das Kochen ihre – selbstgewählte – Aufgabe, da es dem Putzen und Aufräumen oder mindestens dem dauernden Staubwischen vorgezogen wurde. Dieses Staubwischen wird nicht von ungefähr erwähnt. Die Tendenz des kapitalistischen Bürgertums, »ehrbar« in der Konkurrenz zum nie voll und ganz niedergekämpften Adel zu werden, d. h. als gleichwertig angesehen zu werden, hieß nicht nur, Wohnungen und Häuser immer größer auszuwählen oder zu bauen; besonders auch die Innenausstattung wurde üppiger. Dieser Prozeß lief in den verschiedenen europäischen Ländern unterschiedlich ab. In Deutschland steigerte sich die Prunktendenz nach dem unfreiwillig bescheidenen »Biedermeier-Stil« (das praktisch noch nicht recht existierende Deutschland war um 1820 ein armes Land) zum aufwendigen »Makart«-Stil. Die großen Wohnungen und Repräsentationsvillen der Besitzbürger und hohen Beamten strotzten von kostbaren Samtvorhängen, Möblierung in »altdeutschen« und importierten Formen, sie prunkten mit figürlichen Bronzen, schwergerahmten Gemälden, Kronleuchtern und Teppichen. Eine Überflut an »Nippes«, Geschirr, Silberzeug und mehr oder weniger wichtigem Hausrat vervollständigten diese Zeichen von Wohlstand. Die Wohnungen glichen damit einer Mischung von Museum und unwirklicher Repräsentationsausstellung. Staubwischen oder das früher mehr praktizierte Staubwedeln war wirklich eine ständige, unaufschiebbare Aufgabe.

Aufreibender waren aber für die Hausfrau die ihr nun zwangsläufig zufallenden Aufgaben der Ausstattung, der eventuellen Ummöblierung (was allerdings in den mittleren und unteren Schichten selten geschah) und der Planung von repräsentativer Geselligkeit, die Auswahl der Gäste, Speisefolgen und nicht zuletzt die Auswahl ihrer eigenen repräsentativen Kleidung auch für die Außendarstellung in Oper und Theater. Sie hatte mit »Kultur« zu tun.

»Kultur« hatten wir schon einmal vom Lateinischen »colere« = pflegen abgeleitet. Die Hausfrau pflegte Haushalt, Ausstattung, Geselligkeit, den Lebensrhythmus der »Familie«, d. h. hier den ihres Mannes, soweit er ihr zugänglich war. Sie entnahm der Tradition, d. h. der vorkapitalistischen Vergangenheit alle nur verfügbaren Bräuche. Diese Bräuche wurden wegen der neuen Einstellung zum Vergangenen und neuer wirtschaftlicher Möglichkeiten und Zwänge, nämlich ständig nach »Neuem« zu trachten, ebenfalls üppiger und – »weltlicher«. Vormals sehr sparsam gefeierte Feste (wenn man von Bauernhochzeiten absieht) wurden neu betont. Mehrere Tage, die vorher unbedeutend waren, wurden zu Festen, wie etwa der Geburtstag. Weihnachten schob sich beim wohlhabenden Bürger als Vorbereitungsstimmung zurück bis in den November – eine besonders in Deutschland ausgeprägte Tendenz. Verlobungen, Hochzeiten, Kommunion und Konfirmation bekamen bäuerliches Gewicht und städtisch-kapitalistische Ausstattung, die nach dem Aufwand des alten Adels schielte. Häusliche

»Bälle« wurden »Staats«-Angelegenheiten. (»Hofstaat« und »Staat hermachen« waren alte, dem modernen Staatsbegriff vorwegeilende Bezeichnungen aufwendigen Verhaltens.) Das alles mußte sorgfältig vorbereitet werden. Die bürgerliche Hausfrau hatte ähnlich den adeligen Frauen nie aufgehört, ein praktisches Verhältnis zu »Handarbeiten« zu bewahren. Oft war sie eine Künstlerin im Anfertigen von Handarbeiten; Kunstgewerbe kündigte sich an. Sie konnte diese – anerzogenen! – Fertigkeiten nun ständig bei neuen Gelegenheiten zur *individuellen* Gestaltung der Familienatmosphäre einflechten. Sie »bastelte« mit den Kindern. Sie entwickelte »Geschmack«: So und nicht anders durfte die Tischdekoration aussehen. Blumen-Arrangements – ohne den symbolisch-religiösen Gehalt des japanischen Ikebana – wurden eine Aufgabe. Wie mußten Vorhänge, »Stores« gerafft, Tische »dekoriert« sein? Was war die neueste Mode? Wie bekam man eine persönliche Note hinein? Die Hausfrau war ausgefüllt. Sie arbeitete wirklich. Sie war der Fabrik, dem Geschäft – all diesen Ärgernissen der »schmutzigen« Welt – fern. Sie brauchte sich dieser Außenwelt nicht zuzuwenden außer hie und da wohltätig einzugreifen, wo ärgste Not das ästhetische Gefühl beleidigte und der Moral zusetzte.

Lange Zeit spottete man über die Ausstattungsunechtheit der damaligen Zeit. Man wußte noch nichts von der Steigerung von Unechtheit. Heute sind diese Ausstattungsstücke begehrt. Sie werden wieder gekauft und als Versatzstücke ins Leben eingesetzt. Damals waren sie *keine* Versatzstücke, keine »Theaterkulissen«, wie wir gern gelaubt hätten. Der Oberbau des vollen Kapitalismus war echt, so echt wie die Eichenmöbel und die Goldrahmen: *»Von Hand«* gearbeitet, »schwer«, in ihnen steckte der *Mensch* drin, sie waren haltbar – selbst wenn sie unecht waren. Sie betrogen den Menschen nicht. Da viele Gegenstände – wie wir jetzt entdecken – auch einen hohen *Gebrauchs*wert hatten, war ihre Legitimation eine große. Sie war es *nicht* im Hinblick auf die Basis, auf der alles aufruhte. »An sich« aber waren sie »solide«, stabil und brauchbar.

Wir lächeln über die »Dame« dieser Zeit, ihre Sucht, »gnädige Frau« (d. h. adelig) zu sein. Dieser Spott, mit Bitterkeit gemischt, ist berechtigt, wenn man die Rolle der Frau als eine erzwungene, untergeordnete sieht, in die schon die kleinen Mädchen hineingezwängt wurden. Sieht man aber diese Rolle als eine damals gegebene, dann muß man sagen, daß die bürgerlich-kapitalistische Frau diese Rolle überzeugend-erfolgreich spielte.

Wir waren nur allzu schnell bereit, über damaligen Klavier-Terror, fürchterliche Gesangsdarbietungen »im Heim«, Stickereien und Heimmalerei zu witzeln. Offenbar aber wurde von Frauen im »Heim« solider musiziert, gekonnter gemalt, überhaupt intensiver »gewerkt«, als wir gern wahrhaben möchten. Hinter allem standen nicht nur Bemühen um diese Künste, sondern Fleiß, Ausdauer und auch Wissen um ihre Grundlagen.

Hier wurden alte handwerkliche Grundsätze genau so übernommen wie Bräuche. Wie hätte sich auch sonst der Kapitalismus entwickeln können, wenn er nicht auf Genauigkeit, Gründlichkeit, Sorgfalt und Zuverlässigkeit bestanden hätte. »Industrie« heißt »Fleiß«. Kapitalistische Industrialisierung heißt: unerbittliche Disziplin zur Erzielung von Mehrwert. Das wurde in eine Erziehung umgesetzt, die nicht »vor dem eigenen Haus« Halt machte.

So kam der Kapitalist vom Geschäft, vom Büro, der Fabrik in ein gefestigtes Heim. Solide Grundsätze im Geschäftlichen hatten ein solides Zuhause geschaffen.

Der Fabrikant, der Börsenkaufmann und Geschäftsmann brachte noch ständig seine Sorgen mit ins Haus. Er hatte sich Lebenstechniken des »Sich-nichts-Anmerkenlassens« zugelegt. Nach außen gab er sich gleichmütig, aber seine Frau konnte er kaum über seine ewig unsichere Lage täuschen. Wenn sie »das Beste« tat, um ihn »abzulenken«, dann bedeutete das für sie doch eine gewisse Nähe zur kapitalistischen Wirklichkeit. Die Konkurrenten, der »Gang der Geschäfte«, die »scheußlichen Arbeiter«, sie waren so für die Frau eine – wenn auch durch den Mann gefilterte – Realität.

Viel ferner noch von der Fabrikwirklichkeit als das Zuhause des kapitalistischen Bürgers war naturgemäß das des indirekt Beteiligten, des höheren Offiziers, des »Beamten«, des erfolgreich arbeitenden (und verkaufenden) Künstlers, von Schriftstellern des »Milieus«, d. h. der besonderen bürgerlichen Wirklichkeit und Kultur, von erfolgreichen Schauspielern und Sängern. – Hier konnte man unbefangener sein, hier konnte man sich gleichmütig der realen Illusion hingeben, daß ein gleichmäßiges monatliches Gehalt des Mannes aus einer durch geheimnisvolle Gewalt ständig wieder aufgefüllten Kasse des Monarchen oder des »Staates« stamme. Die harte Konkurrenz, der der Kapitalist ausgesetzt war, verflachte hier zu einem großen Teil in »Karriere« und ihre Probleme. Für den Offiziershaushalt, besonders den jungen, ging es darum, ob der Mann in die höheren Ränge aufsteigen würde; im zaristischen

Rußland hieß es: Der Mensch beginnt beim Oberst! In Preußen bangte man darum, ob der Mann um die »Majorsecke« (Eingangsstufe »höherer Dienst«) herumkommen würde.

Diejenigen, die ihre Fertigkeiten auf den Markt bringen mußten, wie z.B. Künstler, waren auf Einkünfte angewiesen, deren Herkunft insofern verschleiert war, als sie vom Kapitalisten selbst erbracht werden mußten, der sie dann als Kunde oder Abnehmer künstlerischer Produkte oder Dienstleistungen an die Künstler weitergab. Was hatte daher ein Künstler mit dem kapitalistischen System zu tun? War er staatlich angestellt (z.B. Kammersänger, Architekt, Bildhauer), dann war er in der Situation des Offiziers oder höheren Beamten; war er einfach erfolgreich, dann drohten zwar Altersprobleme, besonders Altersversorgungs-Probleme; zuletzt bekamen er und seine Familie vielleicht die Härte des Systems voll zu spüren. Aber bis dahin bezahlte ihn das »Bürgertum«.

Ähnliches galt für den Medizinwissenschaftler, den Arzt, um noch ein wichtiges Beispiel zu nennen. Der Arzt brauchte nichts mit dem kapitalistischen System zu tun zu haben! Diese schöne Illusion war hier besonders leicht aufrechtzuerhalten. Gesundheit wurde ein zunehmend stärker betonter Wert. In Fragen der Gesundheit war auch der »Begüterte« vom Arzt abhängig. Seine Bemühungen waren bei Erfolg unschätzbar wichtig, d.h. wertvoll. Nahm der Arzt reichliche Honorare von wohlhabenden Klienten, dann konnte ihm das kaum als »kapitalistisch« vorgeworfen werden: Hier galt das Wort von Heim, einem beliebten Berliner Arzt, der nachts dringend zu einer Dame gerufen wurde, deren schwere Migräne bis zu seiner Ankunft verflogen war. Die mehr auf anregende Unterhaltung erpichte Gute flüsterte bei seinem Eintreten: »Herr Geheimrat, verzeihen Sie mir, Sie kommen *umsonst*!« – »Nicht umsonst, Gnädigste, nur vergebens!« versicherte ihr Heim. – So war auch der durchschnittliche Arzthaushalt, gleich dem des Pfarrers, Gymnasialprofessors und Rechtsanwaltes oder Richters eine Oase, die von den Bewegungen des Systems weniger berührt wurde.

Zwar standen einige Ärzte näher an der Front der kapitalistischen Industriearbeit, wenn sie mit den »Armen« zu tun bekamen, hier ergab sich aber eine unerwartete und doch sehr folgerichtige Entwicklung. Sogenannte Armenärzte hatte es immer nur wenige gegeben: Idealisten, oft in der bürgerlichen Gesellschaft Gescheiterte, jedenfalls eine Minderheit. Aber das zunehmende wissenschaftliche Interesse der Medizin am »Fall« und an der Vergleichbarkeit der »Fälle« wie auch neue »Industriekrankheiten«, Betriebsunfälle in vorher nicht gekanntem Ausmaß und das Interesse des staatlichen Militärs an gesunden Rekruten bewirkten den Bau von Krankenhäusern, der Ablösung der alten »Spitale«. Hier ergab sich soviel »interessantes Material«, soviel Gelegenheit zu in der Lehre verwertbarer Forschung, daß persönlicher Idealismus und persönlicher Ehrgeiz sich für ärztliches Tun günstig verbrüdern konnten. Die Position eines Direktors oder »Oberarztes« war auch nicht uneinträglich. So diente der leitende Arzt im Krankenhaus mehr der Wissenschaft, Forschung und Lehre und natürlich dem Menschen schlechthin, als daß er sich über die Hintergründe der ständig fließenden Quelle seiner Bemühungen und Einkünfte klar werden mußte. Niedere ärztliche Ränge im Krankenhausdienst brachten nichts ein.

Noch dichter an der Front standen die Juristen. Wir brauchen uns ihre Situation aber nicht als allzu beunruhigend vorzustellen. Das im neuen bürgerlichen System gesetzlich fixierte Recht, niedergeschrieben oder, wie in England, flexibler weitergegeben, war selbstverständlich ein Rechtssystem, das an den Interessen der »Bürger« ausgerichtet war. Das gilt noch für das sonst in seiner Sorgfalt ausgezeichnete BGB von 1890. Vor den *Richter* trat aber vorwiegend die nichtbürgerliche Bevölkerung. Die Rechtsanwälte als Verteidiger haben sicher das Mißverhältnis zwischen bürgerlichem Recht und meist nicht bürgerlichem Missetäter gesehen. Diese Einsicht konnte sich höchstens in Zynismus äußern. Den staatlichen Anklägern und Richtern half gegen solche Einsichten eine Ideen-Schutzwand, mit der wir uns schon ausführlich beschäftigt haben: das Naturrechts-Denken. Dieses Naturrechts-Denken, daran muß erinnert werden, war zur Grundlage des bürgerlichen Angriffs gegen den Feudaladel (und auch die königliche Übergewalt) verwendet worden. Es betonte die Freiheit des Menschen und die Schutzwürdigkeit des Eigentums. Freiheit war auch »Freiheit des Willens«. In der Regel hatte der Täter also in eigener Entscheidung gehandelt. »Bei Berücksichtigung aller weiteren Umstände« stand nach »Überführung«, möglichst Geständnis des Täters somit nur noch die Strafart und das Strafmaß zur Diskussion. Das »Staatsinteresse« an Aufrechterhaltung von Freiheit und Eigentum, der Staatsanwalt, mußte auf harte Bestrafung drängen.

Der Richter konnte vermitteln. So fiel das Urteil zur Zufriedenheit aller Beteiligten – vom Angeklagten als Hauptbeteiligtem abgesehen – aus. Alle hatten ihr Bestes getan, die bürgerlichen, nämlich kapitalistischen Zustände zu verteidigen. Sie konnten ruhig in ihr gemütliches Heim gehen.

Der – im engeren Sinne – kapitalistische Bürger verfügte also über sehr beachtliche »flankierende« Kräfte. Seine problematische Situation konnte als »gelöst« betrachtet werden. Er bewegte sich außerhalb der Fabrik- und Geschäfts- oder Börsensituation in einem echten oder ihn zumindest klar unterstützenden Milieu. Seine Identität konnte eine ungebrochene sein, sein Selbstwertgefühl war ein echtes.

Diese Echtheit bekam aber auch aus der direkten Auseinandersetzung mit den kapitalistischen Problemen handfeste Unterstützung: Aus der Produktion, dem Ankauf von Materialien (Rohstoffe oder Halbfertigfabrikate) und dem Verkauf, aus den Verhandlungen mit Werkmeistern wie den Überlegungen über Beteiligung an anderen Unternehmen bis zu deren Ankauf. Hier handelte es sich ständig um reale Prozesse und Auseinandersetzungen. In ihnen konnte man nur mit Sachkenntnis, Fleiß, Ausdauer und Zähigkeit, mit Weitblick und auch Mut zur Entscheidung – und Glück bestehen. »Skrupellosigkeit« war eine wichtige Voraussetzung. Sie dem kapitalistischen Kaufmann oder Industriellen vorzuwerfen, wäre aber genau so wenig stichhaltig wie der Vorwurf der doppelten Moral. Skrupellosigkeit war in hohem Ausmaß »systembedingt«, ohne sie wäre weder der Stadtbürger in eine Machtstellung gekommen, noch wäre der Kapitalismus als System mächtig geworden. Wir können sie also als gegeben voraussetzen. Hier geht es uns aber mehr um den die Echtheit des Tuns verbürgenden Kontakt zur Realität, und den hatte der Kapitalist in reichem Umfang. Er konnte das von ihm mitgeschleppte Feld der Profitierenden in Haus, Praxis, Büro, Theater, Oper, Gelehrtenstube, die von ihm lebende kulturelle Umgebung skeptisch betrachten. Zugleich konnte er einen bis zur »Hochfahrenheit« gehenden Stolz in seine Aufbau- (und Ausnutzungs-)Leistung entwickeln. Sehen wir von »Börsenjobbern« ab, dann kann man sagen, daß ein Kapitalist gut war, wenn er nur erfolgreich war. Er arbeitete hart; er war »unter Streß«. »Time is money« war sein Gesetz; er konnte sich rühmen, einen völlig neuen Lebensstil vorzubereiten oder schon zu führen: den der ständigen Gehetztheit. Seine Frage mußte lauten:

Wie ist die Profitrate pro Zeiteinheit? »Zeit« war für ihn ebenso wie »Raum« keine altväterliche Größe mehr. Man konnte Zeit und Raum *raffen* durch schnelleres Verhandeln, durch schnelleren Entschluß; durch schnelleren Transport, schnelleren Verkauf (Umschlag); durch schnelleres Reisen und durch schnellen Überblick über große Räume und Mengen; durch schnelleres »Verwalten« (hier lag seine Schwäche!), aber auch durch schnelleres Genießen.

Sein Tempo teilte sich der Umwelt mit. War sie zuerst noch recht widerständig, fügte sie sich später mehr und mehr in ein schnelleres Lebenstempo, bis in Musik und Ballett hinein. Die neue Kultur wurde durch ihn »angeworfen«.

Gerührt konnte er auf seine Frau blicken, wenn er nach Hause kam und sie am Stickrahmen sah. Sie war von gestern. Hier allein konnte er sich die überholte Tradition leisten.

Die weiteren Gruppen der wirklich oder vermeintlich Profitierenden

So wenig, wie es »den« Kapitalismus gab – seine Verwirklichung war überall unterschiedlich –, so wenig gab es einen klaren Trennstrich in der bürgerlich-kapitalistischen Gesellschaft zwischen oben und unten. Die Gesellschaft war voll von Menschen, die sich »abgestiegen« fühlten, z.B. von ehemaligen Handwerkern, die nicht mehr »zurechtkamen«, Familien in Konkurs gegangener Kaufleute, voll von verarmten Adeligen; sie alle konnten von sich behaupten, einmal »etwas Besseres« gewesen zu sein. Andere stiegen auf. Insgesamt gab es eine breite Schicht von kleinen und kleinsten Kapitalisten, von wirklich oder ihrem Gefühl nach Profitierenden, die sich energisch gegen das »Proletariat« absetzten, auch dann, wenn sie im Proletarischen Milieu lebten, weitgehend die Sprache der »zweiten« Kultur sprachen und ihr auch in ihren Lebensansprüchen sehr nahe waren. Vermutlich hätte sich das kapitalistische System keine so lange Zeitspanne entfalten und behaupten können, wenn sich diese Schicht nicht den kapitalistischen Prinzipien angepaßt hätte. Bei der Beschreibung dieser breiten Schicht und ihrer Auffassungen treten größere Schwierigkeiten auf als bisher.

Beim Sprechen vom »kapitalistischen Bürger«, dem Fabrikanten,

Börsenmenschen, Kaufmann und »Unternehmer« im weitesten Sinne konnten die nationalen Unterschiede noch einigermaßen übersehen werden. Die Tatsache, daß der deutsche Typ des Kapitalisten vom französischen sehr verschieden war, der wiederum vom angelsächsischen, und hier erhebliche Differenzen zwischen Engländern und (US-)Amerikanern vorhanden waren, konnte vernachlässigt bleiben. Auch der Kreis der von den Kapitalisten *Abhängigen* war so erfaßbar. Die Grundproblematik war sich hier überall ähnlich. Bei der Schilderung der nächsten Schicht muß darauf aufmerksam gemacht werden, daß große Differenzen zwischen ihrem Auftreten in den verschiedenen kapitalistischen Staaten bestanden. Die soziologische Darstellung ist überhaupt nur verallgemeinernd möglich, weil es sich um eine der bereits beschriebenen »Zweifrontenschichten« handelt.

Diese Schicht zwischen oben und unten ist dadurch gekennzeichnet, daß die Menschen in ihr nach oben und nach unten zugleich Angst haben müssen. Ihre Angst vor denen »oben« ist gemischt mit Neid und Ehrfurcht. Die »da oben« sind die Gewinner. Vor dem Erfolg hat man sich zu beugen und zu verbeugen. Die Angst nach unten ist die vor dem Absturz. Die zwischen Reichtum und Proletariat angesiedelten kleinen Geschäftsleute, Gewerbetreibenden, Werkmeister, »Subalternbeamten« (niederen Beamten), Angestellten, Polizisten, Unteroffiziere, Facharbeiter, Verkäufer, mittleren Bauern, ja auch »Dienstmädchen« mit entsprechendem »Hintergrund« (Elternhaus) bildeten eine solche Zweifrontenschicht. Der Kapitalismus hatte Energien mobilisiert. Diese »Mobilisierung« hatte sehr viele Menschen erfaßt, Menschen, die zu einem großen Teil von bäuerlicher Herkunft waren, die konservativ erzogen waren und »mit beiden Beinen auf der Erde standen«. Sie waren gewohnt zu arbeiten, aber mit einem Blick aufs Geld erzogen. Das Streben nach »höherem« Rang und nach Prestige (Ansehen) prägte ihr Verhalten.

Diese ganze Schicht war im Prinzip nicht durch die Drohung mit körperlicher Arbeit zu erschrecken; davor hatte man keine Angst. Angst hatte man vor dem »Elend« und dem Verlust von Ansehen; das war im größten Teil des 19. Jahrhunderts fast gleichbedeutend mit Arbeit in Berg- oder Erzbau, in Fabriken und auf Schiffen. Elend lauerte aber auch in der Form von Krankheit oder schwerem Unfall, von zu vielen Kindern, von wirtschaftlichen Krisen, von denen das System periodisch geschüttelt wurde. Härte, Mut zum

Sich-Durchsetzen und begründete tiefe Sorge vor einem Absturz in Not und Elend, d. h. Sorge vor andauernder Not waren in dieser Schicht miteinander verbunden. Diese Verbindung sah von Tätigkeit zu Tätigkeit verschieden aus. Ein noch so niedriger »Beamter« in Europa war einigermaßen gesichert. Diese schmale Sicherheit hatte er sich ständig neu durch Härte und Zuverlässigkeit im Amt sowie durch »Beflissenheit« gegenüber Vorgesetzten zu erwerben. Ähnlich, aber zwiespältiger orientiert war die Lage der Beamtenwitwe, die sich voll Stolz auf ihre Vergangenheit stützte, um sich durch vielleicht übertriebenes Vornehmtun ihren Status zu erhalten. Flankiert von einem treuen Dienstboten lebte sie äußerst existenzängstlich und scharf ablehnend gegen »Gleichmacherei« in meist kärglichsten wirtschaftlichen Verhältnissen.

In der Nähe der Mentalität dieser Gruppen lagen die Fabrikmeister. Ihre handwerkliche Ausbildung wurde trotz geringer Bezahlung sehr geschätzt. Außerdem trieb sie die Entwicklung auf die Seite des Kapitalisten: Die Arbeiter in England hatten sich z.B. schon im 18. Jahrhundert in kleinen, betrieblich orientierten Gewerkschaften zusammengeschlossen. Damit stand die Arbeiterschaft deutlicher der Unternehmerschaft gegenüber, der Meister war häufig zwangsläufig auf der Seite der Unternehmer und dadurch etwas gesicherter. Während der bäuerliche Hintergrund in England – wie zu Beginn dieser Arbeit erwähnt – fast völlig ausfiel, spielte er zur Befestigung des Selbstbewußtseins dieser (und anderer) Schicht(en) in Deutschland eine hervorragende Rolle. Werkmeister mit Bauern als Väter waren in ihrem Selbstgefühl und auch materiell gesicherter. Das galt auch für die ähnliche Gruppe der Unteroffiziere.

Diese Gruppe von »Positionstypen« ähnlicher Lage zeichnete sich durch handwerkliche Überlegenheit, durch ein positives Verhältnis zur bäuerlichen Arbeit, durch Härte gegen »Untergebene« und auch gegen die eigene Familie und gegen sich selbst aus. Der Lebensstil war oft ein fast spartanischer, d. h. strenger; die Kinder sollten möglichst »etwas Besseres« werden. Soweit die Frauen Stellungen innegehabt hatten, in denen sie sich den Arbeitern gegenüber überlegen gefühlt hatten, z.B. als Verkäuferinnen oder Dienstboten in »besseren Häusern«, spornten sie ihre Kinder, besonders die Jungen, zu höheren Leistungen an. Hier lag eine unerschöpfliche Quelle von ehrgeizigen, aufstiegsorientierten Menschen, vielleicht eine der dynamischsten Kräfte im Kapitalismus.

Die kleinen Gewerbetreibenden, Händler und Geschäftsleute hingen dagegen unmittelbarer im Geldsystem. Ein gut ausgestatteter Laden in möglichst »vornehmer Gegend« war die Vorstellung jedes aufstrebenden Händlers und Handwerkers. Die reiche Oberschicht war ausschlaggebendes Vorbild. In Deutschland-Österreich, England und Frankreich war die höchste Höhe des Erstrebenswerten der »Hoflieferant« (davon gibt es angeblich noch heute in England über Tausend!); dieser »Titel« entsprach etwa dem »Geheimrat« und »Oberhofrat« auf der höheren Stufe des Bürgertums. Verständlicherweise blieb diese anspruchsvolle Orientierung nur einem kleinen Kreis von erfolgreicheren Bäckern/Konditoren und Pastetenmachern, Goldschmieden, Maßschneidern usw. vorbehalten. Der größte Teil dieser Gruppe war notgedrungen anspruchslos, dafür lebenspraktisch und, da ständig mit sehr unterschiedlichen Menschen verhandelnd, fähig, Menschen zu durchschauen und schlagfertig zu werden. Ihre »Kulturorientierung« wurde durch das Bestehen auf dem Gebrauchswert des Lebens geprägt. Sie fanden sich gebildet, konnten mitsprechen, waren begeisterte Theater- und Opernbesucher und lasen zuweilen. Es war ein »politisches« Publikum, das vermutlich von dieser Gesellschaft mehr begriff als manche andere Schicht. Für sie war »Kapitalismus« eine harte Realität, bedeutete intensive Arbeit, aber auch die Chance zu Freiheit (besonders Redefreiheit) und Gewinn. Entsprechend wurden die Kinder erzogen. Sie sollten keine »großen« Kapitalisten werden, aber wohlhabend und tüchtig. Das große Geld wurde argwöhnisch betrachtet ebenso wie alle von ihm indirekt Profitierenden, wozu man in Europa auch die Beamten und das Militär rechnete. Man ahnte, daß vom großen Kapital die »freie Konkurrenz« bedroht war und weiter bedroht werden würde. Allerdings verweigerte man sich der Einsicht, daß der Mechanismus zur »Monopolbildung« und damit zur Aufhebung der Grundlage des kapitalistischen Systems in ihm selbst angelegt war. So erhoffte man immer wieder vom sonst – als Steuereinnehmer – wenig geliebten »Staat« Maßnahmen gegen das große Kapital zugunsten der kleinen Kapitalisten.

Marx und Engels hatten prophezeit, daß diese Schicht der kleinen und kleinsten Kapitalisten zwischen den Mahlrädern von großem, auf »Monopolisierung« hin tendierendem Kapital auf der einen Seite und der aufkommenden Arbeiterbewegung auf der anderen zerrieben würde. Für das 19. Jahrhundert hat sich diese Voraussage nicht erfüllt. Zu stark waren noch die Bindungen »nach rückwärts«, in die Vergangenheit, zu hoch die Wertschätzung des kleinen Ladens oder Geschäfts und Betriebes durch das Publikum, die Kunden, zu wenig entwickelt noch der »Distributions«(Verteilungs)-Apparat des Großkapitals und seiner Produktion, als daß man das kleine Geschäft hätte entbehren wollen und können.

In Frankreich und Deutschland schlossen sich dieser Schicht noch weitere Untergruppen an, und zwar fast durchweg solche mit direktem bäuerlichem Rückhalt, der, wie schon erwähnt, auf dem europäischen »Kontinent« eine große Rolle spielte. Charakteristisch für die damit entstehende, sonst schwer verständliche Konstellation war die Gruppe der Dienstboten.

Die Situation der Dienstboten war in der Regel so schäbig, daß sie objektiv, d. h. ihrer konkreten Lage nach eindeutig zu den Proletariern gerechnet werden mußten. Ihre Herkunft vom Lande, ihre Erziehung, damit ihre Art zu erleben, und ihre Wünsche machten einer solchen Analyse aber einen Strich durch die Rechnung. Praktisch waren sie für eine Einordnung in die Arbeiterschaft genauso wenig empfänglich wie die anderen bisher genannten Gruppen. Wie war das zu erklären?

»Dienstmädchen« (der Begriff spielt in dieser Form in Deutschland eine Rolle, man sagte nicht: »Arbeitsmädchen«!) kamen vorwiegend vom Lande. Ihre Eltern waren nicht Arbeiter, sondern Bauern. Diese Bauern mochten in noch so »proletaroiden«, d. h. dem Proletariat ähnlichen Umständen gelebt haben, gemessen an der elenden Situation der städtischen Arbeiter, der Arbeiter in Erzgruben und im Kohlebergbau fühlten sie sich »selbständig«. Wann hätte ein Arbeiter je eine ganze Speckseite, gute Wurst, überhaupt wirklich »satt zu essen« gehabt? Essen war noch Trumpf. Der Bauer war als schwer Arbeitender nicht dick wie sonst der gern geschilderte Reiche, wenigstens nicht ohne eine größere Anzahl von Knechten. Aber er hatte doch immer noch mehr zu essen als der Arbeiter und dessen Familie – er saß an der Quelle, besonders in Krisenzeiten, von aufeinanderfolgenden Mißernten abgesehen. Dann ging es *allen* schlecht; doch der Bauer erholte sich davon noch am ehesten.

Das auf dem Lande aufwachsende Kind wurde außerdem nicht nur »fromm«, d. h. kirchlich erzogen – eine nicht zu unterschätzende Lebensstütze –, es erlebte auch Natur und Freiheit *wirklich*. Zuerst hatte es rein räumlich Spielmöglichkeiten, von denen Stadtkinder nur träumen konnten. Dann wurde es zwar früh in einen harten Arbeitsrhythmus hineingenommen, was aber erträglicher als für Arbeiterkinder war, weil sich alles im Familienrahmen abspielte. Die Töchter des Bauern halfen auch bei der Ernte auf dem Felde mit; sonst jedoch konzentrierte sich ihre Arbeit auf den Hof, auf die innere Wirtschaft. Ihre Tätigkeiten waren einsichtig.

Die Stadt war dem Bauern seit jeher fremd; dort wurde er »übers Ohr gehauen«, oft auch von dort – ähnlich den früheren Burgverhältnissen – ausgebeutet. Die Stadt war ihm auch durch Häusermassen, Enge und Gedränge unheimlich. –

Aber dann wurde das Land selbst zu eng und das Interesse am baren Geld wuchs. Die Mädchen verdingten sich in die Stadt. Alles sprach nun dafür, daß die »Mädchen vom Lande« mit einem Selbstbewußtsein in die Stadt kamen, das ihrer direkten Einordnung in das Proletariat widersprach – so unbeholfen und bescheiden sie auch auftreten mochten.

In der Stadt geriet das »Mädchen« nicht auf den »Markt für industrielle Arbeitskraft«, sondern auf den Markt für Hilfe im kapitalistisch-bürgerlichen Haushalt. Die Arbeits-Anbieter waren Bürger-Frauen. Mit der Annahme der Arbeit im Haushalt war daher bereits die Entscheidung für Arbeit »in besseren Verhältnissen« gefallen, weit weg von der Fabrik und von der Grube. Im bürgerlichen Haushalt bekam »der Dienstbote« meist eine für seine Begriffe passable Kleidung, d.h. passend und aus gutem Stoff, um auch nach außen hin in gewisser Weise zu repräsentieren. Weiße Schürzen kündigten klar den Abstand zur ganz schmutzigen Arbeit an. Ein weißes Häubchen war fast eine Krone. Man war nicht nur in einer vornehmen Umgebung »tätig«, man war selbst – fast – vornehm.

Schon der Lebensrhythmus, auf den man hier traf, war völlig vom Gewohnten abweichend. Der Morgen der Herrschaften begann spät. Die Mädchen standen wie zu Haus früh auf, wirtschafteten oft ziemlich selbständig und konnten sich mit dem Haushalt identifizieren. Die Küche war gut ausgestattet; aß man auch nicht von allem mit, was den »Herrschaften« vorgesetzt wurde, so war das Niveau des Zugewiesenen oder Übrigbleibenden doch oft über dem Gewohnten. Auch, wenn man sich spät abends todmüde auf einen »Hängeboden« (eine häufig über einem Flurende oder zur größeren Raumausnutzung sonst hoch eingebaute Holzplatte (Verschlag), auf der zumindest die »niederen« Dienstboten auf sackartigen Matratzen schliefen) schob, war doch das ganze »Milieu« dazu geeignet, einen zu bestechen, eben deshalb, weil man sich selbst als etwas Besseres vorkam – wenn auch in einer noch bäuerlichen Dimension.

In dieser Darstellung wurden die wirklichen Herrschaftsverhältnisse ausgeklammert, denen das Dienstmädchen unterlag. Diese Verhältnisse waren sehr unterschiedlich; sie hingen vom wirtschaftlichen Niveau des Haushalts ebenso ab wie von der Art und Weise, in der die Hausfrau und der Hausherr »die Mädchen« behandelten. In der Fantasie Pubertierender und in der Anklage von Agitatoren gegen den Kapitalismus wird die Rolle der Männer im Haushalt im Verhältnis zu dem »Mädchen« gerne überprofiliert. Sicher waren diese häufig, wenn sie jung waren, für Liebesdienste unbezahlte Prostituierte und Anlerndamen für die »Stammhalter«. Als Kontrollinstanz war aber immerhin noch die Hausfrau da, die besonders in kleineren und hellhörigen Wohnungen ständig wachen konnte, und die Potenz der Ehemänner war begrenzt. Insgesamt war die Situation dieser Mädchen für unsere Begriffe demütigend; weniger vielleicht wegen der schweren Arbeit – das waren sie vom Lande her gewohnt –, mehr wegen »herablassender«, ja verletzender Behandlung. Die Bilanz war – wie die Geschichte zeigt – trotzdem so, daß die Masse der Frauen, die als Hilfskräfte im Haushalt arbeiteten und *lebten*, solidarisch mit »ihren« Haushalten waren. Die Rede vom anhänglichen Dienstboten war kein bloßer Schmus. Letztendlich wußten die Bürger auch die Hilfe der Dienstboten zu schätzen, die Rede von der »unschätzbaren Hilfe« durch treue Dienstboten war echt. Sie widersprach in keiner Weise den kapitalistischen Prinzipien. Billiger konnte man sich nicht für »kultivierte Lebensweise« entlasten.

Dieser Mechanismus war ein aus früheren Zuständen übernommener und daher besonders haltbarer. Obwohl sie also nicht zum Bürgertum im kapitalistischen System gehörten, waren die Dienstboten, wie viele andere Gruppen in ähnlicher Abhängigkeitssituation, dennoch praktisch an die Obergruppe gekettet.

Der Kapitalismus, »von unten« gesehen

Zweck dieses Abschnittes kann es nicht sein, das Elend der arbeitenden Bevölkerung in Europa in der Mitte des vorigen Jahrhunderts oder die schweren Kämpfe zwischen Arbeitern und Privatarmeen der Trusts in den USA zu Ende des vorigen Jahrhunderts zu beschreiben. Diese Geschichte der Arbeiterbewegung ist von kompetenterer Seite in großen und in zahlreichen Detailstudien geschrieben worden. Die Lektüre von Zola's »Germinal« und Friedrich Engels' »Die Lage der arbeitenden Klasse in England«, von Bertrand Russells »Freiheit und Organisation« könnte ausreichen, um über die wirklichen Zustände im Frühkapitalismus und seiner entwickelteren Stufe um 1840–1890 herum zu informieren. Wir wollen hier versuchen, die *zwangsläufigen* Mechanismen herauszuarbeiten, die die Stabilität des kapitalistischen Systems noch (und gerade) von unten her ermöglichten und garantierten, »Mechanismen«, die sowohl die Markt- und Arbeitssituation meinen als auch die Familien- und Persönlichkeitssituation.

Zu den Umständen, die das kapitalistische System voll in Schwung brachten, gehörte der Zustrom der Menschen vom »Lande«. In England brachte die erwähnte »Einhegung« zu Gunsten der Schafzucht und des Wollertrages die Masse der Bauern um ihr Land, Pächter wurden ihre Nachfolger. Hier wurden die Arbeits- und »Zucht«-Häuser die Vorläufer der Fabriken, gefüllt mit Elenden beiderlei Geschlechts und jeden Alters, die auf der Straße noch eher gestorben wären. Auch dort, mit Verzögerung wie auf dem Kontinent, werden viele Gründe dafür verantwortlich gemacht, daß die Bevölkerungszahlen ständig anstiegen. Durch Erweiterung des Hackfrüchte-Anbaus wurde z. B. besseres Füttern der Kühe während des Winters möglich mit dem Resultat höherer Milcherträge und relativ besserer Ernährung der Kleinkinder; Säuglings- und Müttersterblichkeit sanken durch die Verbreitung einfacher hygienischer Maßnahmen. Vermutlich kamen noch viel mehr Faktoren zusammen. Das Ergebnis war jedenfalls eindeutig: Das Land konnte diese Menschen weder ernähren noch alter bäuerlicher Vorstellung nach »verkraften«. Man floh in die Stadt. Die »Arbeiter-Reserve-Armee« sammelte sich an und stand bereit.

Diese Menschen kamen mit geringsten Habseligkeiten in die Städte zu den Fabriken oder Gruben. Hier winkte der Lohn! Wieviel Lohn, war angesichts des Hungertodes gleichgültig. Man riß sich um Arbeit.

Aber die Menschen brachten auch ihre Vorstellungen von einem geordneten Leben mit. Oft waren sie gläubig und »fromm«. Harte Arbeit war ihnen geläufig, auch unter schwierigen Witterungsbedingungen. Andererseits hatte man den Rhythmus zwischen den Jahreszeiten mit der langen Winterpause, die zum Nichtstun verurteilte, »in den Knochen«. Man war nicht gleichmäßig fleißig. Gründliche handwerkliche Kenntnisse waren selten. Schriftkenntnisse fehlten fast ganz; das Ausdrucksvermögen war minimal, besonders was die Verteidigung eigener Interessen unter unbekannten, fremden Bedingungen anbetraf. Man war »schwerfällig«. Der Gesundheitszustand war meist schlecht.

Angesichts dieses »Angebots« konnte der Unternehmer teils zufrieden sein; er konnte auswählen; fast jedes Angebot wurde akzeptiert, und er hatte noch immer die Besten zu seiner Verfügung. Zum anderen wird er dieses Angebot mit sehr gemischten Gefühlen betrachtet haben. Er mußte sich fragen, ob und wie lange diese Menschen überhaupt würden arbeiten können.

Diese Sorge war an sich wegen des Überangebots an Arbeitskraft unnötig; sie war aber nicht unbegründet, da auch der Wechsel von Arbeitskräften eine Grenze haben mußte. Zu starke »Fluktuation« hätte auch damals den Betriebsablauf gestört, wäre unökonomisch, unwirtschaftlich gewesen. Daher mußte der Lohn so bemessen sein, daß Arbeitsfähigkeit gewährleistet war. Ein sterbender Arbeiter an der Maschine war peinlich. Für die Erhaltung der Arbeitskraft mußten auch Unterkünfte beschafft werden. Das Geschäft mit Haus- und Wohnungsvermietung war ein alter Unterzweig vorkapitalistischen Gelderwerbs, der ohne Probleme in kapitalistische Verhältnisse überführt worden war. In der Regel waren besondere Reichtümer hier nicht zu erwerben gewesen; Fabrikarbeiter waren ein noch weniger verlockender Kundenkreis als Kleinbürgertum und kleine Geschäftsleute. Hier, bei den Lohnarbeitern, konnte es nur die Masse machen. Mietshäuser schossen aus dem Boden – in Preußen-Deutschland deutlich »Mietskasernen« genannt – hastig hochgezogen, von kärglichster Qualität und Ausstattung – obwohl bei einem Vergleich mit anderen Ländern Deutschland noch relativ gut abschnitt.

Damit war »Wohnraum« und natürlich ein neues Zwangsverhältnis, das Mietverhältnis da. Ein Dach über dem Kopf brauchte man. Ein klares Verhältnis zum Einkommen hatte man ebenso wenig wie zu einer »Miete«. Das Verhältnis zum Geld mußte erst erworben werden. So konnte weder das Lohnverhältnis noch das Mietverhältnis durchschaut werden. Der »bürgerlich-rechtliche« Hintergrund blieb trübe. Zeit und Kraft zur Beschäftigung mit rechtlichen Fragen – vom dazu notwendigen Lesen und Schreiben ganz abgesehen – blieben nicht übrig. So zogen die Menschen in diese Massenunterkünfte ein. Auch die Menschenmasse, in die man hineingezwungen wurde, war fremd. Mißtrauen war groß zu schreiben.

Die Wohnungsausstattung war kümmerlich. Wichtig für uns ist die Frage, welche Art menschlichen Lebens sich hier entwickelte, entwickeln mußte.

Die Menschen kamen zu Massen, einzeln, vielleicht häufig auch in Paaren. Eine Heirat war auf dem Land ohne Grund und Boden und ohne jede weitere Hilfsquelle praktisch unmöglich. So zog man auch zu zweit in die Stadt, zur Fabrik, zum Bergwerk. Die Dichte der Belegung der Häuser erleichterte Geschlechtsverkehr vielleicht nicht gerade, aber sie ließ auch alte Vorstellungen von Moral leicht zerfließen. Kinder kamen – man »heiratete«. Entstanden auf diese Weise »Familien«?

Die Antwort muß bejahend und verneinend gleichzeitig ausfallen – sie entspricht einem System der Verschleierung. Die Isolierung der Kleinfamilie vom Großverband, der Verwandtschaft und der Gemeinde war eine Erscheinung, die auch das kapitalistische Bürgertum erfaßt hatte. Diese isolierten Kleinfamilien waren vom vorherigen Familientyp gesehen bereits »unnatürlich« in dem Sinne, als sie nach konservativer, traditionaler Sicht zu sehr auf sich selbst gestellt waren. Die sprichwörtliche Organisationsunfähigkeit des kapitalistischen Systems auf allen Gebieten des Lebens, die nicht unmittelbar für das Marktinteresse bedeutsam waren, wirkte sich auch hier aus. Aber die »bürgerliche« Familie unterlag dem Zug auf »Individualität« so stark, daß die Trennung aus dem kontrollierenden Kraftfeld der Vergangenheit eher als Befreiung angesehen werden konnte. Zudem konnte der mit dieser Trennung einhergehende Verlust von tätiger Hilfe durch Dienstboten ausgeglichen werden. So konnte das »ganze Haus«, der alte Typ der Kollektiv-Wohngemeinschaft nach außen und für das subjektive

Gefühl der Besitzbürger und Beamten aufrechterhalten werden. Ein bürgerliches Haus war weiterhin »belebt«, lebendig. Die »Unnatürlichkeit« der Isolierung der Familie vom gesellschaftlichen Verband brauchte nicht empfunden zu werden. So, wie das Wort galt: »Mit Geld weint sich's leichter«, so war die vom System erzwungene Familientrennung mit Geld auch leichter zu kompensieren, auszugleichen.

Die »erzwungene Familienlosigkeit«, von der Marx und Engels im »Kommunistischen Manifest« sprachen (1848), hatte tendenziell auch die *bürgerliche* Familie berührt, aber nicht voll erfaßt. Die Mutter blieb im Haus, die Kinder wurden unterrichtet oder gingen zur Schule. Die Hilfen im Haushalt als Ausdruck der zur Verfügung stehenden billigen Arbeitskräfte und des wirtschaftlichen Erfolges des Mannes garantierten die Echtheit dieses Gefühls. Familie und »Heim« waren eins. Das *»Proletariat«* wurde dagegen gleich doppelt erfaßt: Zuerst kam die Trennung von der eigenen Herkunftsfamilie, die sie praktisch verloren; dann kam der Zwang zur zwölf- bis sechzehnstündigen täglichen Arbeit, um das Leben zu erhalten. Bereits diese Arbeitszeiten hätten ein Leben im menschlichen Sinne fast unmöglich gemacht. Aber auch die Frauen und die Kinder vom vierten Lebensjahr ab mußten arbeiten gehen. Hier war die »erzwungene Familienlosigkeit« Wirklichkeit geworden. Die Arbeiter»familie« war unnatürliche Familie in Reinkultur.

Ihr Leben spielte sich in Bergwerken und Fabriken ab, d. h. an der Front des kapitalistischen Systems, seiner »unterirdischen Front«. Diese unterirdische Front war der einzige Bereich, in dem sich Kapitalist und Proletarier trafen. Diese »Front« war für den kapitalistischen Unternehmer ein ständiges Problem – nicht so sehr wegen der Anklage, die ihm in Gestalt der Menschen dort entgegentrat. Er konnte sich darauf berufen, daß *er* es ja war, der ihnen Arbeit »gegeben« hatte; zudem konnten Vorarbeiter und Meister, Steiger und Obersteiger zwischen ihn und die von den Arbeitsbedingungen verzehrten Gestalten geschoben werden. Die Front »Erz- und Kohlebergbau«, »Steinbruch«, »Fabrik« war noch mehr deshalb ein faszinierend-fürchterlicher Ort, weil von ihren Produktionserfolgen alles abhing. Die Produktionserfolge hingen aber wiederum von der einsetzbaren *Technik* ab. Diese Technik kam nur schleppend voran – ein Grund, »Wissenschaft« zu fördern und zu unterstützen, soweit sie hier helfen konnte. Die ersten schwerfälligen

Maschinen verschlissen Menschen. Menschen waren zwar billig, aber zu großer Verschleiß drückte auf die Moral der Arbeitenden. Außerdem sah der durch Produktionserfahrung geschärfte Blick des Unternehmers, daß der hohe Menschenverschleiß keine steigenden »Rendite« auf längere Zeit garantieren konnte. Die Maschine zeigte sogar noch in ihrer einfachsten und gröbsten Form ihre Überlegenheit über den Menschen. Also mußten die Maschinen verbessert werden – Verbesserungen von Maschinen aber unterbrachen die Produktion; neue Maschinen kosteten sehr viel Geld. Im Kopf des Unternehmers rasten Kalkulationen, Berechnungen hin und her, ständig wurden Kosten menschenmöglicher Erträge von körperlicher Arbeit gegen Kosten von Maschinen, Erträgen maschineller Arbeit abgewogen. *»Weiter!«* war die vom Konkurrenten und vom Gewinnstreben diktierte Forderung.

Das bedeutete härteste Unterordnung der Arbeitenden unter die Anweisungen ihrer unmittelbar Vor-Gesetzten, der Vorarbeiter und Meister, die diesen Druck als erste mitbekamen und unmittelbar weiterleiteten. Der Geist der Unterordnung beherrschte das Klima in der »Diktatur des Kapitalismus«.

Was für ein Menschentyp konnte sich unter solchen Bedingungen entwickeln? Welches Selbst- und welches Lebensgefühl kann aus dieser Situation abgeleitet werden?

In Erinnerung gerufen werden muß die geringe intellektuelle und auch körperliche Widerstandsfähigkeit der ersten großen Gruppe der Arbeiter und Arbeiterinnen. Werden Menschen zu schwerer, d.h. kräftezehrender Tätigkeit veranlaßt (hier spielen Freiwilligkeit oder Zwang kaum eine Rolle), dann ist eine zwar subjektiv feststellbare, aber objektiv zu sehr verdrängte Folge die Unfähigkeit zum anspruchsvolleren Denken und die verminderte »Sensibilität«. Das bedeutet eine drastische Herabsetzung der Aufnahme- und Verarbeitungsfähigkeit von allen Umständen, Fragen und Problemen, die nicht direkt das Überleben oder die Arbeitsaufgabe im eigenen Abschnitt betreffen. Da sich die angespannte Aufmerksamkeit voll und ganz auf den zugewiesenen Arbeitsabschnitt richten muß, geraten unter Umständen sowohl der gesamte Arbeitsbereich als auch die Gefährdung des Arbeitenden aus seinem Blickfeld.

Schaufelt man in schwerem Boden und mit schlechtem Werkzeug, dann werden Lehm, Schaufelkante, Schaufelstiel zu persönlichen Gegnern. Der nur schwer vom nächsten Einstichort zu lösende Blick gilt höchstens dem Nachbarn und dessen Leistung, der Suche nach einem besseren Arbeitsinstrument (schneller Tausch, wenn eines frei wird), dem Erarbeiteten. Man ist »reduziert« (zurückgeführt) auf das Unmittelbarste. Diese aufgezwungene Einstellung, oft nicht das Unmittelbarste sehen zu können, verdient nicht den Titel »Arbeit«. Menschliche Arbeit sollte mit einer gewissen Übersicht über Sinn, Zweck und die Arbeitsumstände verbunden sein. Von einer solchen Übersicht kann für lange Zeit der Entfaltung des kapitalistischen Systems für den Arbeiter keine Rede sein. Entsprechend verstehen die Arbeiter dieser Zeit die technischen und besonders wirtschaftlichen Zusammenhänge im Unternehmen nicht, sie wissen nichts von der Stellung ihrer Fabrik im Gesamtsystem. Viele Arbeiter kennen nicht einmal den genauen Namen des Betriebes und schon gar nicht eines übergeordneten Unternehmens. Sie vermögen über all das nicht mehr nachzudenken, nicht bei der Arbeit und nicht »zu Hause«. Sie arbeiten mechanisch und wirken nur selten »lebendig«. Da schwere Arbeit geistig abstumpft, wirken sie stumpf. Es ist daher leicht, ihnen gegenüber Überlegenheitsgefühle zu haben. Schon der Vorarbeiter und Steiger, der Meister und Obersteiger sind weit von ihnen entfernt – diese »Vorgesetzten« empfinden sich als besser und sind es auch.

Dazu trägt auch die Sprache bei. Das bäuerliche Tun war bekannt und übersichtlich gewesen. Gesprochen wurde bei der Arbeit wenig. Zurufe, um Bekanntes zu vermitteln, genügten in der Regel. Man war »wortkarg«. Ein größerer Sprachschatz stand nur zum Gespräch über zwischenmenschliche Beziehungen zur Verfügung, hier war man treffsicher; andere Menschen in bekannten Verhältnissen gut beobachten, das konnte man. In günstigeren Fällen übte sich die Sprache auch im Zuhören und Erzählen von Spukgeschichten und Märchen. Hier wurde der Raum des Bekannten ausgeweitet, Neues, Überraschendes trat auf. Politisches Denken konnte sich in Gleichnissen und Verhüllungen artikulieren, wurde sprachlich ausdrückbar. Die Sprache durchbrach ihre »Restriktivität« (Eingeengtheit). Sie wurde zukunftsträchtig, fruchtbar, sie schaffte den Sprung aus dem täglichen Vokabular in die Erfindung. Im Hinblick auf die Möglichkeiten des Menschen waren also in günstigen bäuerlichen Verhältnissen die Sprachvoraussetzungen gar nicht so schlecht. Aber sie paßten nicht auf das kapitalistisch-industrielle System. Weder konnte diese Sprache die Doppelbödigkeit der kapitalistischen Seite dieses Systems erfassen noch die entwickeltere technische. Diese konnte entweder gar nicht »begriffen« oder mußte notwendig falsch ausgedrückt werden, in einem Vokabular und einer Denkweise, die früheren Verhältnissen noch gerade entsprochen hätten, aber nicht den neuen Verhältnissen der neuen Umgebung.

Damit war die Situation bereits einigermaßen verzweifelt. Arbeit war für den Bauern etwas Selbstverständliches. Ohne darum zu wissen, hatte er sich in Arbeit schon immer »selbst gefunden«. Sie war die Quelle seiner »Identität«. Jetzt geriet er als Arbeiter in eine Bedrängung, die er nicht interpretieren konnte. Er wußte nicht mehr, ob er »arbeitete« oder den ganzen Tag nur tätig war, um zu Lohn zu kommen, mit dem er sein Leben fristen konnte. Wahrscheinlich war schwere Arbeit nie sonderlich geschätzt worden. Aber ihre Einsichtigkeit bei Feldbestellung, Ernte, Umgang mit Vieh, Herstellung und Pflege von Geräten gab dieser Arbeit den Hintergrund des einsichtig Notwendigen. Die Winterpause bot im Hof den beschaulichen Ausgleich.

In der Fabrik war die Arbeit endlos und uneinsichtig. Sie war nicht nur durch ihre Schwere und die Länge der Zeit »unmenschlich«, sie war es auch deshalb, weil man kein Verhältnis zu ihr finden konnte. So sah man sich als »Mensch«, d. h. produzierend, in nichtmenschlichen Verhältnissen.

Dieses Gefühl der Nichtmenschlichkeit der Arbeiterverhältnisse wurde verstärkt durch zwei Gegner, die auch nicht zu »begreifen« waren: die Maschine und die eigene Familie.

Die Maschine zwang den Arbeitsrhythmus und widerwillige Anerkennung auf; sie war schneller und präziser als man selbst es hätte sein können. Sie »fraß einem das Material aus der Hand«; um sie zu füttern, mußte ständig nachgerafft, herbeigeschleppt, herangeschaufelt werden – sie war unersättlich. Dabei spuckte sie unaufhörlich verändertes Material aus, das wieder weitergeschafft werden mußte. Sie brauchte »Bedienung« und Pflege. Oft brauchte sie zu ihrer Erhaltung Fette und Öle, die man selbst benötigt hätte. Sie war wertvoller als die Menschen und bedrohend zugleich. Im Grunde war sie das einzige Echte in der Fabrik und im Arbeitsleben des Lohnarbeiters. Daß in ihr die Arbeitskraft anderer Arbeiter steckte, die sie erbaut hatten, daß sie überhaupt das menschliche Produkt menschlicher Verhältnisse war, konnte kaum begriffen werden. So beschränkten sich auch viele der ersten Arbeiterrevolten darauf, Maschinen zu zerschlagen, als ob dadurch das System berührt worden wäre.

Die Maschine wurde jedoch nicht nur dumpf als Erzfeind empfunden. Gerade, weil man an sie gefesselt war und der Blick sich nur aufs Naheliegendste richten konnte, blieb nicht unbemerkt, daß die Maschine sich zwischen Material und Fertigstellung drängte, und zwar mit der deutlichen Tendenz, den Menschen aus seiner Position des Zubringers, Steuermanns und Abtransporteurs überhaupt hinauszudrängen. Insofern war sie doppelter Feind, direkt als Zwangsapparat und indirekt als Bedrohung des Arbeitsplatzes.

Standen durch Konjunkturschwankungen oder aus strategischen Gründen die Maschinen still, so war das ein nicht faßbarer Vorgang. Erleichterung mischte sich mit Existenzangst. Stand die Maschine, so konnte man für kurz aufatmen, man hatte eine Pause. Lief die Maschine, so erzwang sie die Arbeit. Die Arbeiter mußten in ihrer Befangenheit ratlos sein.

Als weiterer Gegner war die Familie des Arbeiters genannt worden. »Familie« hieß: Frau und Kinder. Mit diesem Anhang geriet er in der Phase des frühen und ausreifenden Kapitalismus in weitere für ihn unlösbare Probleme. Daß von »Familienleben« schon aus Zeitgründen und wegen der ständigen Übermüdung kaum zu reden war, ist erwähnt worden. Hier geht es um zusätzliche Mechanismen der Zerschlagung von »Familie« und der Bedrängung am Arbeitsplatz, um Mechanismen, die die Situation der Lohnarbeiter noch undurchsichtiger machten.

Maschinenkosten waren kaum zu drücken; Investitionsnotwendigkeiten konnten zu unübersehbaren Ausgaben zwingen; der Arbeitslohn war daran gemessen die schwächste Stelle aller Widerstände. Unter den ihre Arbeitskraft anbietenden Menschen waren Frauen und Kinder wiederum die billigsten. Indem aber Frauen und Kinder zu niedrigeren Löhnen als Männer eingestellt wurden, traten sie in doppelt sich auswirkender Weise auch unmittelbar in Konkurrenz zu ihnen: Einmal konnten nun die Löhne auch der Männer gedrückt werden; zum anderen bewirkte die Senkung dieser Minimallöhne, daß die Mitarbeit von Frauen und Kindern unabdingbar wurde. Damit war eine sich selbst stabilisierende Konkurrenz in einen Kleinverband – die Familie – getragen worden, der vorher der Ort von »Solidarität« hätte sein können. Aber die unvermeidlich aufgezwungene Rivalität zerfraß für lange Zeit zusätzlich die Beziehungen zwischen den »Familienmitgliedern«. Erst das langsam einsetzende Verbot der Kinderarbeit zog einen Zerstörungsfaktor aus der proletarischen Familie.

»Solidarität« hätte eine Helferin in der Not sein können. Es hat sie sicher mehr gegeben, als uns überliefert wurde. Häufig war sie aber nicht das Ergebnis einer Einsicht in die Lage, sondern eine Rest-Reaktion aus der Vergangenheit. Man half besonders denen, die aus der eigenen »Heimat« stammten. Im übrigen waren die eigenen Möglichkeiten zu »solidarischem Handeln« begrenzt. England ging hier voran. Nicht nur ein Bürgerbewußtsein, sondern auch ein proletarisches hatte sich in England schon früh gebildet; das frühe Verbot erster Arbeiterzusammenschlüsse zeugt dafür. Aber dieses Verbot war vermutlich nicht der entscheidende Mechanismus für das uns unbegreiflich langsame Entstehen von »Gewerkschaften«. Vielleicht war die in jeder Beziehung schwer lösbare Situation der einzelnen Arbeiter lange Zeit hindurch gewichtiger. Die Ärmlichkeit der Situation förderte Neid. Alles war erstrebenswert, weil man selbst nichts hatte, weil man über nichts »verfügte«, nicht einmal über die eigene Kraft und Zeit. Neuerdings wird behauptet, »Neid« sei die Triebfeder des Menschen und Quelle seines Unglücks gewesen. Vielleicht wäre es redlicher zu sagen, daß das gesellschaftlich erzeugte Unglück die Quelle von »Neid« war.

Es wird so getan, als ob Neid eine Stimmung sei, der man sich unbefangen hingeben könne: Ganz voll Neid. Aber hinter echtem Neid steckt auch immer die Scham, vom Glück verlassen zu sein, »arm«, »ungebildet« und »erfolglos«. Da nun die Psyche des Menschen weder die Einsicht aushält, für dauernd in einer verzweifelten Situation zu sein, noch die, ständig neidisch sein zu *müssen*, ergibt sich als Resultat zweier zu vermeidender Dauerhaltungen die fatalistische, schicksalsergebene Einstellung des »es hat alles doch keinen Sinn«, die ohne innere Lösungsmöglichkeit weiterleben und -arbeiten läßt.

Zu dieser inneren Situation gehörte auch die Beschämung über die niedrige eigene Qualifikation. Die »Oberen« *waren* qualifizierter, »gelehrter«, sprachen einem über den Kopf hinweg – wie Erwachsene zueinander über die Köpfe der Kinder. Man selbst hatte nichts zu sagen, und man wußte auch nichts zu sagen. Eventuell mitgebrachte Hoffnungen verblaßten zu dumpfen Sehnsüchten. Diese Dauerstimmung konnte einmal der Boden für »Alkoholismus«

werden. Man verfiel dem betäubenden Zustand der Trunkenheit. Nach dem langsamen Abbau des Analphabetismus (die Fabrik brauchte Arbeiter, die die notwendigsten Anweisungen lesen konnten), suchte man einen Ausgleich in der »Trivial-Literatur«. Man berauschte sich nun an einer Literatur, die im Grunde durch ein Vorgaukeln des Lebens der Oberen nur noch das Gefühl der eigenen Unterlegenheit stärkte. Nach dem Lesen eines Romans über das Streben und Leiden »besserer« Menschen fühlte man sich diesen Menschen zugehörig. Man kannte ihr Glück und Leid, man hatte sie durch Niederungen und Höhen des Schicksals begleitet – ihr Happyend wurde zum eigenen Glück, man konnte sich mit ihnen identifizieren, – pseudo-identifizieren.

Beide Klassen oder »Kulturen in der Kultur« standen sich so gegenüber; nur verfügte die eine über mehr Mittel, und ihre Echtheit mußte menschlicher erscheinen. Sie war also nicht nur wegen ihrer Herrschaftsposition überlegen, sondern auch, weil sie ihren Anspruch auf ein menschliches Leben realisiert hatte. Sie war »konfliktfähiger« durch Macht, d.h. abgeschöpfte Arbeitskraft und verwirklichbaren Lebensstil. Der unteren Kultur in der Kultur mußten erst allmählich im kapitalistischen Aufbauprozeß die notwendigsten Mittel zufließen, bevor sie sich auf die menschliche Notwendigkeit von Konfliktfähigkeit überhaupt besinnen konnte. Diese Konfliktfähigkeit war in englischen Gewerkschaften und in der Französischen Revolution erprobt worden. In Geheimbünden, Handwerkerbünden und Arbeiterverbänden vorbereitet, sammelte sie sich in der Mitte des 19. Jahrhunderts zu einer breiten gewerkschaftlichen Bewegung, zu Arbeiterparteien – d. h. derjenigen Bewegung, die das kapitalistische Bürgertum eigentlich hatte ausschließen wollen; aber mit der Forderung: »Alle Menschen ...« eingeleitet hatte! Mit dem Auftreten mächtigerer Gewerkschaften und Arbeiterparteien trat der Kapitalismus in eine Phase ein, die derjenigen ähnelte, in der die Bürger ihre Rechte gegenüber dem Adel geltend gemacht hatten. Die kapitalistischen Bürger waren jedoch in einer fataleren Lage als ihre Vorgänger: Diese ihre Vorgänger, die Stadtbürger, hatten ihre Ideen als Waffen zum Aufstand selbst geschaffen, die Berufung auf die Menschenrechte, d. h. Rechte aller Menschen. Daß das kapitalistische Bürgertum sich nicht nur *einem* selbstprovozierten Gegner gegenüber sah, sondern *zweien*, braucht nur noch kurz erwähnt zu werden: Während auf der einen Seite sich die Arbeiterschaft formierte, erhob sich auf der anderen Seite das Monopol, der Alleinanspruch auf den ganzen Markt, ein Anspruch, der den Tod von Konkurrenz und Markt überhaupt bedeutete. Daher das Wort, daß der Kapitalismus der Totengräber seiner selbst sein würde.

Der gemütliche deutsche Kapitalismus

Der Unterschied

Bevor der erste Weltkrieg ein Zeichen dafür wurde, daß die kapitalistischen Systeme der »Industrieländer« mehr aufeinander zutrieben als den alten Kapitalisten lieb war, und zudem bescheidene Anfänge einer nichtkapitalistischen Industrialisierung auf dem riesigen Gebiet der neuen Sowjetunion zum neuen Überdenken der Situation nötigten, liefen die kapitalistischen Bewegungen in den verschiedenen von ihnen ergriffenen Ländern höchst unterschiedlich ab. Hier soll des naheliegenden Interesses wegen die kapitalistische Entwicklung in Deutschland noch einmal nachgezeichnet werden.

Man kann fragen, ob es in Deutschland überhaupt einen »Kapitalismus« gegeben habe. Viele Deutsche des vorigen Jahrhunderts konnten einem solchen Wort wie »Kapitalismus« keinen erhellenden Wert abgewinnen. Der Kapitalismus in Deutschland tat sich schwer. Tiffany, das bedeutende Juwelenunternehmen, in dem man der Geliebten eine 5000-Dollar-Brosche als Vormittagsgabe kaufte, hat nie eine Filiale in Berlin (oder Wien) errichtet. Hindernd für eine frühere und schnellere Entwicklung des Kapitalismus hier war in erster Linie die Tatsache, daß die Stadtbürger sich nie geschlossen mit Erfolg gegen den Feudaladel hatte erheben können. Der deutsche Bürger war nie ein Souverän gewesen, d. h. er hatte niemals – mit oder ohne Revolution – die politischen Geschicke seines Landes bestimmt. Auch den »Genossen Bürger« hatte es in Deutschland nie gegeben. Daher hingen und hängen feudale und stadtbürgerliche Strukturen bis zu unserer Zeit viel tiefer in der kapitalistischen Entwicklung als anderswo. Diese Mischung hatte in Deutschland besondere und absonderliche Ergebnisse zur Folge. Teils wurden die alten mitgeschleppten Kulturelemente durch das positive Verhältnis der Deutschen zum Staat konserviert, d. h. sie blieben länger erhalten als sogar in England; teils bewirkte die dem Staat zugestandene Verfügungsgewalt Sprünge nach vorn, die den anderen europäischen Staaten wegen ihrer relativ gleichmäßigeren Entwicklung nicht möglich waren. Deutschland blieb in den Fesseln der Vergangenheit zu lange stekken. Dann sprengte es sie zu plötzlich. Ohne die politische Reife, die den Niederländern, Engländern und Franzosen lange Zeit Überlegenheit garantierte, richtete der deutsche Bürger sich zuerst im Kapitalismus gemütlich ein, um dann als verspäteter Expansionist nach Macht zu greifen.

Sehen wir uns also den deutschen »gemütlichen« Kapitalismus an.

Während in England die Manufakturen bereits durch Fabriken mit Maschinenausstattung abgelöst worden waren, begann die »Industrialisierung« in Deutschland zaghaft etwa ab 1770. Ländliche Wirtschaft mit vorwiegend bäuerlicher Bevölkerung, Kleinstädterei und Kleinstaaterei, zurückgebliebener Handel, unentwickelte Gewerbezweige und schlechte Straßenverbindungen, Zollschranken überall, das waren Kennzeichen für die deutschen Gebiete. Die Französische Revolution und die gegenseitige Handelssabotage der Engländer und Franzosen zur Zeit Napoleons schnitten die deutschen Staatsgebilde vom auswärtigen Handel fast vollständig ab. Preußen, das mehr Städte hatte als andere deutsche Länder, zählte 1840 von 14700000 Einwohnern nur 3800000 in mittleren, kleinen und kleinsten Städten mit oft dörflichem Charakter. Fast 11 Millionen lebten auf dem offenen Lande. Noch 1852 bestand bei 16½ Millionen Menschen ein Verhältnis von 4½ Millionen Kleinstädtern zu 12 Millionen Landbewohnern.

In den 30er und 40er Jahren des 19. Jahrhunderts kam es auch noch zu keinen wesentlichen Veränderungen in den wirtschaftlichen Verhältnissen. Mit hundert Jahren Verzögerung begann vor 1850 langsam eine Entwicklung der Technisierung von Handwerk und Manufaktur, die aber lange Zeit noch nicht den Charakter einer »industriellen Revolution« hatte.

Diese Entwicklung wurde häufig von den einzelnen deutschen Fürsten getragen, die die wirtschaftliche Entwicklung ihres Landes zu ihren Gunsten fördern wollten. Für Deutschland galt noch immer das Wort Friedrichs II. (des »Alten Fritz«): Man müsse die Plebs (er meinte damit, wie gesagt, die Fabrikanten) an ihren Ohren zu ihren Profiten schleifen. Die Haupttendenz war die Verbesserung der schon vorhandenen Einrichtungen. So entstand eine Industrie, die auf handwerklicher Grundlage Maschinen herstellte und einsetzte, die vorher aus England bezogen werden mußten. Von 1840 bis 1852 wächst so die Zahl der Dampfmaschinen in vielen meist noch relativ kleinen Betrieben. Der vorherrschende Betriebstyp war noch zwischen 1820 und 1850 der Meisterbetrieb mit wenigen Gesellen. 1846 gab es 457365 solcher Meisterbetriebe mit nur 379314 Gesellen und Lehrlingen. Die größeren »Manufakturen«, die so arbeiteten, daß Heimarbeiter für Unternehmer (»Verleger«) zu Hause, »im Verlag« tätig waren, bedrängten diese Kleinbetriebe, ohne sie ernsthaft zu bedrohen. Der »Meister« als Vorbild und Garantie für solide Arbeit blieb als Typ erhalten. Dieser war immer noch ein dörflich orientierter Stadtbürger-Typ.

Die wirkliche Bedrohung dieser handwerklichen Industrie kam von außen, besonders aus England, das mit billigeren und qualitativ oft besseren Erzeugnissen nach 1814 Europa überschwemmte.

Dieser Konkurrenz stand das unentwickelte deutsche Industriesystem so unvorbereitet gegenüber, wie man seiner Struktur nach annehmen konnte. Es fehlte an Kapital und an Kreditinstituten, an Mut und unternehmerischer Erfahrung. Risikobereitschaft und technisches Wissen waren in Deutschland gering. Mit dem Sieg über Napoleon hatte man auch die fortschrittlichen Ideen der Aufklärung »besiegt«, so daß diese »Befreiungskriege« nationale Solidarität mit geistigem Rückschritt verbinden konnten.

Deutschland war durch und durch konservativ. Neues war zunächst unerwünscht, es beunruhigte die Menschen. In diesem Klima hatten es Unternehmer schwer; nur mit Unterstützung der interessierten Behörden wurden Gewerbevereine gegründet, in denen sich fortschrittlichere Unternehmer zusammenschlossen, um das technische Niveau und den Absatz ihrer Waren zu fördern.

An eine Ausdehnung des Industriewaren-Exports war nicht zu denken. England begann als »Kolonialmacht«, sich immer mehr auszudehnen; andere Staaten grenzten sich gegen Konkurrenz mit »Zollschutz«-Mauern ab. Schlimmer noch wirkte sich der Zollschrankenwirrwarr von 38 Zoll-Linien durch Deutschland aus. Der »Deutsche Bund« (1815) hatte als Ziel neben der »Erhaltung der äußeren und inneren Sicherheit Deutschlands«, das heißt einem gegen *nationale* Tendenzen gerichteten Programm sich noch das weitere Ziel gesetzt, die »Unabhängigkeit und Unverletzbarkeit der einzelnen deutschen Staaten« zu garantieren. Man bestand in diesem Deutschland auf der »Autonomie« vieler lebensunfähiger, pseudo-staatlicher Staaten und Kleinstaaten (über 40 selbständige Gebiete). Der Wille zur Beseitigung dieser jeder Entfaltung hinderlichen Zustände wurde unterdrückt. Damit waren durchaus Koalitionen zwischen Adel und Bürgertum, zwischen Bürokratie und Bürgertum gegeben, die bereit waren, sich für größere Freiheit – mit sehr unterschiedlichen Motivationen – zusammenzuschließen. Für die einen war Machtzuwachs das entscheidende Moment, z. B. für die preußischen Könige. Den Vertretern der hohen Bürokratien, d. h. königlichen Verwaltungen war die Kleinstaaterei ein Dorn im Auge; sie widersprach schon lange den Einsichten »aufgeklärter« Verwaltungsmänner. Jeder Unternehmer mit etwas höherem Anspruch mußte vor Neid erblassen, wenn er die Geschlossenheit der englischen, niederländischen und dann französischen Gesellschaft, ihres Handels und ihrer Industrie erlebte und Vergleiche zog. Auch die beiden Großmächte Preußen und Österreich schafften eine wirtschaftliche Einigung nicht. Österreich kapselte sich ein, und Ost- und Westpreußen waren sehr unterschiedlich strukturiert.

Erst 1834 schloß der »Deutsche Zollverein« 18 deutsche Länder mit einer Gesamtfläche von 342 000 Quadratkilometern und 23 1/2 Millionen Einwohnern zollmäßig zusammen. Dieser Zusammenschluß hätte die wirtschaftlichen Verhältnisse unmittelbar verbessert, wenn nicht die schnell wachsenden Bevölkerungszahlen das Aufnahmevermögen der heimischen Industrie ständig überfordert hätten. Zwischen 1816 und 1855 stieg die Bevölkerungszahl Deutschlands (nach den Grenzen von 1871 ohne das Elsaß) von 23,5 auf 34,6 Millionen, d. h. um die Hälfte an. So schnelles Wachstum bedeutet eine schnelle Verjüngung der Bevölkerung, dramatisch wachsenden Andrang nach Arbeitsplätzen, nach Überlebenschancen. Gleichzeitig heißt das in einer Gesellschaft, die mühsam ihre Produktivität auf dem Land und in der Industrie steigert, Chance und Gefahr. Gefahr, wenn nicht genügend produktive Arbeitsplätze angeboten werden können – das erzeugte Produkt wird im Verhältnis zur steigenden Anzahl des menschlichen Bedarfs kleiner. Erhöhtes Angebot billiger Arbeitskraft ist nur dann eine Chance, wenn zugleich ausreichend Arbeitsplätze angeboten werden können.

Typisch für die deutschen Verhältnisse war nun, daß ganz entgegengesetzt zum Trend auf »Industrialisierung« zuerst die preußischen Ostprovinzen durch intensivierte Landwirtschaft diesen Zustrom aufnehmen konnten. In Schlesien, Sachsen, Hessen und den süddeutschen Staaten bestanden weniger Möglichkeiten, den Zuwachs aufzunehmen. Auswanderung war ein Ventil für den von arbeitsloser Bevölkerung herkommenden Druck. Aber die nun nicht mehr aufhörende Auswanderung ließ zugleich Menschen mit Initiative weggehen, nach 1830 zunehmend auch politisch wache Bauern und Bürger, denen die konservativ-reaktionären Verhältnisse in Deutschland unerträglich geworden waren. Trotz beachtlicher Abwanderungszahlen (z. B. von 1845 bis 1854 allein 146653 aus Preußen; 1816/1817 allein aus Württemberg, Baden und der Pfalz 20000 Bauern, die in die USA gingen) stieg die Bevölkerung, besonders in den schwächer besiedelten preußischen Ostprovinzen. Unter diesen Umständen ergaben sich durch Maßnahmen, die für die Entwicklung des kapitalistischen Systems förderlich waren, wie die Aufhebung des Zunftzwanges im Rahmen von »Gewerbefreiheit«, Bewegungen, die im Sinne eindeutigerer kapitalistischer Entwicklung rückschrittlich wirkten. Die durch diese Maßnahmen hervorgerufene Überfüllung handwerklicher Berufe hatte zur Folge, daß die gelernten Handwerker oft nach Beibehaltung oder Wiederherstellung der alten Zunftbestimmungen verlangten und die Behörden dadurch zu einer Gewerbepolitik veranlaßten, die zwischen den Forderungen nach Gewerbefreiheit einerseits und nach Handwerkerschutz andererseits hin- und herpendelte. Für das steigende Angebot an Arbeitskräften standen bald nicht mehr genügend Arbeitsplätze zur Verfügung, was sich auch im Sinken der Löhne bemerkbar machte.

Auf diese Situation traf die scharfe Konkurrenz aus England. 1848 erhielt durch die nun verstärkt einsetzende rücksichtslose Ausnutzung der Lohnarbeitskraft z. B. ein Spinnereiarbeiter bei oft 84 Arbeitsstunden in der Woche einen Taler und sieben Silbergroschen als Lohn. Ein Metallarbeiter bei Krupp erhielt 8 Mark und 25 Pfennige. Ein Bergarbeiter im Saargebiet in der Woche 11 Mark. Oft mußte an einem Teil des Sonntags gearbeitet werden. Auch Frauen und Kinder wurden bis zu 12 Stunden am Tag beschäftigt. Im sogenannten »Truck«-System wurden statt Geld minderwertige Waren als Lohn gegeben; in nachweisbaren Fällen bis zu 95 % der Lohnsumme.

Die besondere Situation Deutschlands war also durch eine Verbindung von Kleinstaaterei, zurückgebliebener Industrialisierung und von außen aufgezwungener Ausbeutung der – oft noch handwerklichen – Arbeiter charakterisiert. Es hatte bis in die Mitte dieses Jahrhunderts (also bis in die Zeit vor knapp 130 Jahren) in Deutschland keine Periode derart bedeutsamen »nationalen« Wirtschaftsaufschwungs gegeben, daß große Gruppen von Besitzbürgern und echten Kapitalisten dadurch in Hochstimmung hätten geraten können. »Als Marx am 10. April 1848 in Köln nach einem kurzen Aufenthalt in Mainz eintraf, fand er die Verhältnisse (zwar) verändert vor. Die krasse soziale Not, eine Folge der katastrophalen Mißernten von 1845 und 1846, war abgeflaut. Dennoch bestanden weiter erhebliche Mißstände, die durch eine seit zwei Jahren anhaltende Wirtschaftskrise verstärkt wurden. Diese hatte zur Lebensmittelverteuerung, zur Erschütterung der Bodenspekulationen und zum Niedergang des Handwerks geführt. Überlange Arbeitszeit, Ausdehnung der Frauen- und Kinderarbeit, niedrige Löhne sowie Unterernährung charakterisierten allgemein die Lage der Handwerker und Fabrikarbeiter im Rheinland. Die wirtschaftliche Stagnation rief nicht nur in der verproletarisierten Unterschicht Unruhe hervor, sondern verursachte auch im Kleinbürgertum eine politische und soziale Gärung.

In Köln, der größten Stadt Preußens nach Berlin und Breslau, war die Industrialisierung zwar langsamer fortgeschritten als in anderen Gebieten der Rheinprovinz, wie zum Beispiel der bergischen Heimat von Engels, doch hatte sich durch den Rückgang im Handwerk auch hier ein städtisches Proletariat herausgebildet. Die Zahl der Bevölkerung vermehrte sich in der Zeit von 1843 bis 1846 von 78 500 auf 85 500. Ein großer Teil dieses Zuwachses betraf die Fabrikarbeiterschaft, die in der gleichen Zeit von 1 400 auf 4 000 anstieg. Waren die Jahre 1843 und 1844 wirtschaftlich noch günstig, so trat mit der Krise von 1846 ein Stillstand der Bevölkerungsbewegung ein. Die berufslosen, noch nicht einmal über ein Existenzminimum verfügenden Kreise nahmen zu. Es kam zu Arbeitseinstellungen, zur Schließung von Betrieben und zum Bankrott des bekannten Bankhauses Schaaffhausen. 25 000 Personen, rund 30 % der Kölner Bevölkerung, standen auf den Unterstützungslisten für die Armen.« (nach E. Schraepler, Handwerkerbünde, Berlin 1972, S. 201 f.)

Das war die Geburtszeit des »Bundes der Kommunisten«, von Gewerkschaften und Arbeiterparteien – auf einem Boden, der nicht im entferntesten den Grad des englischen, zu dieser Zeit bereits voll ausgereiften kapitalistischen Systems hatte. So unverständlich es sein mag, daß zu dieser Zeit in England keine proletarische Groß-Revolution stattfand, so verständlich muß uns sein, daß in diesem Deutschland auch die heroischsten Versuche zur gewaltsamen Veränderung der gesamten gesellschaftlichen Verhältnisse nur den Charakter von Revolten haben konnten, teils von recht dilettantisch vorbereiteten. Sie mußten daher mit Sicherheit fehlschlagen wie die an sich tapferen »Feldzüge« von Herwegh und Hecker. Wie später dann so oft hatten diese ersten Kommunisten der Tat die gesamte Situation in Deutschland verschätzt, die Teilnahmebereitschaft der Bevölkerung an einer Erhebung über- und die Macht des Staatsapparates, besonders des Militärs, unterschätzt.

Kapitalismus und Arbeitergegenbewegung entwickelten sich in Deutschland zähflüssig. Das »herrschende« Bewußtsein war nicht das des Kapitalismus und schon gar nicht das der Arbeiterklasse. Wenn man überhaupt vom Überwiegen einer Bewußtseinshaltung zu dieser Zeit sprechen will, dann müßte man von einer Mischung von »kleinköniglichem« und »kleinbürgerlichem« Bewußtsein reden, das am ehesten eine gewisse Weltoffenheit durch die oberen Vertreter der »Staatsgewalt« bekam. Praktisch wurde von hier aus der Kapitalismus in Deutschland am energischsten vorangetrieben. Im Milieu von spätfürstlicher und klein-stadtbürgerlicher Haltung wuchs er zu einem bis heute verwirrenden System heran. Die Lebensimpulse in diesem System waren in der Folge kapitalistischer Natur, es blieb jedoch von deutschem Gemüt und deutscher »Heftigkeit«. Es entstand eine mit dem US-amerikanischen, dem englischen oder auch noch französischen Kapitalismus völlig unverwechselbare deutsche kapitalistische Kultur, in der man zu Recht behaupten konnte, von diesem Begriff noch nie etwas gehört zu haben. Diese Differenz der deutschen Verhältnisse zu den englischen ließ in Engels den Eindruck entstehen, England sei der Vorreiter *des* Kapitalismus; Deutschland würde sehr bald nachfolgen müssen – eine Voraussage, die sich nur zu einem Teil bewahrheiten konnte. Die Ausgangsverhältnisse waren zu unterschiedlich. Und das deutsche Klima war es, das einen Heinrich Heine – und nicht nur ihn – zur Verzweiflung brachte – sah er doch, daß die deutschen Verhältnisse zutiefst anders, allerdings damit nicht besser waren als in England und Frankreich. Aber in Frankreich traf er doch den »Genossen Bürger« an, ein mittleres Bürgertum, das doch wenigstens in der Theorie, im Gespräch und in der Beurteilung der Dinge scharf gesellschaftskritisch sein konnte.

Dagegen war in Deutschland dieser Menschentyp rar; wie hätte er sich auch entwickeln können!

Hier waren weder die feudalen noch die stadtbürgerlichen Verhältnisse entscheidend gebrochen oder abgelöst worden. Der z. B. in Frankreich in Paris versammelten Intelligenz standen in Deutschland wenige kritische und auf viele Städte und kleine Fürstenhöfe verstreute bürgerliche Gebilde gegenüber. Impulse zu kritischem Denken kamen eher von aufgeklärten Fürsten als aus der Stadt. Anstöße zu verändernder Tat kamen eher von – meist adeligen – hohen Beamten der Monarchien, den preußischen, österreichischen und südwestdeutschen Fürstentümern. Deutschland war ein vielfältiges, wegen seiner Naturschönheiten gerühmtes Land, in dem man vom Beginn des 19. Jahrhunderts an nicht wußte, was hier politisch noch alles möglich sein würde.

Da waren zuerst die Fürsten, die sich während der Französischen Revolution und dann durch Napoleon bedroht fühlen konnten, dann aber – nach dem »Wiener Kongreß«, der dem endgültigen Sturz Napoleons I. folgte und die »Restauration« einleitete – sich wieder beruhigten. »Restauration« bedeutete die Wiederherstellung der alten Verhältnisse. Der Traum der Bevölkerung von Demokratisierung, von Nationalstaatlichkeit sollte ausgeträumt sein. Den Burschenschaften, die geglaubt hatten, in einem einigen Deutschland würde Demokratie – nach ihren noch konservativen Vorstellungen – verwirklicht werden, und die als Zeichen ihrer Gesinnung langes Haar getragen hatten – wurden zur Verdeutlichung der Macht des Polizeistaates die Haare kurzgeschnitten.

Die Fürsten waren geblieben, der Grund zur Abwendung des Deutschen von politischer Erhebung und zur Entwicklung seiner bis heute andauernden »Fürstensehnsucht« war gelegt.

Der Fürst

Der Fürst blieb also politische und kulturelle Realität. Soweit man mit »Fürst« auch an den Hof denkt, müßte man an Frankreich und den Hof zu Versailles denken, der das Verhalten der Franzosen sehr beeinflußt hat. Dieser »Hof« war der mächtigste Europas gewesen, hier hatte sich »höfische Kultur« rein entwickelt im Rahmen einer Prachtentfaltung, von der andere europäische Höfe nur träumten. Die Konzentration des Adels am Französischen Hof der Könige Ludwig XIV., XV. und XVI. hatte alles an Geist und Geld in Versailles versammelt, was es in Frankreich gab; das reiche Bürgertum wetteiferte in Paris mit dem Hof. Zudem war Paris durchsetzt mit größeren und kleineren Palästen des Adels, in denen »vornehmere« Bürger aus- und eingingen. Die Abwesenheit des Adels von seinen Besitzungen, die Vernachlässigung seiner Schutzpflichten gegenüber seinen Bauern, deren Ausbeutung durch die Pächter, die Verschwendung und Mißwirtschaft bei Hofe hatten mit zur Französischen Revolution geführt. Aber nicht nur die Wiederaufnahme des Hoflebens und des Adelswesens seit Napoleon dem Ersten ließen die höfischen Einflüsse im Bürgertum lebendig bleiben. Der französische Bürger hatte sich durch die Revolution selbst zum Souverän erhoben, in Anrede und Gehabe hatte er bis in die niedrigsten Schichten der Bevölkerung höfisches Wesen in vielen Haltungsvarianten übernommen. So war dort höfisches Gehabe als gewandtes, aufmerksames und selbstbewußtes Benehmen gegenwärtig geblieben.

Wie fast alle Höfe Europas versuchten auch die deutschen Höfe, Versailles nachzuahmen. Da aber eine große Anzahl klein und wirtschaftlich schwach war, fiel diese Nachahmung oft eher lächerlich als eindrucksvoll aus. Auf diese Weise war das zurückgebliebene Land von einem Netz kultur- und standesbemühter Fürstenhöfe überspannt, von Schlössern und Residenzen, die um sich jeweils einen Kreis von »Höflingen«, Beamten und Verwaltern versammelten, welche in den ebenfalls meist kleinen Residenzstädten den Ton angaben. Sogar die größeren deutschen Höfe atmeten auf diese Weise kleinstädtischen Geist. Man gab sich »fein« und blieb doch linkisch.

Das bäuerliche Land war eben zu nahe, die Stadt noch klein – die Bürger blieben Kleinstadtbürger. Der kennzeichnende Typ für die fürstliche Residenz wurde das »Duodez-Fürstentum«, d.h. der »Zwergstaat«. Es gab Fürstentümer, von denen man sagte, daß der Schloßherr und Souverän aus dem Fenster seines Regierungszimmers beobachten konnte, wer die Grenzen seines Landes betrat und wieder verließ. Die Wirklichkeit war in einigen Fällen nicht weit davon. An solchen Höfen zu dienen, konnte den Geist ebensowenig schulen wie Weltgewandtheit erzeugen. Ausländische Mächte konnten unmöglich an jedem dieser Fürstensitze ihre Gesandten haben. Der Duft der großen weiten Welt war hier nicht zu spüren. Dagegen herrschten wegen ständiger Geldnot Kleinkrämerei, Neid und Mißgunst vor, die durch großtuerisches Gehabe überdeckt wurden. Es war ein Glücksfall, wenn in kleineren Residenzen wirksame Initiativen zur Förderung der einheimischen Industrie vom Hofe ausgingen – das blieb meist den größeren Höfen überlassen. Gegen Zollvereinigungsbestreben wehrte man sich lange Zeit mit Erfolg, um eine Einnahmequelle – den Zoll – nicht zu verlieren. Dadurch blieben die wirtschaftlichen Verhältnisse beengt. Geld war so knapp, daß alle fest bei Hofe Angestellten ständig um ihr Gehalt und ihre Altersversorgung bangen mußten – ebenso wie die Handwerker und Lieferanten, die fürchten mußten, durch eine Ernennung in den Rang eines Hoflieferanten zwar an »Prestige« zu gewinnen, aber dabei auch auf ihnen zustehende Zahlungen des Hofes verzichten zu müssen.

Da andererseits der Hof der finanzstärkste Ort in der Stadt war, ergaben sich beim Bürger Verhaltensweisen gegenüber den »fürstlichen Dienern«, seinen Ministern, Oberhofräten, Hofräten und anderen »Schranzen und Chargen« – wie der Volksmund sie nannte –, die sich ähnlich festsetzten wie die höfische Haltung in der Bevölkerung Frankreichs – nur mit entgegengesetztem Vorzeichen. »Liebedienerei«, geheuchelte und dann sogar »ehrlich« empfundene Ehrerbietung gegenüber allem, was sich adlig oder gar fürstlich und höfisch nennen konnte, wurde für zu viele lebensnotwendige Haltung. Der Bürger war für einen ganzen Tag hochgestimmt, wenn er einen »leutseligen« Gruß von einem noch so unbedeutenden Hofschranzen »erfahren« hatte.

Das Ergänzungsstück zum Fürsten war und blieb über das ganze 19. Jahrhundert zumindest in Preußen der »Gutsherr«. Diese Adligen, für die die »ostelbischen Junker« das Paradestück waren, standen feudalen Verhältnissen einerseits und bäuerlichen auf der anderen Seite noch näher als die sich städtisch gebärdenden Höfe. Als Vermittlung zwischen diesen beiden Traditionen – feudal und bäuerlich – war hier ein »patriarchalischer« Lebensstil entstanden, in dem sich freiherrliche mit großbäuerlichen Verhaltensweisen verbanden – eine Haltung, die auch von den Großbauern derjenigen Gebiete praktiziert wurde, die in der Geschichte ihres Landes selten oder gar nicht fürstliche Oberhoheit hatten erdulden müssen, wie in Nordwestfalen oder in Friesland und in Dithmarschen. Zu diesem patriarchalischen Lebensstil gehörten sowohl Fürsorgegefühle für Gutsangehörige und zugehörige Bauernschaften als auch Härte und Unnachsichtigkeit oder Willkür ihnen gegenüber. Man war »gnädig«.

Das Jagen stand gleichwertig neben der Sorge um die Landwirtschaft. Für ein gewisses Maß an Bildung sorgten die Söhne, die in strenger Altersfolge Nachfolger auf dem Gut, Pfarrer, Offiziere und auch »Akademiker« der sonstigen Universitätsfächer wurden. Das gesellschaftliche Leben beschränkte sich auf Bekannte aus der eigenen Offizierszeit, weither gereiste Verwandte und Nachbarn. Von der Nachbarschaft war im Hinblick auf »Bildung« wenig zu erwarten. Die Gutsnachbarn waren mehr oder minder gern geladene Gäste zu Hausbällen, die besonders die Funktion des Heiratsmarktes für die erwachsenen Töchter hatten. Die Gutsfrau oder -herrin hatte meist eine »höhere Töchterschule« absolviert, arbeitete auf den kleineren und mittleren Gütern meist recht hart im Haushalt mit, dirigierte ihr oft recht umfangreiches Haus- und Wirtschaftspersonal, hatte – einer Großbäuerin gleich – die Federviehwirtschaft unter sich, war für die häusliche Vorratswirtschaft verantwortlich; sie hielt die Verbindung zur Pfarrei aufrecht, wirkte karitativ, d.h. als Almosengeberin und moralische Ermahnerin im Gutsdorf. Sie spielte Klavier, malte, stickte, organisierte die Hausschneiderei und die Sitzordnung bei Festen, die sie sowieso plante und in Regie hatte – kurz, sie sorgte in einem ausgefüllten Tagesablauf für Ordnung im Haushalt und für Kultur.

Die Kinder wurden von Hauslehrern unterrichtet, die Mädchen möglichst von »Gouvernanten« (gouverner, französisch, heißt eigentlich »steuern«). Diese Gouvernanten ergänzten und komplizierten den so schon umfangreichen Haushalt. Wurden die Kinder älter, bürgerte sich das Pendeln zur nächsten »höheren« Schule, meist in der nächsten Provinzhauptstadt mit Wagen und Zug ein; oft wurden die »Knaben« in die Stadt in ein Internat oder in Pension zu einem ehrenwerten Bürger, oft Lehrer oder Gymnasialprofessor, gegeben, von wo sie dann nur noch in den Ferien aufs väterliche Gut zurückkehrten.

Diese Verhältnisse – in vielen Merkmalen hielten sie sich bis über den ersten Weltkrieg hinaus! – waren dem kapitalistischen Konkurrenzkampf also recht fern. Die ständig wechselnde und schwieriger werdende Lage auf dem Getreidesektor zwang langsam auch das Gut in dieses Konkurrenzsystem hinein. Gesprochen wurde davon nicht. »Über Geld spricht man nicht, das hat man« – dieser snobistische Anspruch des Adels, dann der Finanzaristokratie entsprach der Lebenshaltung auf diesen Gütern. Trotzdem machten die Gutsherren teilweise beachtliche Anstrengungen, um die Erträge der Güter zu steigern; Maschinen hielten Einzug; die damit verbundenen technischen und Finanzprobleme verursachten Sorgen. Man mußte sich informieren. Ein landwirtschaftlich-technisches Studium der Söhne rückte ins Blickfeld. Die alte Ablehnung gegen Stadt und »Händler«, gegen aufstrebendes Bürgertum ließ Hoffnungen auf nationale Stärkung wachsen – und damit verbunden die Erwartung, durch einen stärkeren Staat auch mehr unterstützt zu werden. Praktisch wurde also der kapitalistische Druck schon früh über Nationalstreben an den Staat weitergeleitet.

Die den Gutsherren nächst anliegende Schicht war die der Offiziere. Die Vorurteile, die man ihnen gegenüber heute rückblickend hat, waren teils berechtigt. Wichtig ist *hier*, daß besonders ihr preußischer Typ äußerst hart erzogen wurde. Daß sie praktisch für »ein Ei und ein Brot« dienten und daß sie »dienten«, d. h. daß sie bereit waren, ihre Kraft und auch ihr Leben für den »Souverän«, den Fürsten und König – später Kaiser – bedingungslos einzusetzen, zeichnete sie aus. Ihr Lohn bestand im wesentlichen im »Prestige«, d. h. im sozialen Ansehen, das sie genossen, und zwar überall, in fast allen Schichten der Bevölkerung. Der »Offiziersstand« hatte Ansehen. Der Haushalt, der ganz entscheidend von elterlichen Geldquellen oder von dem Vermögen der Frau abhing (dessen Verwaltung diese natürlich mit der Heirat an den Mann abgab, respektive nie besessen hatte), war in seiner Bescheidenheit und Strenge Vorbild für viele Bürger. Mit dem Einströmen von Bürgerlichen in das Offizierskorps seit dem Ende des 18. Jahrhunderts hielt militärischer Drill auch im bürgerlichen Haushalt Einzug. Als Haushalt mit einem monatlichen, wenn auch bescheidenen Einkommen schloß er sich der Wirtschaftsweise des Pfarrhaushaltes und des Gymnasialprofessor-Haushaltes an, dem Haushaltstyp, der für das Deutschland des 19. Jahrhunderts bis in unsere Zeit prägend gewesen und geworden ist: Der Beamtenhaushalt der gehobenen Schicht.

Der gehobene Beamtenhaushalt

Dieser Haushalt ist deshalb interessant und für den »gemütlichen Kapitalismus« in Deutschland kennzeichnend, weil hier die materielle Sicherung weitab vom Arbeiten des kapitalistischen Systems garantiert war. Sie schien nicht nur garantiert, sie war es in der Tat, wie die Zukunft zeigen sollte. Die anfängliche – beschriebene – Unsicherheit schwand mit der Stärkung des Staates. Nach 1870 war der Beamte, der beamtete Pfarrer, Lehrer, der beamtete Arzt, Verwaltungsfachmann und auch Künstler endgültig und lebenslänglich gesichert. Da seine Einkünfte aus den Kassen des Staates kamen, diese Kassen aber aus Steuern gefüllt wurden, über deren Herkunft man sich als Beamter keine Rechenschaft ablegen mußte, konnte man das kapitalistische System, das zunehmend diese Kassen füllte, großzügig übersehen. Das Geld – von dem man nicht sprach – kam »von oben«. Da der Staat nicht sehr gut zahlte, bestand besonders für die bürgerlich-aristokratisch erzogenen Frauen der Beamten überhaupt kein Anlaß, etwas wie ein »schlechtes Gewissen« zu entwickeln. Besitzbürgerlichen Reichtum, den man sah, hielt man für ungerechtfertigt. Die Armen übersah man als etwas Selbstverständliches. Im übrigen sah man sie wegen der fast immer bevorzugten Lage der eigenen Wohnung oder des eigenen Hauses nicht. Wurde man mit ihnen konfrontiert wie in den großen Städten, dann konnte man sich durch das Gefühl der eigenen bildungsmäßigen und auch moralischen Überlegenheit sowie durch Almosen gegen andere Anwandlungen abschirmen.

Im stadtbürgerlichen Haushalt Deutschlands, aber auch in den etwas besser situierten Handwerkshaushalten und Bauernhäusern hatte sich schon lange vorher eine besondere deutsche Familien- und Wohnkultur entwickelt, die nur mit dem Begriff der »Gemüthlichkeit« zu umschreiben ist. Das Wort bezieht sich zuerst auf das »Gemüth«. Damit meinte man die Empfänglichkeit für die »kleinen Freuden« des Lebens, für die Großartigkeit der Natur, die vorher wegen ihrer Unübersehbarkeit eher gefürchtet war. Gemüth zeigte der Gottesfürchtige und Zufriedene, der dazu redlich und fröhlich war. Der an Gott soweit glaubte, daß er Geister nicht mehr fürchtete, dafür das Walten des Herrn überall sah.

Die deutsche Romantik hatte die Vergangenheit entdeckt. Vorher noch als Zeugen abschreckender Zeiten mißachtete Burgruinen wurden nun (ab etwa 1780) als Zeugen glänzender Zeiten gesehen, die insgesamt idealisiert wurden. Man bekam ein neues Verhältnis zum Mittelalter. Die Deutschen wurden das Volk der Dichter und Denker. Man las auch in bescheideneren Haushalten nun neben den neu ausgegrabenen Märchen z. B. der Gebrüder Grimm »Kalender« wie den »Wandsbecker Boten« des Matthias Claudius; dieser sehr bewußt konservative deutsche Dichter lehnte »Greuel« wie die der Französischen Revolution ebenso ab wie die »verwerfliche Höfischkeit« der Franzosen. »Gemüthlichkeit« wurde das

Lebensbedürfnis des »Biedermeier«, Stil des deutschen »Biedermannes«. »Bieder« hieß soviel wie einfach und bescheiden, aufrecht unter Seinesgleichen, zuvorkommend gegenüber Höheren, fromm, gerecht gegen die armen Leute und die Armen im Geiste sein.

Adalbert Stifter, ein Dichter und Denker dieser über das ganze 19. Jahrhundert sich hinziehenden Bewegung (die nach 1848 nicht mehr »Biedermeier« genannt wird), hat diese auf die erhellende und verräterische Formel gebracht, man wolle in der »Idylle«, der zu schaffenden poetischen, d.h. dichterisch überglänzten Welt, nicht glücklich werden, aber glücklicher...

In Heinrich Seidels »Leberecht Hühnchen« bekommt diese Lebenstechnik, ähnlich wie in seinem »Von Perlin nach Berlin« ihre ironisch-komische Note. Die Entdeckung eines Astloches im Bretterzaun des Acht-Quadratmeter-Gartens wird Anlaß zu einer Feier. Gemütlichkeit war Trumpf, kein Triumphieren über die Wirklichkeit, aber ihr Überlisten. Genau besehen war sie ein resignierter Rückzug aus der politischen Realität und mißlungenem vaterländisch-völkischem Einsatz. Schon die »Romantik«, der »Sturm und Drang« der frühen Goethezeit und der Zeit Schillers (Geburtsjahre: Goethe 1749, Schiller 1759, Napoleon 1769), diese leidenschaftlichen Bewegungen können als Ventile für mißlungene oder von vornherein durch die Verhältnisse in Deutschland zum Mißlingen verurteilte politische Befreiung des Bürgertums (ja sogar des niederen Adels) angesehen werden. Die »Befreiungskriege« gegen Napoleon (1813–1815) waren nicht nur ein schlechter Ersatz für innere Reformen, der durch sie erweckte Nationalstolz wurde im Wiener Kongreß 1815 und die folgende reaktionäre, alte Verhältnisse zementierende Polizei-Politik in Deutschland-Österreich in eine nationale Beschämung verwandelt. Die Französische Revolution mit ihren späteren blutigen Geschehnissen konnte – bei freudiger Begrüßung zu Anfang – für die Deutschen kein Vorbild sein. Zu eng waren sie mit ihren Fürsten verbunden, zu »bieder« ihre Vorstellungen von einer Revolte im Inneren. Noch 1848 brachten sie neben tapferen und entsagungsvollen Einzelaufständen angesichts der robusten, teils blutigen Unterdrückung durch den Polizeistaat keinen Durchbruch zustande, der Deutschland-Österreich den Anschluß an die kapitalistisch-industrielle Entwicklung Englands und die etwas spätere Entwicklung Frankreichs garantiert hätte. Auch und gerade die gebildeten Vertreter der Bürger erwiesen sich als zu feinsinnige Revolutionäre. Zu viele waren »Gelehrte«, aber in Dingen der politischen Praxis ganz und gar ungewandt. In einer Welt, in der man als Bürger zu keiner befriedigenden politischen Stellung kommen konnte, blieben nach heroischem Theater, das seine Blüte erlebte, nach Musik nur ein Rückzug in »Innerlichkeit«, Rückzug auf Heim und Familie, Rückzug in Gemütlichkeit. Hier konnte der kalten Welt getrotzt werden, am warmen Ofen und bei Glühpunsch. Da die Gottgläubigkeit besonders in den weiten protestantischen Gebieten Preußen-Deutschlands starken Zweifeln unterlag, entwickelte sich ein Individualismus der Innerlichkeit, der in der Familie sozusagen seine Kirche fand.

Damit entstand ein Familien-Lebensstil, der schon wegen der besseren materiellen Lage in den Schichten des gehobenen Bürgertums und hier wieder in den Beamtenfamilien seine eindrucksvollste Ausprägung fand. Die geschilderte Wirklichkeitsferne dieser in Deutschland schnell anwachsenden Klein-Gruppe führte in einer Art Kehrtbewegung zu einer wirklichkeitsgesättigten Familienatmosphäre. Die aus der harten Realität der Gesellschaft herausgelöste Familie machte sich selbst zur Wirklichkeit.

Während ringsherum der Konkurrenzkampf in der Entwicklung des kapitalistischen Systems – besonders von 1870 an – zu toben begann (nach dem Deutsch-Französischen Krieg und dem Sieg der Deutschen über die Franzosen flossen Milliarden ins »Reich«), standen die Väter dieser Familien bestenfalls in der Auseinandersetzung um »Karriere«, d. h. die nächst höhere Beförderungsstufe, den nächst höheren Posten im Staatsdienst. Ein Absturz nach unten, wie er immerhin auch noch die Kaufmannsfamilie z. B. mit dem »Konkurs« bedrohte, kam ihnen nicht in den Sinn. Waren schon die Männer in dieser Weise eigenartig der kapitalistischen Wirklichkeit enthoben, um wievieles mehr die Frauen und Kinder. Berufliche Mitarbeit der Frauen kam praktisch nicht in Frage. Sie konnten ganz Ehe- und Hausfrauen, Mütter ihrer Kinder, Betreuerinnen des Heims sein. So ohnmächtig ihre rechtliche und wirtschaftliche Stellung auch war, so einprägsam waren ihre Möglichkeiten, sich im Akzeptieren der »Frauenrolle« zu entfalten. Da diese Rolle durchaus angesehen war – diese Frauen verfügten mindestens über einen, oft mehrere »Dienstboten« –, war die Rolle auch eine motivierende: Man war angespornt, sein Bestes zu tun. Hier entwickelte sich nun eine gehobene Form der »Gemütlichkeit«, die bis heute stilbildend für das »Bildungsbürgertum«, eine im wesentlichen von »studierten«, »akademischen« Vätern bestimmte Gruppe wurde.

Wir können diese Familie »bildungsbürgerlich« nennen, weil sie in keines der bisherigen Schemata paßt. Sie war nicht »feudal«, obwohl sich viele aristokratische (adelig-orientierte) Vorstellungen und Verhaltensweisen in ihr hielten. Sie war nicht eindeutig »stadtbürgerlich«, denn der Bezug zum Handwerklichen und kaufmännischen, auch zu den rechtlichen und politischen Fragen einer Stadtgemeinde fehlte fast völlig. An seine Stelle war eine formale Treuehaltung gegenüber dem König oder Staat getreten. Noch weniger war sie »kapitalistisch-bürgerlich«: Zum Begriff »Kapitalismus« fehlte dem Bildungsbürger jede Beziehung.

Die bildungsbürgerliche Familie in Deutschland stellt damit einen Sonderfall, ein »Unikum« dar. Ein Unikum, das die gesamte politische Atmosphäre in Deutschland bis heute viel stärker beeinflussen sollte, als Klassentheoretiker je wahrhaben wollten.

Wir sind bisher immer von der Frage nach der »Macht« ausgegangen, die eine gesellschaftliche Gruppe hatte oder verlor; von der Frage, wie eine andere Gruppe Macht gewann. »Macht« war als Verfügung über abgeschöpfte Arbeitskraft definiert worden. Wie war unter diesem Gesichtspunkt die bildungsbürgerliche Familie in Deutschland einzuordnen?

Das Bildungsbürgertum war zuerst einmal abhängig vom Staat. Im Grunde handelte es sich bei den beamteten Lehrern (Gymnasialprofessoren, Haupt- und Oberlehrern usw.), Universitätsprofessoren, Offizieren mit Bildungsanspruch, Juristen, Medizinern, Verwaltungsleuten um gehobene Angestellte, die praktisch einen unter besonderer Garantie stehenden Lohn bekamen, um lebenslängliche Lohnarbeiter. Mit der verschwiegenen Einsicht in diesen Sachverhalt verband sich das – erst einmal einleuchtende – Gefühl, keine »Macht« zu haben. Hätte man einen Beamten darauf angesprochen, ob er Macht habe, hätte er mehr oder minder bitter gelacht. Der Beamte arbeitete nicht, er »diente«, und zwar seinem Souverän und Staat. Für dieses Dienen oder den »Dienst« erhielt er einen Sold. Er hatte seine volle Arbeitskraft einzusetzen, mußte »loyal« sein, ein schamhafter Begriff für »treu«; seine Lebens-, Familien- und auch Eheverhältnisse waren – besonders, wenn sie in Krisen gerieten – dem Vorgesetzten offenzulegen. So war seine rechtliche Situation und die damit zusammenhängenden Anforderungen wirklich anders als die eines Lohnarbeiters. Sie waren insbesondere deshalb anders, weil sich in Preußen-Deutschland der Souverän, z. B. Friedrich der Zweite von Preußen (der »alte Fritz«) selbst als »Erster Diener des Staates« bezeichnete; wieviel mehr mußten die beamteten Untergebenen erst Staatsdiener sein. Was »Staat« eigentlich sei, fiel dabei fast völlig aus dem Blickfeld. Man war Staatsdiener und damit basta – bis 1945 und bis in unsere Zeit, in der dann allerdings die Auffassung vom Staat als zu melkender Kuh in Konkurrenz zur alten Auffassung trat. Beiden Auffassungen ist die formale Sicht gemeinsam: Der Staat war zuerst ein mächtiger Fürst, dann eine mächtige und zuletzt eine reiche Maschine, die Sold und dann »Gehälter« ausspuckte.

Das beamtete Bildungsbürgertum hatte also insofern doch konkrete Macht besessen, als es an der Macht des Staates teilnahm, sie in richterlichen, in verwaltungsmäßigen und Lehr- und Erziehungsentscheidungen weitergab, »ausübte«. Diese Macht war wiederum kein schwarzer Kasten, dem Teilmacht zu entnehmen war, oder ein Strom, von dem man etwas abzweigen konnte. Es war ein Verwaltungs-, Rechtsprechungs-, Vollzugs- und Militärapparat, der aus dem Steuer-»Aufkommen« gespeist wurde, das immer ausschließlicher aus den Taschen der Lohnarbeiter und den – in der Gewinnrechnung einkalkulierten – Steuern der gewerblichen kapitalistischen Betriebe kam.

Der Beamte war also Vollzugsgehilfe eines Systems »Staat«, das sich immer mehr auf eine kapitalistische Basis stützen mußte, wenn es seinen »Haushalt« balancieren wollte. Nur die Tatsache, daß dieser Staat in Deutschland durchfilzt und durchzogen war von Fürsten, Aristokraten, adeligen hohen Verwaltungsfachleuten, konnte das mögliche Wissen um die wahren Zusammenhänge zwischen Stellung/Gehalt der beamteten Bildungsbürger und der kapitalistischen Wirklichkeit verdecken.

Der beamtete Bildungsbürger war also ohnmächtig und mächtig zugleich. Als Bürger angesehen, seinen Einfluß und seine Einflußmöglichkeiten in seinem »Wirkungskreis« (d. h. am Arbeitsplatz) wohl spürend, konnte er sich als »Arm der Gerechtigkeit«, als »Auge der Vorsehung«, als »Schwert des Souveräns« oder als die Weisheit in Erziehung und Wissenschaft überhaupt fühlen. Da er sozusagen gar nicht zum kapitalistischen System gehörte, konnte er in besonders unbefangener Weise seine Identität wahren.

Diese Unbefangenheit gegenüber der gesellschaftlichen Realität teilte sich seiner Frau und den Kindern mit. Ein durch und durch gutes Gewissen wurde der dünn vergoldete Hintergrund der gehobenen deutschen Gemütlichkeit.

Der tägliche Lebensrhythmus war durch den Weggang des Vaters, den Schulgang der Kinder, das Eintreffen aller zum Mittagessen, Wiederweggehen des Vaters und seine Wiederkehr gegen 6 Uhr nachmittags und die nachmittäglichen Schularbeiten der Kinder bestimmt.

Die Familie war oft am Eßtisch vereint; das Wochenende gehörte ihr.

Die heute noch überall auffindbare »Repräsentations«-Wohnung stellte eine Mischung zwischen Fürstenanspruch und bürgerlicher Einfachheit dar. Sie bot gerade noch Platz für eine Hausangestellte und für Kinderzimmer. Ihre Größe und der nach außen im Verhältnis zu den Einkünften ständig etwas zu hohe Lebensstil verwiesen bereits auf die Last, die hier auf die Hausfrau zukommen mußte: In diesem Haushalt sollte sie bald die Dienstbotin ihrer eigenen Familie werden.

Der Hausarbeit insgesamt konnte sie sich von Anfang an keinesfalls entziehen. Sollte der Haushalt »in Schuß« sein, dann war sie praktisch zu langer und harter täglicher Arbeit verurteilt. Jeder Blick in ein altes »Haushaltungsbuch« belehrt darüber, was eine Frau zu leisten hatte, die gutsherrlichen Ansprüchen genügen wollte, aber keine Gutsherrin mehr war.

Regelmäßig fast epidemisch auftretende Krankheiten, ewige Krankenpflege, schwere Kinderkrankheiten mit dem Gefühl der Hilflosigkeit und oft berechtigter Todesangst, Nachtwachen – das waren zusätzliche Dauerbelastungen.

Ebenso epidemisch traten die unvermeidlichen repräsentativen »Feste« auf. Sie waren bescheiden im Vergleich zu denen der reichen Besitzbürger und des wohlhabenden Adels. Aber sie gehörten zum »guten Ton« und dienten der unterstützenden Bestätigung dieser aufreibenden Hausfrauenrolle – und brachten wieder viel Arbeit!

In »Adelskreisen« und beim vermögenden Besitzbürgertum kapitalistischer Prägung waren festliche Veranstaltungen zugleich politisch-wirtschaftlich gewichtige. Sie dienten der Repräsentation von Reichtum und »Macht«; zugleich mußten sie aber auch zur Kontrolle der Konkurrenten, zu Männergesprächen über Wirtschaft, Politik und Geschäfte dienen; sie waren unvermeidlicher Bestandteil von Machtausübung überhaupt. Hausherr und Hausfrau spielten mit verteilten Rollen; er führte die Markt- und Börsengespräche, sie vermittelte und horchte aus.

Im Bildungsbürgertum führten die Männer ihre politischen Gespräche am »Stammtisch für Honoratioren«, d. h. meist für Akademiker, eventuelle Bekanntschaften »nach oben« und Verbindungen zur Seite eingeschlossen. Hier fanden sich Literaten und Bürgermeister an einem Tisch. Man bestätigte sich meist in seinen Ansichten. Politisch waren diese Gespräche in dem Sinne wirkungslos, als sich für die einzelnen auch wirtschaftlich nichts veränderte; allerdings bestätigte man sich gegenseitig.

Entsprechend waren die häuslichen Feste des beamteten Bildungsbürgers mit Einladungen für 10 bis 20 Gäste politisch funktionslos. Aber sie mußten sein, weil »Karriere«-Rücksichten und eine vage gesellschaftliche Verpflichtung das geboten. So spielte sich ein Einladungsaustausch ein, in dem man viertel- bis halbjährig seine Einladungsverpflichtungen pauschal abmachte. Das bedeutete für die Hausfrau langes Sparen vorher und mehrtägige Vorbereitungen. Dies war ja die einzige Gelegenheit, bei der der Haushalt »ins Licht der Öffentlichkeit« trat. Dabei konnten weder wirklich vorzügliche Weine noch erlesene vielgängige Menüs, feinstes Gebäck oder Konditorwaren geboten werden. Umso wichtiger war ein solides Menü mit wohltemperierten Weinen und die möglichst üppige Tischausstattung mit Silber, Geschirr, Gläsern und nicht zuletzt Damast, mit Tafelaufsätzen und Blumen, die die Gediegenheit des Haushalts bekundeten. Die »gute Aussteuer« kam zur Geltung. Man bangte um das Gelingen. Die Gäste, denen fast allen diese Situation allzugut bekannt war, verfolgten mit fast ähnlicher Spannung diesen Ablauf; im großen und ganzen meist sowieso den derartigen Anlässen gelangweilt, waren sie noch mehr als die Gastgeber erleichtert, wenn alles vorüber war.

Weitere Strapazen ereilten den Haushalt, wenn die »Großen Ferien« nahten – ein Finanz- und Organisationsproblem. Der Hausfrau und Mutter blieb auch hier ein gefülltes Maß an Arbeit. Die Kinder waren nicht durch Gouvernanten und Dienstmädchen von den Eltern getrennt. Sehr vieles wurde gemeinsam erlebt. Da das Aufgabengebiet der Frau auf den Haushalt beschränkt war und andere als Haushaltstätigkeiten nicht in Frage kamen, wandte sich die

Aufmerksamkeit der Eltern und besonders der Mutter in vorher nie gekanntem Umfang den Kindern zu.

Alle Familien- und anderen Feste wurden durch viel Arbeitsaufwand zu großen Unternehmungen aufgebauscht, z. B. auch große Kindergesellschaften. Es entwickelte sich eine Familienkultur, die über die geschilderten Großereignisse hinaus von regelmäßig werdenden Gewohnheiten, von »Familien-Ritualen« durchsetzt war. Die Zahl solcher Familienrituale in der bildungsbürgerlichen Familie ist – geordnet nach Typen – auf über 30 geschätzt worden.

Die ehemals kirchlichen Feiern wurden zu gefühlsbetonten Festen. Das Ganze wuchs sich zu einer fast orgiastischen Familien-Selbstbefriedigung aus.

Diese Weihnachtswelt war fern von Fabrik, fern von der »schmutzigen« Politik, von der wachsenden Maschinerie der kapitalistischen Industrie. So wurden die Kinder in den Familien dieser gehobenen Gemütlichkeit dazu erzogen, denselben Zustand wieder anzustreben, was ihnen nicht nur über Gymnasium und Studium gelang, sondern auch dadurch, daß sie Partner kennenlernten und heirateten, die eben demselben Milieu entstammten und dieselben Erinnerungen und Bedürfnisse hatten. Das Milieu reproduzierte sich von selbst und ständig aufs neue. Es war ein Milieu von hohem persönlichen »Gebrauchswert«, daher hatte es eine Attraktion und Faszination, die bis heute in Deutschland durchgehalten hat. Ihr Preis war die in Kauf genommene Staatsabhängigkeit und politische Entmachtung im Sinne aktiven und kritischen politischen Tätigseins.

Diese Mischung von angesehener Stellung und politischer Hilflosigkeit hat vermutlich – das muß noch angefügt werden – ihre tiefen Wirkungen auf die Kinder gehabt. Es war schon darauf verwiesen worden, daß Kinder dieser Schicht durch das angeheizte Familien-Innenklima ungewöhnlich stark an ihr Zuhause gebunden wurden. Diese Bindung hatte drei Kontaktschlaufen: Erwähnt wurde das Ergebnis der »standesgemäßen« Heirat ohne die alten Zwänge der Vergangenheit. Voraussetzung dafür war auch, daß der Sohn eine dem Vater ebenbürtige Stellung erreichte. Einer solchen Entwicklung standen keine Hindernisse im Wege. Der Vater hatte eine gehobene Ausbildung erreicht und der Weg dorthin war klar; warum sollte der Sohn das nicht schaffen? Er hatte ein relativ hohes, aber ganz offenbar durch Fleiß und Ausdauer erreichbares Ziel vor Augen. Er erreichte dieses Ziel. Er hatte durch das häusliche Milieu und die Stellung des Vaters die entsprechenden Startchancen.

Zwei Seiten dieser ausgeprägten Bindung an die Eltern bestanden bei Söhnen also in der erneuten Bindung an das eigene Ausgangsmilieu und in dem Erreichen der Ranghöhe des Vaters, oder – bei Mädchen und Jungen – in der Bindung an die berufliche und »Prestige«-Position der Eltern.

Die dritte Seite der Bindung bestand vermutlich in der Übertragung der – verschwiegenen – gesellschaftlichen Hilflosigkeit dieser Gruppe, die sich nicht zum Kapitalismus bekennen konnte und dem »Staat« ausgesetzt war. Besonders die Söhne in dieser Familie hatten einen Vater von großer persönlicher Autorität; sie mußten aber ahnen, daß er in Wirklichkeit keiner anderen Aufgabe als dem »Staatsdienst« gerecht werden konnte, wirklichkeitsfremd, wie er war. Daher mußten sie seinen »Status« erreichen, um sicher zu sein. Entzug der Unterstützung des Vaters bedeutete auch, den sozialen Halt verlieren. Der Vater war der Garant ihrer »Potenz«. Verlust der väterlichen Unterstützung oder emotionalen Zuwendung konnte einer Kastration, einer Wegnahme der eigenen Potenz des Sohnes gleichgesetzt werden. Der Sohn mußte der Zuneigung des Vaters gewiß bleiben, damit er dessen Stellung auch erreichen konnte.

Ein Ausgleich zu diesem verzwickten unbewußten Verhältnis zu den Eltern und Geschwistern *und* der politischen Realität war sicher auch das in dieser Schicht besonders entwickelte tiefe Verhältnis zur Natur. Hier konnte man einer neutralen »Macht« gegenübertreten. Hier war der Bildungsbürger, das bildungsbürgerliche Kind wirklich »frei«. So wurde die Natur geliebt »mit allen Fasern«. Naturromantik und Naturliebe – ähnlich der Tierliebe – waren damit vermutlich das im Milieu angelegte Ausweichen vor der Konfrontation mit Armut, mit der kalten Seite des Kapitalismus. Die gesellschaftspolitische Ohnmacht dieser Schicht lehnte sich an die »Macht der Natur« an, ähnlich der »Macht der Musik«. Hinter der Fassade von Bildung und »angesehenem Amt« blieben Ohnmachtsgefühle gegenüber der politischen Realität kennzeichnend für diese Schicht.

Ähnlich diesem Lebensstil und doch ganz anders im Lebensgefühl nahm sich eine zweite mittelbürgerliche Schicht in Deutschland aus: Die »gutsituierte« besitzbürgerliche Schicht der »Provinz«. Hier stammte man aus handwerklichem oder technik-orientiertem Milieu, auch aus praxis-orientiertem akademischem (Förster, Landarzt, Apotheker, Gutsinspektor), man war mit der Wirklichkeit vertraut, »handfest«, auch wenn man längst nicht mehr Handarbeit ausübte. Man hatte ein klares Verhältnis zu Gewinn und Verlust – auch wenn man sich nicht als »Kapitalist« fühlte. Man sah auf »Solidität«, glaubte sich bescheiden, legte aber Wert auf »gediegene« Wohnausstattung, Kleidung, Speisen und Getränke. Man war »konservativ«, lebensklug und mit einem scharfen Blick für Realität versehen. Bei der unausrottbaren Zuneigung der deutschen Bürger zu den Fürstenhäusern achtete man auf die Vertreter des beamteten bildungsbürgerlichen »Standes«, allerdings mischte sich Skepsis in die dort vollbrachten Leistungen ein. Sie erschienen als zu »abstrakt«, meist den Ablauf des wirklichen Geschehens verfehlend. Oft waren die Vertreter dieser Schicht, ob Fuhrunternehmer, kleine Fabrikanten, Baumeister, Bürgermeister kleinerer Orte, erfolgreichere Geschäftsleute »am Ort«, welterfahrener als die meisten anderen Gruppen der Bevölkerung, vom Adel abgesehen. Durch geschäftliche Beziehungen, Reisen, auch Kuraufenthalte – alles Dinge, zu denen das Bildungsbürgertum bei viel schmalerem Geldbeutel selten kam – hatte man Menschen kennengelernt und »sich seine Ansicht« gebildet. Der Familien-Lebensstil war nüchterner als im Bildungsbürgertum, aber ähnlich zwischen Gutshauswirtschaft und Stadtorientierung eingespannt. Die Hausfrau war häufig nicht viel besser über die Geschäfte des Mannes informiert, hatte aber doch eine Vorstellung von seinem Aufgabenbereich, falls sie nicht sogar zeitweise mitgeholfen hatte. Meist hatte sie ein klares Verhältnis zur geschäftlichen Buchführung.

Diese Schicht ist der Ort der deutschen »Herzlichkeit«, einer Bereitschaft zu Gastfreundschaft und persönlich-freundlicher Aufnahme »sympathischer« Fremder. Bildung und Erziehung bevorzugten das Praktische. So war man lebensgewandt und zugleich »auf dem Parkett« ungewandt. Der alte Meisterhaushalt hatte hier seine höhere Stufe erreicht.

In ihrem Nachwuchs bildete diese Schicht das »Führungsreservoir« für die praxisorientierte Leitung größerer Betriebe, für kommunale (Gemeinde-)Leitung und Politik, für praxisorientierte Wissenschaft.

In den größeren Städten entwickelte sich unterhalb dieser beiden Schichten – der bildungsbürgerlichen und der besitzbürgerlichen –

die langsam anwachsende der »Angestellten«. Diese Gruppe der »Gehilfen«, Kaufmannsgehilfen und etwas später »Privatbeamten« von größeren Geschäften, den entstehenden »Kaufhäusern«, großen Fabrikverwaltungen und Banken, dazu die Angestellten staatlicher Verwaltungen, orientierte sich am mittleren Besitzbürgertum, meist an ihren Vorgesetzten oder »Prinzipalen«, an den niederen oder »Subaltern«-Beamten und auch am Bildungsbürgertum, das ihnen materiell häufig nur wenig überlegen war. Korrumpiert durch den »Umgang mit der Macht«, entwickelte sich in dieser Schicht ein oft irreal übersteigertes Selbstbewußtsein, das in scharfem Kontrast zur eigenen materiellen Lage und zur jederzeit von der »arbeitgebenden« Stelle kündbaren Lohnarbeits-Situation stand. Besonders der Angestellte im Geschäft erlebte unmittelbar mit, wie kraß die Differenz zwischen dem ihm zugestandenen Lohn und dem Gewinn des Prinzipals war. Er lernte, sich darüber hinwegzutäuschen. Dazu verhalfen ihm der Zwang zu »besserer« Kleidung ebenso wie die Tätigkeit in einem teurer ausgestatteten Milieu, als er es sich zu Hause leisten konnte. Der tägliche Umgang mit finanzstärkeren Schichten, dem Publikum, mußte in ihm einen zu hoch angesetzten Anspruch stärken. Ein Lebensstil besonderer Unechtheit entwickelte sich bei diesen Angestellten, ein Lebensstil, der immer hinter den verwirklichbaren Möglichkeiten herhinkte, was aber durch die äußere Angleichung an die »Höhergestellten«, d. h. die im System besser Gestellten, verdeckt wurde. Hier war der Kapitalismus zwar weniger gemütlich, trotzdem wurde in der mit steigendem Alter wachsenden Resignation der Schein der Zugehörigkeit ängstlich gehütet. Dafür sorgten auch die Frauen, die ständig bemüht waren, den Schein aufrecht zu erhalten. War die Realität des besseren Lebens schon nicht erreichbar, so sollten doch die Kinder »etwas Besseres« werden. So entstand in der Familie meist ein gedrücktes Klima mit starken Leistungsanforderungen an die Kinder, besonders an die Söhne. Deren Orientierung war damit eine in sich höchst widersprüchliche: Sie hatten den Vater als Autorität vor Augen, aber die Anleitung dazu, ihn zu überholen, stellte seine Leistung und damit auch seinen Autoritätsanspruch in ein recht schiefes Licht. Aus Ohnmachtsgefühlen, Lebensangst, Leistungsdrang und Sehnsucht »nach oben« entstand hier ein Reservoir an »Ehrgeiz« neuer Art, das der krampfartigen Durchsetzung und Ausdehnung des Kapitalismus auch und besonders in Deutschland große Impulse geben sollte.

Ganz ähnlich – nur sozusagen eine Stufe tiefer – sah es in der nächst anliegenden Schicht derjenigen Arbeiter aus, die Verkäuferinnen geheiratet hatten. Junge Mädchen, die als Verkäuferinnen gelernt hatten, das »Bessere« zu schätzen, aber keine Chancen sahen, in die Kundenwelt durch Heirat einzudringen, wählten oft statt der von ihnen in ihrem »hohlen Gehabe« durchschauten Kollegen den kräftigeren und lebenslustigeren jungen Arbeiter, der nicht selten auch mehr verdiente als der junge Kaufmannsgehilfe, besonders dann, wenn dieser junge Arbeiter im Akkord arbeitete. Hier bewirkte die unvermeidliche spätere Enttäuschung über den erhofften, aber nicht verwirklichten Aufstieg des Mannes, die sich besonders beim Erscheinen von Kindern und der erzwungenen Aufgabe der eigenen Tätigkeit dramatisch zuspitzen mußte, eine nochmalige Verstärkung der oben erwähnten Erziehungshaltung. Ständige Erinnerungen dieser Frauen an die Zeit, in der sie selbst »etwas Besseres« gewesen waren, verschlechterten das Ehe- und Familienklima oft ins Unerträgliche. Der Mann begann sein kärgliches und unerfreuliches Zuhause zu meiden, trank in der Kneipe mit Gleichgestellten und Schicksalsgenossen, unter denen er sich wohlfühlen konnte; die Kinder, besonders die Söhne, hingen sich an die Mutter und wurden von ihr angetrieben, ihre in ihren Mann gestellten und enttäuschten Erwartungen endlich zu erfüllen. Hier war also ein weiteres Reservoir von Leistungsehrgeiz.

Diese Familien – in denen wenigstens ein Eheteil noch immer »etwas Besseres« zu sein meinte – waren nicht durch einen Strich von der sich klar als proletarisch verstehenden Arbeiter-Bevölkerung zu trennen. Sie verminderten aber die Größe dieser proletarisch empfindenden Gruppe in Deutschland erheblich. Das sollte für die politische Entwicklung in Deutschland Konsequenzen haben. In diesem Land gab es zu viele Menschen, die sich für besser hielten oder aber wenigstens auf einen Vater, eine Mutter, einen Onkel oder eine Tante verweisen konnten, die einmal »etwas Besseres« gewesen waren. Es fühlten sich zu viele Menschen zu einer höheren Schicht gehörig als der von ihnen erreichten – so waren klare Klassentrennungen nicht möglich.

Wirklich und bewußt im kapitalistischen System stand damit außer der Lohnarbeiterschaft ohne Illusionen nur eine relativ kleine Gruppe von Fabrikanten, Händlern, Bankiers. Für sie gilt mit Einschränkungen das im Abschnitt über den »Kapitalismus von oben« Gesagte. Bei aller bei ihnen vorhandenen Initiative, Welterfahrung, Härte und bei teils großem unternehmerischen Können litt diese Gruppe der eigentlichen »Kapitalisten« unter einem Handicap. Auch sie hatte die Vorherrschaft des Adels in Preußen-Deutschland nicht abschütteln können. Der feudale Stil blieb Vorbild, die »Fürstensehnsucht« des deutschen Bürgers wurde hier in schloßartigen Villen mit Auffahrt, wurde im ganzen Lebensstil verwirklicht. Der deutsche Fabrikant und Bankier nimmt eine pseudofürstliche Haltung an: zwischen Landesvater und Menschenfreund. Diese Verdopplung der Unechtheit entspricht aber dem deutschen Klima und war insofern echt. So war diese Gruppe nicht nur politisch weitgehend bevormundet, sie ließ sich auch gern bevormunden. Mehr noch, sie *wartete* auf die Initiative des Staates oder besser derjenigen Staatsmänner, die »viel versprachen«, wie zum Beispiel Bismarck. Dem Wort des großen Reformers Hardenberg aus dem Anfang des Jahrhunderts nachhorchend: »In Deutschland kommt die Revolution von oben«, wartete man darauf, daß die kapitalistische Revolution von oben kommen würde. Diese »Revolution« kam mit der »kleindeutschen Lösung«, der Gründung des preußisch-deutschen Zweiten Kaiserreichs 1871 nach der »Niederzwingung« Frankreichs, mit dem nun vom besiegten Frankreich zu zahlenden Milliardenstrom an Geld.

In der Gruppe der deutschen Unternehmer, die ihre Fabriken gern im militärischen Stil leiteten, stand diesem Milliardenstrom eine Führungsgruppe zur Verfügung, deren Zuneigung zum preußischen Generalstab ihre unbestreitbaren Qualitäten in Richtung auf ein späteres Monopol- und Planungsmanagement verriet.

Der Kapitalismus wird ungemütlich

Es bestanden nun ideale Voraussetzungen, um das einfließende Beute-Geld als dringend benötigtes Investitionskapital fast schlagartig in eine stürmische Industrialisierung umzusetzen: die große Fülle handwerklich-meisterlich orientierter Menschen im nunmehrigen »Deutschen Reich«, eine zu Ordnung und Unterwerfung unter staatliche Initiative weitgehend bereite Unternehmerschaft, ein noch immer fürstenorientiertes Volk mit einer erst in geringem Maße zu sich selbst kommenden Arbeiterschaft, die zudem noch in der Minderzahl war und von der stark konservativ eingestellten, zahlenmäßig starken Bauernschaft keine Unterstützung erwarten konnte.

Für eine Übergangszeit – etwa von 1872 bis zum Ende des Jahrhunderts – entwickelte sich zuerst auch in Deutschland ein kapitalistisches Klima reinerer Prägung. Aktiengesellschaften schossen aus dem Boden und gerieten wegen Fehlplanungen in Konkurs. Davon profitierten die Stärkeren. Das Ergebnis war nach dem Siegesrausch über den »Franzmann« und der Vereinigung im »Reich« ein großer Katzenjammer beim mittleren Besitzbürgertum, das in diesen »Spekulationen« häufig sein Geld verlor. Die »Gründerzeit«, die ersten 4 bis 6 Jahre nach 1871, ließ die zerstörerische Gewalt der kapitalistischen Prinzipien wirksam werden. Alte Strukturen wurden schneller weggearbeitet. Neue Koalitionsbildungen traten am Horizont auf. So überlegte Bismarck für eine kurze Zeit, ob er mit der Arbeiterschaft gegen seine feudal-konservativen Gegner paktieren sollte. Diese Arbeiterschaft begann, sich zu finden, Parteien und Gewerkschaften entwickelten sich, das Wahlrecht war nun auch dem Arbeiter zugestanden worden. Von außen bot diese Gesellschaft ein unübersichtliches und beunruhigendes Bild: Während auf der einen Seite der Anschein erweckt wurde, als ob der Katholizismus in Deutschland ernsthaft unter Druck gesetzt wurde, wurde fast gleichzeitig das »Sozialistengesetz« erlassen, das jede sozialistische und kommunistische Parteiarbeit fast unmöglich machte. Ebenso fast gleichzeitig wurde mit der »Kaiserlichen Proklamation« von 1881 das deutsche Sozialgesetzgebungs-Werk begonnen, das Deutschland an die Weltspitze der Sozialgesetzgebung brachte.

Unterdessen hatte sich das bürgerlich-kapitalistische System in den anderen »Industriestaaten« in harter Form mit der Lohnarbeiterschaft auseinandergesetzt. Läßt man die grausamen Auswirkungen der englischen Politik auf Irland und die blutige Kolonialgeschichte aus der Darstellung aus, so blieben die hier ständig unter der Decke des Nationalstolzes schwelenden bitteren Kämpfe der Kleingewerkschaften mit den Unternehmern. In Frankreich kostete allein der Aufstand, der zur »Pariser Kommune« im Jahre 1871 führte, einem nur Wochen dauernden echten »Rätesystem« fast urkommunistischer Prägung, Tausende von Toten auf der Seite der gegen die Regierungstruppen unterliegenden Arbeiterschaft. In den USA, in denen der allgemeine Lebensstandard erheblich über dem der europäischen Staaten lag, wo aber kapitalistische Praktiken sich in besonders übler Weise durchsetzen konnten, starben ähnlich hohe Zahlen von streikenden Arbeitern durch den Einsatz von Privatarmeen der großen Unternehmen, wie z. B. die »Pinkerton-Armee« (dieser angeblichen Detektei), oder sie wurden zum Tode oder zu langen Freiheitsstrafen verurteilt. Der im System angelegte Prozeß auf Monopolisierung, das heißt auf Konzentration der wirtschaftlichen Macht in immer weniger immer mächtigeren Groß-Unternehmen schritt hier am schnellsten voran. Der Kampf um die Weltmärkte begann – als erste Ankündigung solcher übergreifender Zusammenhänge hatte es bereits 1857 die erste Krise gegeben, die alle sich industrialisierenden Länder berührt hatte. Überall also, wo sich das kapitalistische System – seinen eigenen Prinzipien getreu – relativ frei vom geschichtlichen Ballast hatte entwickeln können, in Freiheit und offener Konkurrenz, hatte es endlich auch die Arbeiterschaft in die *gesellschaftliche* Konkurrenzsituation einbezogen.

Die Arbeiterschaft trat nun mehr oder minder offen als Konkurrentin auf: als Konkurrentin um Freiheit und Bürgerrechte. Nur durch die Tatsache, daß das kapitalistische System Eigentum oder Eigentumssurrogate, d. h. wenigstens den Anschein von Eigentum, anbieten konnte, stabilisierte es sich wieder auf neuem Niveau. Dieser Mechanismus lief so ab, daß die durch unternehmerische Initiative angeheizte Produktion mehr und mehr nicht nur auf die Abnahme ihrer Produkte durch die Bürger selbst angewiesen war, sondern zwangsläufig auch die Arbeiter selbst als Abnehmer brauchte. Damit entstand endlich ein Kreislauf, in dem die Nachfrage allgemein stieg, die Absatzchancen stiegen, die Produktion erweitert und die Löhne erhöht werden konnten. Soweit das nicht in der Konkurrenz um qualifizierte Arbeitskraft selbst geschah, konnten den Unternehmern höhere Löhne abgetrotzt werden. Der nun erwerbbare höhere Lebensstandard wirkte bestechend. Das alte Elendssystem schien sich selbst aus seinen Problemen herauszuziehen. Besonders in den USA wirkte dieser Mechanismus praktisch auf ein Erlöschen der sowieso hart unterdrückten sozialistischen Arbeiterbewegung hin, weil dort – im alten Stolz auf die Befreiung von der europäischen Fürstenherrschaft – der Unternehmer, oder deutlich ausgesprochen: der Kapitalist, ein erfolgreicher Mann war, dem es nachzueifern galt. Die Mär vom »Land der unbegrenzten Möglichkeiten«, lange durch die Weite des Landes und seine riesigen Reichtumsquellen unterstützt, blieb bis nach der Jahrhundertwende Grundlage des Glaubens an die Richtigkeit des »American way of life«, des US-amerikanischen Lebensstils. Die Rechnung schien hier immer einfach: Getreu dem Wort von Karl Marx, daß ein komplizierterer Arbeitstag mehr wert sein könne als drei normale Arbeitstage, wurde jedem, der es verstand »Geld zu machen«, der Gewinn zugestanden. Großzügig wurde die Unverhältnismäßigkeit dieses Gewinnes übersehen. Schlauheit und Zähigkeit wurden leichter für den Begriff der »Kompliziertheit des Arbeitstages« eingesetzt als »Meisterschaft« und hartes Können. Das Klima der Unbedenklichkeit hatte in diesem Land derart viele Menschen erfaßt, daß andere gesellschaftliche Lösungen undenkbar schienen – wer unterlag, hatte selbst schuld.

Zudem erhielten sich auf diese Weise sehr viele Menschen sehr viel Handlungsfreiheit. Diese Tendenz auf Handlungsfreiheit ließ auch das grundsätzliche Mißtrauen gegen einen »Staat«, d.h. Herrschaft von oben – deutlich noch bis heute – weiter bestehen. Die Folge war eine Verarmung der »Öffentlichen Hand«, d.h. aller staatlichen Einrichtungen. Noch vom alten Pioniergeist erfüllt, meinte man, das Notwendige schon selbst oder in selbstgeschaffener Zusammenarbeit leisten zu können. In der Tat blieben die USA auf diese Weise das demokratischste Land auf der Erde – wenigstens, was das Wissen um demokratische Praxis anbetraf und in der engsten Praxis ihrer Bewohner. Das Wort des französischen Abgeordneten der Nationalversammlung Alexander Tocqueville (1838), daß der Gleichheitsanspruch der Menschen sich unbeirrbar durchsetzen werde, wenn nicht aus der großen Industrie eine »neue Aristokratie« die Demokratie in Frage stellen werde, wurde übersehen. Genau dasselbe tat sich aber ziemlich offen – ohne die Amerikaner zu allzu großer Besorgnis veranlassen zu können. Vor ihren Augen sammelte sich Macht in der Gestalt einzelner Personen wie Rockefeller oder in Form von anonymeren »Trusts« und riesigen Aktiengesellschaften. Hier begann sich anfänglich ein Lebensstil der Unbedenklichkeit und Beliebigkeit des Verbrauchs auszubreiten, der später umschlug in einen Lebensstil der Beliebigkeit in der Anwendung der Mittel bei unbegrenztem Expansionsdrang und der Bereitschaft zum Niederkonkurrieren jeden Widerstandes.

Die endgültigen Auswirkungen der kapitalistischen Prinzipien wurden erkennbar. Eine liberal sich gebende Presse und begrenzende Gesetzgebungsversuche wie das Anti-Trust-Gesetz blieben praktisch wirkungslos. Der ständig in seiner Ausweitung behinderte Staatsapparat kam relativ mühelos in den Griff der »Plutokratie«, der Geldherrschaft. Damit hatte hier eigentlich besonders früh, nur nach außen nicht kenntlich, die letzte Stunde des »alten« Kapitalismus geschlagen. Das Prinzip der freien Konkurrenz, die Freiheit und Eigentum garantieren sollte, das Prinzip des Marktes gleichberechtigter und gleichinformierter Anbieter begann, sich früh aufzuheben.

An dieser extremen und vorweglaufenden Bewegung gemessen, schien die Entwicklung in Preußen-Deutschland geradezu entgegengesetzt zu verlaufen. Hier befand sich die Industrie, das kapitalistische System, im relativ festen Griff eines Staatsapparates, der alles andere als eindeutig kapitalistisch orientiert war. Die deutsche Entwicklung unterlag jetzt einer Führung, die die Wertmaßstäbe der »aufgeklärten Fürsten« übernommen hatte und sich für das »Wohl des Volkes« verantwortlich fühlte. Innerhalb dieses staatlichen Rahmens konnte sich das kapitalistische System zügig entwickeln, nur in wenigen Phasen konnten sich sinnlose Spekulation und ganz scharfer Wettbewerb mit unbedenklichen Mitteln voll austoben, wie in der »Gründerzeit«. In diese Zeit fiel das Wort des geadelten Bankiers Fürstenberg, dem von einem »Parvenü« (Emporkömmling) bei Regen angeboten wurde, mit ihm die einzige vor der Börse vorgefahrene Taxe zu benutzen: »Herr Baron, wollen wir nicht zusammen fahren?« Der Baron von Fürstenberg antwortete: »Danke, wenn ich Sie sehe, fahre ich immer zusammen!«

Deutschlands Kapitalisten konnten sich noch zu Recht als Ehrenmänner fühlen. Sie standen unter dem Schutz eines Staates und einer Armee, deren unzeitgemäßes Lebensgefühl im Text der Ernennungsurkunde eines Offiziers von 1912 unübertrefflich deutlich dokumentiert wurde. Der Aussteller war Kaiser Wilhelm II., in seiner Eigenschaft als König von Preußen:

> »NACHDEM SEINE KÖNIGLICHE MAJESTÄT VON PREUSSEN
> Unser allergnädigster König und Herr resolvieret haben, dem OBERLEUTNANT im Fussartillerie-Regiment von Lingen (Ostpreussischen) No. 1 – Friedrich Müller – ein Patent seiner Charge in Gnaden zu verleihen, so thun Allerhöchst Dieselben solches auch hiermit und in Kraft dieses PATENTS dergestalt, dass Seiner Königlichen MAJESTÄT und DERO königlichem hohen Hause derselbe ferner getreu, hold und gehorsam sein, seiner CHARGE gebührend wahrnehmen, was ihm zu thun und zu verrichten obliegt und aufgetragen wird, bei Tag und bei Nacht, zu Lande und zu Wasser, fleissig und treulich ausrichten, bei allen vorfallenden Kriegs-Begebenheiten sich tapfer und unverweislich verhalten, wie es seiner Eidespflicht gemäß ist, übrigens aber auch alle mit dieser CHARGE verbundenen PRAEROGATIVE und Gerechtsame geniessen solle. Des zu Urkund haben ALLERHOECHST Dieselben dieses Patent mit DERO Insiegel bedrucken und AUTORISIEREN lassen. So geschehen und gegeben:
>
> Fehrbellin, den 18. Oktober 1912.«

Der deutsche Kapitalismus befand sich so in sicheren Händen. Diese Urkunde gibt nur die eine Seite der Medaille wieder. Auf der anderen Seite standen Erscheinungen wie der preußisch-deutsche »Generalstab«, das erste Vorbild eines Monopolmanagements moderner Konstruktion. Diese Spitze des militärischen Monopolapparates bestand aus den verantwortlichen Stäben der Heeres- und Marineteile (später auch der Luftwaffe), beziehungsweise aus besonders geschulten Vertretern der verschiedenen »Interessengruppen« im Militär. Deren Schulung war insofern »inhaltlich«, als sie sich an den praktischen Erfordernissen eines Krieges orientierte. Sowohl der »Feind« als auch die eigenen Kräfte und Möglichkeiten mußten genau studiert und gekannt sein. Ein inhaltlich hoher Informationsstand war Voraussetzung für Generalstabsarbeit. Gleichzeitig mußte diese Schulung aber zwangsläufig auch eine »formale« sein: Mathematik war ebenso nötig wie Fähigkeit zu logischem Denken. Das Berechnen von einzusetzenden militärischen Kräften verwies auf Überlegungen über die Kapazitäten der waffenliefernden Industrien. Daran schlossen sich Überlegungen über den Umfang derjenigen eigenen Industrien an, die im »Ernstfall« auf Waffenlieferungen umgestellt werden konnten. Nach vorwärts verlängert stießen diese Überlegungen aber nicht nur auf die Fragen nach der Ausrüstung und den Industriekapazitäten eines möglichen Gegners, sondern auch auf die Probleme von Vorbereitung und »Aufmarsch«. Wie war das gewählte oder aufgezwungene Gelände? Wie die Transportwege dahin? Welche Kapazitäten hatten sie? Jede Straße hat nur begrenzte Kapazitäten für das Durchlassen von Transportmitteln; die Kapazität kann durch beschleunigtes »Durchschleusen« erhöht werden; hier setzen die Zugmittel und die »Engpässe« Grenzen. Nun kommt es auf ein metergenaues »Einfädeln« der Truppenzüge und Waffentransporte, des gesamten »Nachschubes« an. Mit der Uhr in der Hand wurde am Sandkasten, in den Militärakademien, in Hörsälen, allein und in Gruppen gerechnet. Die spätere »Netzplantechnik« war längst da. In dieser formalen Ausbildung steckte bereits die Gleichgültigkeit gegenüber der Frage, ob hier von Menschen und Waffen, von Munition und Nachschubgütern die Rede war oder von Bauvorhaben großer Ausmaße und von großen Wirtschaftsbewegungen. Diese Übertragung kam damals noch niemand in den Sinn. Ihre wirklichen Möglichkeiten kamen den Generalstäblern erst nach dem zweiten Weltkrieg zupaß, als die zerschlagene nationalsozialistische »Wehrmacht« mehr als 3000 Generale und entsprechend viel weitere hohe Offiziere freisetzte. Die kapitalistische Entwicklung hatte die deutsche militärische Entwicklung eingeholt. In der anspruchsvolleren Planung großwirtschaftlichen Geschehens kamen die Militärplaner auf ihre historisch richtigen Plätze. Wieder einmal hatte Deutschland eine Reserve entwickelt, die ihm erst verspätet von – zweifelhaftem – Nutzen sein sollte.

Das kapitalistische System hat einen nun schon des öfteren erwähnten Fehler in seiner Prinzipien-Konstruktion: Die Voraussetzung eines sich selbst regulierenden freien Marktes. Ohne diese Voraussetzung hätte es sich nicht entwickeln, nicht die Bürger überzeugen können. Die Freiheit des Marktes war zu Anfang eine

Realität. Die unentdeckte Welt lag unbegrenzter Expansion offen. Sowohl die Bedürfnisse der Menschen schienen unendlich ausweitbar als auch die vom Markt zu erfassenden geographischen Räume mit ihren riesigen Bevölkerungen.

Die Regulierung des Marktes sollte dann durch das Konkurrenz-Prinzip geschehen: Freie Anbieter sollten um die Gunst freier Nachfrager derart kämpfen müssen, daß jeder den anderen sinnvoll beschränken würde. Die Anbieter sollten sich – der Voraussetzung des sich selbst beschränkenden Marktes nach – immer wieder dem jeweils leistungsfähigeren und billiger anbietenden Konkurrenten unterwerfen müssen. Abwechselnd würde ein anderer leistungsfähiger sein; so würde sich das ganze System in der Balance halten.

Das Hineinziehen immer größerer Bevölkerungsgruppen in dieses Spiel schien solche Voraussetzungen zu bestätigen: Ein Wirtschaftssystem, das den »Standard« ganzer Bevölkerungen anhob, mußte auch die Fähigkeit zur Kritik, die Bereitschaft zu grundlegender Veränderung lähmen. Solange Freiheit mit steigendem Lebensstandard gleichgesetzt wurde, war der Blick auf das ganze System versperrt. Das System befreite mit seiner Dynamik anfänglich die Menschen aus den Zwängen der Vergangenheit. Es überführte aber alle – die Kapitalisten eingeschlossen – in neue Zwänge: in den Zwang zur Produktion »um jeden Preis« und den Zwang zum Verbrauch, der »Konsumtion« um jeden Preis. Nur ein ausgewogenes Verhältnis von Produktion und Verbrauch konnte das Funktionieren des Systems sicherstellen. Da die Steigerung der Produktion als Selbstverständlichkeit angesehen wurde (»wachsendes Wirtschaftswachstum«), war die Steigerung des Verbrauchs die zwangsläufige Schlußfolgerung. Nur mit steigender Produktion *und* steigendem Verbrauch, das heißt steigender Abnahme, konnte das System bestehen.

Die Eroberung neuer geographischer (Kolonial-)Räume und ihrer Grundstoffreserven verhieß unbegrenzte Materialfluten und Energien. Die auf dieser Basis (der grundlegenden Produktivkräfte) entwickelbaren Techniken, die »Technik«, schien unbegrenzt weiter entwickelbar. Technische Erfolge schienen das zu beweisen. Die Produktivkräfte erweiterten sich ständig. Die Maschinerie der Produktion von Halbfertigwaren und Fertigwaren folgte dicht auf. Fabriken wuchsen aus dem Boden. Menschliche Arbeitskraft stand zuerst billig zur Verfügung, später konnte sie noch billiger durch Maschinen ersetzt werden, in die diese billige Arbeitskraft eingeflossen war und in denen sie nun weiter arbeitete, ihre lebenden Schöpfer Stück für Stück aus dem Produktionsprozeß heraustreibend. Damit wurden sie zurück auf den »freien« (Arbeits-)Markt getrieben und stellten hier noch mehr verbilligte Arbeitskraft für die zu dieser Zeit noch weniger maschinisierten und rentablen Produktionszweige zur Verfügung, bis auch hier derselbe Prozeß ablief.

Damit wurde – in den verschiedenen kapitalistischen Ländern zu unterschiedlichen Zeiten (ca. von 1840 in England bis 1890 in Deutschland) – die Arbeiterschaft in mehrere Schichten getrennt. Die in der profitableren Produktion verbleibenden und dort gebrauchten Arbeiter konnten höhere Löhne fordern. Mit steigendem Einkommen wurden sie in steigendem Maße Abnehmer von anspruchsvolleren Produkten. Hinter ihnen reihten sich die jeweils nächsten Gruppen weniger rentabler Produktionszweige an. Mit steigender Leistungsfähigkeit der Maschinerie wuchs der Kreis solcher anspruchsvolleren Abnehmer. Gleichzeitig konnte die Produktion noch die niedrigeren Bedürfnisse neu »erschlossener« Gebiete und ihrer Bevölkerungen erfassen. Das Expansionssystem schien zu arbeiten, die Freiheitsvoraussetzung zu stimmen.

Praktisch traten jedoch sehr bald natürliche und selbstgeschaffene Begrenzungen auf. Das große Beispiel war das Erreichen der Westgrenzen der USA und das nun einsetzende Zurückfluten der Bevölkerung, das das amerikanische Freiheitsgefühl tief erschütterte. Die durch »Kolonialisierung« neu erschlossenen, gewaltsam oder durch täuschende Verträge »freiwillig« dem Markt geöffneten Räume erwiesen sich wegen ihrer zurückgebliebenen eigenen Wirtschaftsstruktur als nur sehr begrenzt aufnahmefähig. Auch die eigene Bevölkerung war ein ständig erneut zu schwacher Abnehmer, teils wegen der hinter der Produktion herhinkenden Kaufkraft, teils wegen der noch traditionellen Unbeweglichkeit in der Bedürfnisentwicklung. Das »Anstoßen« der Produktion an solche Abnahmegrenzen trieb die Systeme der einzelnen Länder und das gesamte System in immer neue Krisen. Es erholte sich unter großen Opfern, die in erster Linie von den Schwächsten getragen wurden, wenn auch teils von den Kapitalisten selbst (Selbstmorde wegen krisenbedingter Konkurse waren von etwa 1780 an nichts Ungewöhnliches, auch in Deutschland!). Die Freiheitsvoraussetzung als Expansionsnotwendigkeit der Produktion war anfälliger als gedacht. Sie krankte an der Unerfüllbarkeit der Verbrauchsnotwendigkeit.

»Expansion« gibt es aber nicht nur in neue Räume, neue Bevölkerungen und Bevölkerungsgruppen hinein. Neue »Märkte« für Produktion und damit für zukünftigen Verbrauch können auch durch Erweckung neuer Bedürfnisse erschlossen werden. Werbung für bereits produzierte und für neue Produkte war daher die logische Folge drohender Über-Produktion.

Das wäre vorher undenkbar gewesen: Wo Armut herrscht und Kaufkraft durch Löhne einfließt, wird *alles* gekauft, was den wichtigsten Grundbedürfnissen entgegenkommt. Daher gibt es hier auch keine Absatzkrisen, keine Gefahr von »Überproduktion«; der »Markt« ist solange einseitig gewichtig (die Anbieter können alle erreichbaren Preise verlangen), bis eine gewisse Sättigung eintritt. Mit der Sättigung der wichtigsten Grundbedürfnisse tritt das Problem der Überproduktion erst auf.

Die tatsächliche oder drohende Überproduktion mußte jetzt, etwa von der Jahrhundertwende (1900) an, abgesetzt werden. Neue Bedürfnisse mußten erweckt werden, sie mußten den Menschen glaubhaft gemacht werden.

Die Aufmerksamkeit des Kapitalisten, der mit geübtem Blick Verbrauchslücken als Einbruchsstellen zur Erzielung von Profit fand, mußte sich auf das *Verbrauchen* richten. Sehr bald erwies sich der tägliche Verbrauch von Lebensmitteln als derjenige Markt, der die geringsten Ausdehnungschancen zeitigte. Essen und Trinken sind nur begrenzt ausdehnbare Bedürfnisse. Interessanter waren Textilien. Hier gab es sofort zwei Expansionschancen: Die Veränderung der »Mode«, d.h. das Erzwingen des Wechselns der an sich noch tragbaren Kleidung und ein Herabsetzen der Qualität, wodurch die mögliche Tragdauer begrenzt wurde. Konservative Haltungen mußten abgebaut werden. Sie waren verkaufsschädigend und damit produktionsgefährdend. Sie trafen das System im Nerv. Die Menschen mußten erkennen lernen – wenn das System weiter funktionieren sollte –, daß etwas, was für sie noch einen Gebrauchswert hatte, keinen Gebrauchswert mehr haben durfte. Sie mußten begreifen und danach handeln, daß für sie Wertbeständiges für das System keinen Wert mehr hatte.

Diese harte Arbeit der Umstimmung traditionaler Verbrauchs- und Gebrauchshaltungen mußte nun die Werbung leisten. Gegen allgemeine konservative Widerstände gewann sie nur langsam an

Boden. Die Erweckung neuer Bedürfnisse aus dem Bereich des Bekannten oder Vorstellbaren fiel anfänglich leicht: Zuviel an gehobenem »luxuriösem« Verbrauch hatten das reiche Bürgertum und der Adel vorgelebt. Schwieriger war das Einpflanzen der neuen Vorstellung, ein Ding sei verbraucht, wenn es noch gar nicht verbraucht war. Man hatte schon früh mit der Verminderung der Qualität nachgeholfen. Hier war naturgemäß der Widerstand der Menschen stärker. Mehr und besseren Schnaps zu trinken war ein Bedürfnis, was man sich selbst gern zugestand. Von der Haltbarkeit von Küchengeräten, Gebrauchskleidung, Festtagsgewändern, Stoffen und Möbeln hatte man noch sehr solide Vorstellungen, man wollte sich nicht so schnell von ihnen trennen. Noch schwieriger war die Erweckung völlig neuer, bisher weder gekannter noch erdenkbarer Verbrauchsgewohnheiten. Das logische Ziel des Systems mußte sein, bei Erreichen aller ausschöpfbaren Absatzmärkte endlich zur Produktion neuer Bedürfnisse selbst vorzustoßen. Noch hatten die Menschen aber einigermaßen klare Vorstellungen von der erstrebenswerten Befriedigung bekannter Bedürfnisse. Trotz des ständigen Kampfes mit dem schwankenden Absatzmarkt und der periodischen Überproduktion drängte das System aber auf das Niederringen dieser alten Vorstellungen zu. Das noch nicht klar durchdachte Ziel war die Planung neuer Bedürfnisse, und zwar so, daß man die Produktion bereits vorher auf den selbstgeplanten Absatz einstellen konnte. Dieses Ziel war aber nur von ganz großen Werbe- und Produktionsmonopolen erreichbar. Die konsequente monopolistische Konzentration ließ die alte kapitalistische Freiheit mehr und mehr schwinden.

Dieser Monopolisierungsprozeß wurde dadurch kaschiert, daß immer noch Märkte blieben, auf denen er langsam ablief – meist waren diese Märkte (oder Teile des großen Gesamtmarktes) weniger ergiebig zur schnellen Profiterzielung. Kleinere Anbieter und Produzenten hemmten ihn auch durch Preisabsprachen, die das Niederkonkurrieren der Anbieter untereinander verhinderten – wie noch heute auf den kleinen Wochenmärkten.

Besonders verschleiernd wirkte aber das Hintergrundtreiben der Börse. Wegen der eigenen zu knappen Finanzdecke hatten sich früh Unternehmer in den Kommanditgesellschaften, Gesellschaften mit beschränkter Haftung und Aktiengesellschaften zusammengeschlossen. Durch das Zusammenlegen ihrer Kapitalien erschlossen sie sich gegenseitig größere Finanzkraft und retteten –

über entsprechende Gesetzgebung – ihr privates Eigentum vor dem Zugriff von Gläubigern bei einem eventuellen Konkurs. Gleichzeitig damit boten sie den noch Finanzkräftigeren die Achillesferse des anonymen oder zumindest unerwünschten Aufkaufs der Aktien oder sonstigen Anteile ihrer Unternehmen. Da der Geldbedarf ständig stieg, mußte Geld über Auflegen neuer Anteilscheine herbeigeschafft werden. Plötzlich war dann der Konkurrent im eigenen Hause. Er konnte jetzt das Unternehmen von mehreren Seiten fassen: Von der Seite seiner eigenen Produktion her konnte er das fremde Unternehmen unter Druck setzen, als Aktionär in ihm selbst konnte er es behindern. Stillschweigend wechselten an der Börse Unternehmen ihre Eigentümer; während draußen auf dem sichtbaren Markt die Produktion, das Anbieten, Verkaufen und Kaufen weiterliefen, wuchs drinnen langsam die Wirtschaftsmacht der Mächtigen.

Diese Prozesse blieben naturgemäß den Informierten und Beteiligten nicht verborgen. Die natürliche, traditionsbedingte und selbsterzeugte Begrenzung des Marktes und dazu die Verringerung der Anzahl der wirklich selbständigen Unternehmer waren Freiheitsspielräume einengende Vorgänge, die zu immer erneutem Partnerwechsel führten, zu schweren Kämpfen auf dem Rücken der Lohnarbeiter, der Bevölkerungen und der schwächeren Kapitalisten selbst. Die im System angelegte Krisenanfälligkeit, die große in ihm angelegte Krise selbst kam periodisch zum Ausbruch. Das im System angelegte Widersprüchliche der Anhebung des gesamten materiellen Lebens durch Ausbeutung von Mensch und Natur schuf einen von Krise zu Krise steigenden Überdruck. Im Krisenhochdruck mußten dem Kapitalisten jene Zeiten verklärt erscheinen, in denen noch Knappheit an Waren herrschte und alles gebraucht wurde. Unterdessen zeichnete sich eher das Gespenst der Überproduktion ab – alle Industriestaaten reiften unter nationalistischen Vorzeichen zur Massenproduktion heran. Die nationalistische Konkurrenz führte allerdings erst einmal zur massenhaften Produktion von Waffen und Munition. Kapitalistische Konkurrenz wurde zum ersten Weltkrieg.

Kriegszeit

Kriege waren immer Macht-, d. h. auch Wirtschaftskämpfe. In ihnen wurden oft große Mengen von Wirtschaftsgütern und von Arbeitskraft in der Gestalt von Menschen vernichtet. Für den Sieger blieb aber in der Regel der Gewinn an abschöpfbarer Arbeitskraft und anderen Produktivkräften beträchtlich.

Der neuen Art des Krieges, dem ersten und noch stärker dann dem zweiten Weltkrieg blieb es vorbehalten, riesige Energien zu verschwenden, Überschußproduktion radikal abzubauen und gleichzeitig die Maschinerie zu neuer, noch gefährlicherer Entwicklung aufzubauen. So bezeichnen diese Kriege das Ende der Herrschaftsphase des alten Kapitalismus und zugleich den Beginn einer Dauerkrise.

Der erste Weltkrieg muß uns in Erinnerung bleiben als jahrelange Zerfleischung von Millionen von Menschen, die ihrer ganzen Entwicklung nach bereits »Bürger-Genossen« waren. Eine selbsterzeugte ungeheure Maschinerie von Tod, Hunger, Elend, von Vernichtung politischen Potentials. Der Tod von gestern wurde aber bereits hier massenhaft gestorben, weil ihn eine Maschinerie von morgen möglich machte.

Prinzipiell ist es gleich, ob man große Mengen von Munition, Granaten und Maschinengewehren erzeugen will oder Kugelschreiber, Konserven und Kameras. Zur Massenerzeugung von Qualitätsgütern ist ein anspruchsvoller technischer Apparat Voraussetzung. Diese Voraussetzung wurde in den neuen Krieg eingebracht und in ihm weiter entwickelt. Der »Massenkonsum« im Krieg war pervers, pervers als Vernichtung von Kapital und pervers als Vernichtung von Menschen. Von diesem Krieg erzeugt wurden aber nicht nur die Gräber von Millionen Toten und die Bestattung eines guten Teils feudaler Reste der Vergangenheit, von »Mannesmut«, »Treue« und Soldatentugenden, sondern eine Maschinerie, die nun weiter auf die ganze Bevölkerung zielte: Das Massenkonsum-Zeitalter hatte den kapitalistischen Prinzipien folgerichtig entsprechend begonnen.

Die Europäer hatten mit dem ersten Weltkrieg begriffen, daß eine historische Epoche zu Ende gegangen war. Das *bürgerliche* Europa hatte selbst den »Aufstand der Massen« inszeniert – nun mußte es damit fertig werden. Europa hatte sich zudem vor den Augen seiner Kolonien bloßgestellt – die von dorther gezogenen »Farbigen« hatten ihren »weißen Herrn« in der Selbstzerfleischung erlebt. Damit trat hinter dem ungelösten Problem »Proletariat« ein riesenhaft größeres auf.

Und zuletzt hatten die Europäer in dieser Selbstzerfleischung einen guten Teil der im Kapitalismus noch erhaltengebliebenen »konservativen Reserven« verschlissen. Europa war im Inneren geschwächt.

Nachkriegszeit und Gegensystem

Das kapitalistische System hatte sich selbst zerfleischt und sich selbst gerettet. Die zwanziger Jahre wurden eine goldene Zeit, an die man nicht ohne Rührung denken kann: Wieder waren die idealen Voraussetzungen für den freien Wettbewerb auf einem freien Markt da. Diese Täuschung konnte nicht lange dauern. Gerade die im Krieg entwickelten Maschinerien und Organisationstechniken mußten schnell neue Überkapazitäten bei steigendem Monopolisierungsgrad entwickeln. Die nächste Krise stand vor der Tür, an ihr gemessen waren Inflationen und Währungskrisen nur Wellen vor einer besonders hohen Sturzflut. Dennoch wurde der zweite Weltkrieg nicht in dem Sinne ein Kapital-Vernichtungskrieg wie der erste.

Der Kapitalismus verstand sich trotz der starken inneren Aufhebung seiner Voraussetzungen sicher als ein unveränderter.

Er war es aber nicht: Ein neuer Versuch der Industrialisierung war aufgetreten, gegen die Voraussagen von Marx in einem einzigen Land – nicht in allen hochindustrialisierten Ländern gleichzeitig – und dazu noch in einem wenig industrialisierten Land. Die Sowjet-Union versuchte, wenn auch mühsam, den Anspruch eines Gegensystems.

Mit einem solchen Faktor war im kapitalistischen System nie ernsthaft gerechnet worden. Wenn überhaupt, dann hatte »der Westen« sein sorgenvolles Auge auf die revolutionären Bewegungen im eigenen Land gerichtet, vielleicht auch noch auf die nächstliegenden Länder. Eine starke, eindeutig revolutionäre und zur Übernahme der Macht in Rußland fähige Kommunistische Partei hatte man nicht bemerkt. Tatsächlich aber hatte der Westen das zaristische Rußland, dessen Zar in feudaler Überheblichkeit den Krieg mit provoziert hatte, so schwer angeschlagen, daß es revolutionsreif war; berechnend, aber falsch rechnend, importierte man dynamisierende Kräfte in dieses labile System. Plötzlich war die Gegenmacht aufgebaut. Nun half auch unentschlossenes Investieren in Konter- und Hilfsarmeen nicht mehr. Eine Gesellschaft mit »sozialistischem Anspruch«, d. h. mit einem nicht nur nichtkapitalistischen, sondern sogar anti-kapitalistischen Anspruch, war Realität geworden.

Diese Realität wurde im kapitalistischen Westen verdrängt. Dazu verhalfen auch die außerordentlichen Probleme, mit denen die UdSSR zu kämpfen hatten und die sie mehrfach an den Rand des wirtschaftlichen Abgrundes brachten. Das nachzaristische System tat sich schwer, bevor es lernte, umzudenken. So schien es vorerst leicht, die Existenz des Gegensystems zu verharmlosen, zu verdrängen oder seine Existenzweise zu verlachen. Eine solche Haltung wurde noch weiter dadurch erleichtert, daß sowohl das sich kritisch fühlende Bildungsbürgertum als auch die Arbeiterführer aus den industriell weiter entwickelten Nationen, mit zu großen Erwartungen auf das Zukunftsexperiment sehend, ihm enttäuscht den Rücken kehrten. Das kapitalistische System konnte sich unbehelligt fühlen. Es war aber nicht unbehelligt.

So war nach dem ersten Weltkrieg das kapitalistische System nicht mehr das alte, nur weil es sich selbst überschlagen hatte, es wurde zu neuartiger Abwehr seiner Probleme gezwungen. Ein Gegensystem war aufgetaucht, zu dem es nicht nur ein Verhältnis finden mußte, weil dieses Gegensystem immer mehr ständige Herausforderung wurde, sondern das kapitalistische System war nicht mehr das alte, weil das andere System nun in ihm steckte – so wie es selbst unvermeidlich in dem anderen System steckte. Auch ohne daß beide Systeme aufeinander starrten, war das eine nicht mehr dasselbe wie vorher und das andere in seiner Entwicklung gehemmt. Gegen beider Willen waren zwei reaktive Systeme im Entstehen, von denen das eine allerdings gewaltiger war, so daß es sich leisten zu können glaubte, den in der Existenz des anderen liegenden Zwang übersehen zu dürfen. Diese mangelnde Einsicht verhinderte nicht die geschichtlich angelegten Folgen.

Der Soziologe Karl Mannheim sagte zu Anfang der dreißiger Jahre, die ungeplanten Teilplanungen des kapitalistischen Systems würden sich gegenseitig und damit das System ersticken. Er traf damit den wundesten Punkt des Kapitalismus: die aus seinen Prinzipien abzuleitende Forderung nach Freiheit der Konkurrenz im notwendigen Wechselspiel zur Verhinderung tödlicher Krisen. »Planung« als Gegensatzbegriff zur Selbststeuerung des Marktes, war das bestgehaßte Wort im Kapitalismus. Diese Planung mußte der Todesstoß für den »freien Unternehmer« sein.

Die freiesten Unternehmen waren unterdessen die ganz großen. Auf deren Gefährdung warteten die kleinen Kapitalisten. Sie mußten also gegen ihren Willen für Planung etwas übrig haben. Das große Kapital hingegen versprach sich von Planung den Zugriff auf das Ganze.

So finanzierte nicht nur das deutsche Großkapital den Planung, Ruhe und Ordnung versprechenden »Nationalsozialisten«, der in naiver Brutalität die schon längst Tatsache gewordene Realität des Aufeinander-Verwiesenseins beider Wirtschafts-Systeme zu vertreten behauptete. Auch das kapitalistische Ausland (und nicht nur dies) starrte wie hypnotisiert auf das »neue Deutschland«. Sogar die stolzen Engländer, die gerade mit der schwersten Krise ihrer Geschichte kämpften, sahen mit einer Mischung von Hochachtung und Neid auf die »Aufbauleistungen fortschrittlicher Planung«. Daß die Deutschen dabei die Juden als Sündenböcke für ihr verspätetes Gefühl, zu kurz gekommen zu sein, »verfolgten«, wurde ihnen als geschichtlicher Nachholbedarf zugestanden. Beunruhigende Informationen wurden verdrängt. Außerdem mußte das kapitalistische Ausland prinzipiell der Unterdrückung von »Bolschewisten« mit Wohlwollen gegenüberstehen. Zudem waren die Juden wegen ihrer ihnen durch jahrtausendealte Verfolgungsgeschichte abgepreßten überdurchschnittlichen Leistungen überall unbeliebt. Soweit Moral noch mitspielte, wurde der Blick auch durch die Leistungen der Deutschen bei der Unterdrückung und Liquidierung von Sozialisten und Kommunisten getrübt. Wieder sah man ausgleichende Gerechtigkeit: für die Liquidierung des zaristischen Bürgertums.

In der selbst verstärkten Grundlagenkrise, zwischen zeitweise bürgerkriegsähnlichen Klassen- und Parteikämpfen und wirtschaftlicher Not hin- und hergerissen, bei Desinteresse oder Schadenfreude der ehemaligen Kriegsgegner und neu auftretenden Konkurrenten, trieb Deutschland in den Faschismus, eine von verängstigten kleinbürgerlichen Schichten getragene diktatoriale Variante des Kapitalismus. Da die Wirtschaftsführer des Weimarer Kapitalismus sich schnell einordneten, konnte der nächste Krieg als Kommissionsgeschäft vorbereitet werden: Die Aufwendungen für seine Vorbereitung sollten mehrfach durch Eroberungen wettgemacht werden. Hatten früher die Deutschen häufig zuerst ihre Kräfte entwickelt und dann mit übernommenen Ideen in die Wirklichkeit übersetzt, so pervertierten jetzt ihre Ideen, und sie überschätzten ihre Kräfte. Es gelang ihnen, System und Gegensystem gleichzeitig gegen sich zu richten. Das Ergebnis waren 50 Millionen Tote und eine veränderte politische Landschaft.

Nachdeutschland

Da die voraussetzungslosen Deutschen immer von vorne anfangen, konnten sie sich nach dem 2. Weltkrieg einbilden, der schon einmal mit dem ersten Weltkrieg erfolgreich eingeleitete und abgeschlossene Mechanismus der Kapitalaufzehrung zugunsten einer Erholung des kapitalistischen Systems hätte sich wiederholt. Mindestens der oberflächlichen Betrachtung nach war wieder eine Landschaft da, die sich marktideal anbot: viel Verwüstungen, viel Bedarf, Freude an wiedergewonnener Freiheit des Handelns nach dem totalen Zusammenbruch und große Aktionsbereitschaft nach der Frustration durch das verlorengegangene oder fehlinvestierte Engagement. Wieviel hatte der Nationalsozialismus außerdem entbehren lassen! Man wollte sich nun nicht noch einmal zwingen lassen, »politisch zu denken«, man wollte frei leben, arbeiten und genießen. Versuche derjenigen, die glaubten, die Zeit für eine Veränderung des Systems in Richtung auf das Gegensystem sei gekommen, verliefen praktisch im Sande. Nicht nur die kompakte Abwehr solcher Versuche durch die anderen kapitalistischen Staaten, die USA im Vordergrund, auch die Abwehr des einzelnen deutschen Bürgers ließ diese Versuche scheitern. Vom Nationalsozialismus betrogen, dem er seinen Anspruch auf Individualität und Glück geopfert hatte, um ihn in Enthusiasmus für »die Sache des ganzen Volkes« auszutauschen, wollte er nun endlich wieder individuell und zufrieden leben können. Zudem hatte ihn der Ausgang des Krieges tief enttäuscht. Der innere Zorn über die vergeblichen Anstrengungen dieses Krieges verband sich erfolgreich mit dem Wunsch nach einem besseren Leben. Der deutsche Bürger führte den Kampf auf seine eigene Weise fort – für sein eigenes Leben, zuerst mit der Hacke, den Mauersteinen, dem Lastwagen, dann mit dem großen Geschäft. Das verwunderte Ausland sah einen Teil des alten Deutschlands aus den Trümmern des zweiten Weltkrieges emporwachsen. Mit der Rekonstruktion des kapitalistischen Systems – einer arg verspäteten, denn England experimentierte gerade an begrenztem Sozialismus herum – brach das Wirtschaftswunder über die unvorbereiteten Deutschen herein, die es doch so sehr ersehnt und soviel dafür gearbeitet hatten.

Die industriellen Strukturen des sich nun zusammenfindenden

Westdeutschlands waren weit besser erhalten als selbst die Alliierten gedacht hatten; es war doch einiges mehr gerettet worden als die Deutschen selbst glauben wollten. Das viel ärgere Handicap Westdeutschlands als die Zerstörung von Industrieanlagen war das Mißverhältnis zwischen dem mit der schnellen Rekonstruktion alter Verhältnisse ebenso schnell wieder vorhandenem Bedarf an qualifizierten Kräften und dem gelichteten Angebot an qualifizierter Elite. Die Folge war die unvermeidliche Mischung der deutschen Führungsgruppen aus übriggebliebenem Mittelmaß und aus ehemaligen Nazis, die nun als Fachkräfte dringend gebraucht wurden. Das damit entstandene Klima war sowohl der kritischen Überlegung über die Vergangenheit als auch der Entwicklung kühner Zukunftskonzeptionen abträglich. Das »Elitenvakuum«, in dem jeder Gewitzte einen guten Platz finden konnte, erbrachte außerdem innenpolitische Ruhe. Ehrgeizige und Qualifizierte brauchten nicht um Posten zu konkurrieren, die Stellen waren da.

Dieses relativ bequeme Klima in der Bundesrepublik Deutschland kühlte sich mit der erneut vortretenden Krisenanfälligkeit der westlichen Systeme zunehmend ab und zog damit vermehrte Kritik auf sich. Gleichzeitig wuchs das Mißverhältnis zwischen den fest besetzten Positionen in allen Bereichen und dem Druck von qualifiziertem Nachwuchs. Neue Unruhe entstand.

Beunruhigungen werden nicht gerne gesehen.

Der deutsche Bürger hatte das Gefühl, etwas geleistet zu haben; er wollte und will nicht wunschlos glücklich sein, aber glücklicher werden und ruhig leben. Sein gebrochenes Verhältnis zur geschichtlichen Wirklichkeit durch Komfort und Pflege von Gemütlichkeit auszugleichen, schien ihm gerade wieder gelungen. Als Kapitalist hatte er sich weder gestern noch heute gefühlt. Warum sollte er sich deswegen angreifen lassen?

Vorhin war angedeutet worden, daß mit dem ersten Weltkrieg ein schneller Verschleiß von »Konservativen Reserven«, liebgewordenen Traditionen, Sitten, Bräuchen, aber auch Vorurteilen begonnen hatte. Der Nationalsozialismus hielt – »volkstümelnd« – diesen Verschleiß nur scheinbar auf. In Wirklichkeit setzte sich die Verödung des kulturellen Lebens nur um so schneller fort – der Raubbau an Menschen, den der Nationalsozialismus getrieben hatte, rächte sich. Das »Wirtschaftswunder« vermochte schon gar nicht die einstige Lebendigkeit der dynamischen Phase des frühen und mittleren Kapitalismus wiederzubringen. Und trotz überall steigenden Lebensstandards verlor auch das »sozialistische Gegensystem« an Attraktivität: Beide Systemformen zeigten sich zunehmend unfähig, die mit der Hoch-Industrialsierung selbstproduzierten Probleme zu lösen. Nicht nur »Kapitalismus als Kultur« wurde der Jugend uneinsichtig. Der Ruf nach »mehr Lebensqualität«, nach Steigerung des Gebrauchswertes des Lebens kam auf, verbunden mit einer umfassenden Kritik an Produktions-, Lebens- und Verkehrsformen.

Damit beginnt aber ein neues Kapitel in der Geschichte der bürgerlichen Gesellschaft, die bereits keine bürgerliche mehr ist, ohne zu wissen, was sie ist.

Der Leser mag selbst entscheiden, ob er den angebotenen Versuch einer Geschichte des Kapitalismus bis zur Mitte des 20. Jahrhunderts akzeptieren will, ob er hierdurch angeregt wird, sich ein eigenes Bild machen kann. Diese Arbeit ist keine vollständige Analyse des Kapitalismus. Sie soll vielmehr für den Leser ein Anreiz sein, seine Position heute zu überdenken.

Literatur zum Thema

Aus der unübersehbaren Literatur zum Thema »Kapitalismus« und insbesondere zur behandelten Zeitspanne sollen die folgenden Titel den Kontakt zu einigen »Klassikern« vermitteln und zu neueren Arbeiten, deren Literaturverzeichnisse sich derart überlappen, daß für weitere Studien auf alle wichtigen Fährten geführt wird. In der Auswahl sind Darstellungen aus unterschiedlichen Positionen gemischt. Anschlußliteratur speziell zum Thema »Bundesrepublik heute« siehe Ende des Verzeichnisses.

Arbeiterliteratur in der BRD, in Soz. Zeitschrift f. Kunst und Gesellschaft, Nov. 1972 Heft 13/14

Baruzzi, Arno (Hrg.), Aufklärung und Materialismus im Frankreich des 18. Jhdt., List Taschenbüch. d. Wiss., Bd. 1502, München 1968

Benevolo, Leonardo, Die sozialen Ursprünge des modernen Städtebaus, Bertelsmann Fachverlag (Stadtbaugeschichte/Soziale Fragen), Gütersloh 1971

Borchardt, Knut, Die industrielle Revolution in Deutschland, Serie Piper, München 1972

Bromme, Moritz, Th. W., Lebensgeschichte eines modernen Fabrikarbeiters. Nachdruck der Ausgabe von 1905, hrg. v. Bernd Neumann, Athenäum Verlag, Frankfurt 1971

Deppe, Frank, Das Bewußtsein der Arbeiter, Pahl-Rugenstein Verlag, Köln 1971

Deppe-Lange-Peter (Hrg.), Die neue Arbeiterklasse, Europäische Verlagsanstalt, Frankfurt/Main 1970

Dobb, Maurice, Entwicklung des Kapitalismus: Vom Spätfeudalismus bis zur Gegenwart, Kiepenheuer und Witsch, Köln–Berlin 1970

Eisenstadt, Shmuel Noah, Die protestantische Ethik und der Geist des Kapitalismus, Westdeutscher Verlag, Opladen 1971

Elias, Norbert, Die Höfische Gesellschaft, Luchterhand, Neuwied 1969

Elias, Norbert, Über den Prozeß der Zivilisation, Franke Verlag, Bern–München 1969 (2. Auflage; 1. 1939)

Enzensberger-Nitsche-Roehler-Schafhausen, Klassenbuch 1 bis 3, Ein Lesebuch zu den Klassenkämpfen in Deutschland, 1756–1850, 1850–1919, 1920–1971, 3 Bände, Luchterhand, Neuwied, 1972

Fallada, Hans, Kleiner Mann was nun?, rororo 1, Reinbek 1968

Fallada, Hans, Damals bei uns daheim, rororo 136, Reinbek 1968

Feuersenger, Marianne (Hrg.), Gibt es noch ein Proletariat?, Europäische Verlagsanstalt, Frankfurt/Main 1962

Freudenthal, Margarete, Gestaltwandel der städtischen bürgerlichen und proletarischen Hauswirtschaft unter besonderer Berücksichtigung des Typenwandels von Frau und Familie, vornehmlich in Südwestdeutsch-

land zwischen 1766 und 1933. I. Teil von 1766–1910, Frankfurt/Main, Phil. Dissertation, 1933
Fürth, Henriette, Ein mittelbürgerliches Budget über einen zehnjährigen Zeitraum nebst Anhang: Die Verteuerung der Lebenshaltung im Lichte des Massenkonsums, Gustav Fischer Verlag, Jena 1907
Ganshof, Francois Louis, Was ist das Lehnswesen?, Wissenschaftl. Buchgesellschaft, Darmstadt 1961 (Erste frz. Auflage 1934)
Gebhardt, Jürgen (Hrg.), Die Revolution des Geistes; Politisches Denken in Deutschland 1770–1830, List Taschenbüch. d. Wiss., Bd 1503, München 1968
Gerstenberger, Heide, Der revolutionäre Konservatismus, Duncker u. Humblot, Berlin 1969
Gerth, Hans, Die sozialgeschichtliche Lage der bürgerlichen Intelligenz um die Wende des 18. Jahrhundert, VDI Berlin o. J. (Nachdruck der Dissertation in Frankfurt/Main 1935)
Glaser, Hermann, Kleinstadt-Ideologie. Zwischen Furchenglück und Sphärenflug, Rombach, Freiburg 1965
Gollwitzer, Heinz, Die Standesherren, Friedrich Vorwerk Verlag, Stuttgart 1957
Hamann/Hernand (Hrg.), Gründerzeit, Nymphenburger Verlagshdlg., München 1971
Hardach, Gerd H., Der soziale Status des Arbeiters in der Frühindustrialisierung, Duncker und Humblot, Berlin 1969
Hardach-Pinke/Hardach (Hrg.), Deutsche Kindheiten, Athenäum, Kronberg/Ts., 1978
Haug, Wolfgang Fritz, Kritik der Warenästhetik, Suhrkamp Verlag, Frankfurt 1971
Hillmann, Günter, Über die Umwelt der arbeitenden Klasse. Aus den Schriften von Friedrich Engels ausgewählt, Bertelsmann Fachverlag (Bauwelt Fundamente), Gütersloh 1970
Hilton-Fangan, Der englische Bauernaufstand von 1381, Rütten und Loening, Berlin 1953
Höffner, Joseph, Wirtschaftsethik und Monopole im fünfzehnten und sechzehnten Jahrhundert, Gustav Fischer, Jena 1941
Hörning, Karl H., Der »neue« Arbeiter, Fischer, Ffm. 1972
Kofler, Leo, Zur Geschichte der bürgerlichen Gesellschaft, Luchterhand, Neuwied 1966, 3. Aufl.
Kracauer, Siegfried, Die Angestellten, Verlag für Demoskopie, Allensbach 1959 (Erste Auflage 1931)
Kurnitzky, Horst, Versuch über Gebrauchswert, Wagenbach, Berlin 1970
Kühnl, Reinhardt (Hrg.), Der bürgerliche Staat der Gegenwart, Rowohlt Taschenbuch Verlag, rororo actuell, Hbg. 1972
Lewis, Sinclair, Babbit, Transmare Verlag, Berlin 1924
Milliband, Ralph, Der Staat in der kapitalistischen Gesellschaft, Suhrkamp

Verlag, Theorie, Frankfurt/Main 1972 (engl. 1969)
Offe, Claus, Leistungsprinzip und industrielle Arbeit, Europäische Verlagsanstalt, Frankfurt/Main 1970
Offe, Claus, Strukturprobleme des kapitalistischen Staates, edition suhrkamp, Frankfurt/Main 1972
Parsons, Talcott, Das System der modernen Gesellschaften, Juventa, München 1972
Plessner, Helmuth, Die verspätete Nation, Kohlhammer, Stuttgart 1959
Plum, Werner, Gewerbeförderung in Deutschland: entwicklungspolitische Beiträge in der ersten Hälfte des 19. Jahrhunderts, Hefte aus dem Forschungsinstitut der Friedrich-Ebert-Stiftung, Bonn-Bad Godesberg, Mai 1972
Pross-Boetticher, Manager des Kapitalismus, edition suhrkamp, Frankfurt/Main 1971
Radbruch-Radbruch, Der deutsche Bauernstand zwischen Mittelalter und Neuzeit, Vandenhoeck und Ruprecht, Göttingen 1961, 2. Aufl.
Rehbein, Franz, Das Leben eines Landarbeiters, Luchterhand, Darmstadt und Neuwied 1973
Röder, Horst, Abschied vom Klassenbegriff?, Westdeutscher Verlag, Opladen 1972
Schild, Erich, Zwischen Glaspalast und Palais des illusions. Form und Konstruktion im 19. Jahrhundert, Ullstein Bauwelt Fundamente, Frankfurt/M.-Wien 1967
Schlesinger, Walter, Die Entstehung der Landesherrschaft, Wiss. Buchgesellschaft, Darmstadt 1969
Schraepler, Ernst, Handwerkerbünde und Arbeitervereine 1830–1853, Walter de Gruyter, Berlin–New York 1972
Schumpeter, Joseph A., Kapitalismus, Sozialismus und Demokratie, A. Francke Verlag, Bern 1950, 2. Auflage
Sombart, Werner, Der moderne Kapitalismus, Duncker und Humblot, München-Leipzig, von 1902 an mehrere Auflagen (mehrbändig)
Sohn-Rethel, Alfred, Geistige und körperliche Arbeit, Suhrkamp, Frankfurt/Main 1970
Sohn-Rethel, Alfred, Die ökonomische Doppelnatur des Kapitalismus, Luchterhand Typoskript, Darmstadt und Neuwied 1972
Steiner, Helmut, Soziale Strukturveränderungen im modernen Kapitalismus, Zur Klassenanalyse der Angestellten in Westdeutschland, Dietz Verlag, Berlin 1967
Stolze, Dieter, Kapitalismus, Von Manchester bis Wall Street, Kurt Desch Verlag, München–Wien–Basel 1969
Tumin, Melvin M., Schichtung und Mobilität, Juventa, München 1968
Ullrich, Otto, Technik und Herrschaft, Suhrkamp, Frankfurt/Main 1977
Vester, Michael, Die Entstehung des Proletariats als Lernprozeß, Europä-

ische Verlagsanstalt, basis, Frankfurt/Main 1972
Voegelin, Eric (Hrg.), Zwischen Revolution und Restauration. Politisches Denken im England des 17. Jhdts., List Taschenbücher d. Wiss., Bd. 1501, München 1968
Vondung, Klaus, Das wilhelminische Bildungsbürgertum, Vandenhoeck u. Ruprecht, 1976
Wiehn, Erhard, Theorien der sozialen Schichtung; Piper Verlag, München 1968
Willms, Bernard, Entwicklung und Revolution, makol-verlag, Frankfurt/Main 1972
Wirth, Margaret, Kapitalismustheorie in der DDR, edition suhrkamp, Frankfurt/Main 1972
Wolf, Heinrich, Geschichte des antiken Sozialismus und Individualismus, Gütersloh-Bertelsmann, 1909
Wygodski, S. L., Der gegenwärtige Kapitalismus; Versuch einer theoretischen Analyse, Pahl-Rugenstein Verlag, Köln 1972
Zapf, Wolfgang, Wandlungen der deutschen Elite (1919–1961), Piper, München 1965

Anschlußliteratur zum Thema »Bundesrepublik heute«

Claessens-Klönne-Tschoepe, Sozialkunde der Bundesrepublik Deutschland, 8. überarbeitete Auflage, Diederichs Verlag, Düsseldorf 1978
Dahrendorf, Ralf, Gesellschaft und Demokratie in Deutschland, Piper, München 1965
Fürstenberg, Friedrich, Sozialstruktur der BRD, Westdeutscher Verlag, Köln-Opladen 1967
Grosser, Alfred, Deutschlandbilanz, Geschichte Deutschlands seit 1945, Hanser Verlag, München 1973
Jaeggi, Urs, Kapital und Arbeit in der BRD, Fischer Verlag, Frankfurt/Main, 1973
Thomas, Rüdiger, Modell DDR, Hanser Verlag, München 1972

Weitere Arbeiten von Dieter Claessens

Familie und Wertsystem, Eine Studie zur »zweiten, soziokulturellen Geburt« des Menschen und der Belastbarkeit der »Kernfamilie«, Duncker und Humblot, Berlin, 4. Auflage 1978
Rolle und Macht, Juventa, München, 3. Auflage 1974
Instinkt, Psyche, Geltung, Zur Legitimation menschlichen Verhaltens; eine soziologische Anthropologie, Westdeutscher Verlag, Köln–Opladen, 2. Auflage 1970

Gruppe und Gruppenverbände, Wiss. Buchgesellschaft, Darmstadt 1977
Nova natura, Anthropologische Grundlagen modernen Denkens, Eugen Diederichs Verlag, 1970
Zusammen mit Klönne, Tschoepe u. a.: *Sozialkunde der Bundesrepublik Deutschland,* 8. Auflage 1978
Zusammen mit Petra Millhoffer (Hrsg.): *Familiensoziologie,* Ein Reader als Einführung, Fischer-Athenäum, Frankfurt 1973
Zusammen mit Karin Claessens und Biruta Schaller, *Jugendlexikon Gesellschaft,* rororo 6195, Reinbek 1977

Alphabetisches Verzeichnis der suhrkamp taschenbücher wissenschaft